# 图书馆特色资源
# 与服务研究

陈维 著

Research on Characteristic Resources Sharing and Service of the Digital Library

**图书在版编目（CIP）数据**

数字图书馆特色资源共享与服务研究 / 陈维著 . --
杭州 : 浙江工商大学出版社 , 2015.5 2016.6 重印
ISBN 978-7-5178-1069-8

Ⅰ . ①数… Ⅱ . ①陈… Ⅲ . ①数字图书馆—资源共享—研究②数字图书馆—图书馆服务—研究 Ⅳ . ① G250.76

中国版本图书馆 CIP 数据核字 (2015) 第 100059 号

**数字图书馆特色资源共享与服务研究**

陈　维　著

**责任编辑**　罗丁瑞
**封面设计**　王妤驰
**责任印制**　包建辉
**出版发行**　浙江工商大学出版社
（杭州市教工路 198 号　邮政编码 310012）
（E-mail: zjgsupress@163.com）
电话：0571-88904980，88831806（传真）
**排　　版**　杭州雅蓁斋文化创意有限公司
**印　　刷**　虎彩印艺股份有限公司
**开　　本**　880mm × 1230mm　1/32
**印　　张**　11.25
**字　　数**　234 千
**版 印 次**　2015 年 5 月第 1 版　2016 年 6 月第 2 次印刷
**书　　号**　ISBN 978-7-5178-1069-8
**定　　价**　48.00 元



浙江工商大学出版社营销部邮购电话　0571-88904970

# 序

信息技术的发展，特别是移动互联网的迅猛发展，使得人们在信息存储与传播、用户信息获取等方面发生了巨大变化，传统图书馆仅通过购买纸本文献资源、商业电子数据库已经无法满足读者渴望随时随地获取数字信息的个性化需求。越来越多的图书馆开始着手建设本馆的数字特色资源，使其成为图书馆馆藏资源的重要组成部分和数字图书馆建设的重要内容。数字图书馆特色资源是指一个图书馆所收藏的文献信息资料具有自己独特的风格，即一个图书馆拥有独具特色的数字信息馆藏。

为了做好数字图书馆特色文献资源的建设工作，完善现代图书馆的文献资源体系，本书在编写过程中广泛吸收了国内外数字特色资源建设的相关理论、技术特点、管理规划、实践进展等。全书共分8个章节。第1章是数字图书馆的概念、特点及作用，并介绍国内外数字图书馆的典型工程；第2章是数字特色资源的相关概念，保存、利用和建设的原则、内容和方法；第3章是国内高校图书馆、公共图书馆数字特色资源建设现状，重点介绍清华大学图书馆、中国国家图书馆等数字特色资源建设的典型案例；第4章是数字图书馆特色资源共建共享，包括特色资源共建共享概述、原则、策略及实证分析；第5章是数字特色资源建设的法律问题，主要是版权保护、隐私保护及数字版权管理；第6章是依托数字特色资源的特色服务，包括开展信息特色服务的途径、内容及其典型案例；第7章是国外及香港地区特色资源建设与服务的典型案例，并剖析其对国（境）内特色资源建设与服务的启示；第8章是数字图书馆特色资源建设与特色发展展望，包括云计算下的特色资源整合与共享、移动图书馆与移动服务、超星移动图书馆的建设案例。

本书主要关注数字资源特色化建设、共享与服务，其中的案例都是国内外图书馆特色资源建设比较典型的案例，反映了特色资源建设的最新成果，具有一定的代表性，对图书馆馆员从事特色资源建设具有一定的指导意义。

# 目录

# 第 1 章　数字图书馆概述

随着现代信息技术的飞速发展，以及图书馆和其他相关信息服务机构在数字化服务方面的长期积累和投入，数字图书馆的理念已逐步深入人心，为普通大众所接受。但是，关于什么是数字图书馆，它涉及多大的范围和领域，具体提供什么样的服务，这些问题却因人而异，有着不同的答案。这一方面是由于数字图书馆这一概念还没有形成普遍认可的定义，特别是它所具备的显著的跨学科特征，使得其在所跨学科的每一领域内都有自己具体的特点、要求和问题，从而使得这一定义本身就很难准确限定；另一方面，则是由于数字图书馆的理论定义与工程建设中的实际情况往往又存在一些差异和冲突，使得人们在现实生活中往往陷入困惑。因此，本章将在引入多种数字图书馆概念定义的同时，通过多种角度来解释和说明数字图书馆的概念，为读者理解数字图书馆在信息化背景下的发展奠定基础。

## 1.1　数字图书馆概念

### 1.1.1　最早关于数字图书馆的描述

现今公认的最早的关于数字图书馆的描述是范内瓦 · 布什（Vannevar Bush）于 1945 年 7 月在《大西洋月刊》所发表的《诚如所思》("As We May Think"）中提到

的 Memex。文中通过对 Memex 的功能性描述，反映了 20 世纪 50 年代人类对于数字图书馆的理想设计。

从今天的角度来看 Memex 显得有些原始，并且从某些方面来看，还有些不尽合理之处，而且甚至不是一个数字化的系统——它是基于微缩胶片的，信息根本没有数字化。但是它所提出的数据压缩、信息加工保存、快速检索、屏幕与键盘结合的操作形态等，对于日后的计算机及数字图书馆的发展都起到了重要的指导作用，因此被认为是数字图书馆的最早理论描述。

至于数字图书馆（Digital Library）一词的出现，则要推迟到 Memex 提出的 40 多年之后。现在较为认可的关于 Digital Library 最早的书面材料是 Rohert E. Kahn 和 Vinton G. Cerf 在 1988 年 3 月发表于 *The Digital Library Project* 期刊上的“Volume I:The World of Knowbots：An Open Architecture for a Digital Library System and a Plan for Its Development”。作者在文中对数字图书馆的技术架构、应用和实施都做了详细的论述，是现代数字图书馆理论研究的最早文献之一。

### 1.1.2 数字图书馆概念的相关叙述

随着信息技术的快速发展，人们对数字图书馆有了更为深入和广泛的认识与理解，并且由于出发点和落脚点的差异，对数字图书馆的定义形成了许多不同说法，可以说是仁者见仁，智者见智。这里我们并不试图整合这些定义或明确支持其中的某一观点，而是摘录其中部分较有代表性的定义作为参考。

国际图书馆协会联合会 (International Federation of Library Associations, IFLA) 关于数字图书馆的定义是：数字图书馆是高质量数字化馆藏的在线汇集，依据国际普遍接受的馆藏发展原则制作、收藏和管理，以协调统一和可持续的方式开放馆藏，并辅以必要的服务，使读者能够借阅和使用其资源。

2001 年美国总统信息技术咨询委员会（President's Information Technology Advisory Committee, PITAC） 报告《数字图书馆：获取人类知识的通用途径》中定义："数字图书馆：获取人类知识的通用途径。所有公民在任何时间、任何地点都可以使用与互联网连接的数字设备，搜寻到所有人类知识。通过利用互联网，他们可以访问到由传统图书馆、博物馆、档案馆、大学院校、政府机构、专门组织，甚至世界各地的个人所创建的数字藏品。这些新的图书馆提供的是传统图书馆、博物馆、档案馆的馆藏资料的数字版本，其中包括文本、文件、视频、声音及图像。它们所提供的强大技术实现能力，使用户能够改善其查询功能，对查询结果进行分析，并且改变信息的形式以便交互。高速网络使各个不同数字图书馆群的用户能够协同工作，对其各种发现相互进行交流，并使用仿真环境、科学遥感仪器、流式音频和视频。不管数字信息存放的物理位置在什么地方，先进的搜索软件都能找到，并及时提供给用户。在这样的美好前景中，任何教室、任何群体和个人都会与世界最大的知识资源近在咫尺。"

数字图书馆的概念并不仅仅是一个有着信息管理工具的数字收藏的等价词，数字图书馆更是一个环境，它将收藏、服务和人带到一起以支持数据、信息，乃至知识的全部流程，包括从创造、传播、使用到保存的全过程。

美国研究图书馆协会（Association of Research Libraries, ARL）归纳了流行的数字图书馆的各种定义中具有共性的五个要素：数字图书馆不是一个单一实体；数字图书馆需要链接许多信息资源的技术；多个数字图书馆及信息机构之间的链接对最终用户透明；全球范围存取数字图书馆与信息服务是一个目标；数字图书馆的收藏并不局限于文献的数字化替代品，还扩展到不能以印刷形式表示或传播的数字化人造品。

美国数字图书馆联盟（Digital Library Federation, DLF）的定义是：数字图书馆是一个拥有专业人员等相关资源的组织，该组织对数字式资源进行挑选、组织、提供智能化存取、翻译、传播、保持其完整性和永存性等工作，从而使得这些数字式资源能够快速且经济地被特定的用户或群体所利用。

康奈尔大学 (Cornell University) 的名誉教授 William Y. Arms 在其专著 *Digital Libraries* 中对数字图书馆的定义是：具有服务功能的整理过的信息收藏，其中信息以数字化格式存储并可通过网络存取。该定义的关键在于信息是整理过的。

中国工程院院士高文对数字图书馆的定义是：数字图书馆是以电子方式存储海量的多媒体信息并能对这些信息资源进行高效的操作，如插入、删除、修改、检索、提供访问接口的信息保护等。并且它具有三个核心定位：数字图书馆应该是一个国家数字文化平台；还应该是一个国家数字教育平台；也是一个国家数字资源。

### 1.1.3 数字图书馆概念的理解

由于描述者角度、观点和方法的差异，上述数字图书馆的概念和定义也各有不同。有的倾向于将数字图书馆看作一个宏观的信息聚合和服务体，如 PITAC 的报告；有的倾向于将其看作一个具体的功能实体，如 IFLA 的定义；而有的则更加明确地将其界定为现有服务体的延伸，如国家图书馆关于数字图书馆的定义。

但是无论哪种描述，都明确地显示出数字图书馆绝不仅仅是传统图书馆的数字化，而是在新的时代、新的背景下，全新、信息化、数字化、网络化的知识管理和服务体系。不过，这种理念性的说明在现实中还是会遇到一些问题。

首先，现代的图书馆工程建设中往往包含了大量的信息化建设工作，因此在建设方案中往往将图书馆建设与数字图书馆建设并提，最典型的就是国家图书馆二期工程和数字图书馆工程的建设。这就使得普通读者时常难以区分两者的关系与差别，因而常常认为数字图书馆是图书馆的一个功能组成，或者干脆将图书馆建筑信息化和业务流程的自动化看作数字图书馆。

其次，由图书馆建设的数字图书馆工程往往既包括馆内环境建设，又包括数字资源服务，还包括馆内传统业务信息化改造等工作；而由网络信息服务商（如 Google 等）建设的数字图书馆项目通常只有数字资源服务，而不存在场地和场馆信息化问题。即使都是数字资源服务，图书馆自主建设的数字图书馆和网络信息服务商提供的数字资源服务在服务内容、方式上也往往存在相当的差异。而这些都很难直接利用上述的数字图书馆的定义来区分。

数字图书馆的建设和发展本身就是一个循序渐进、逐步实现的过程，对于它的理解和认识也必然是一个逐步变化和完善的过程，并与当时社会经济环境、技术条件和人类认识水平直接相关。因此，在这个过程中就会出现一些阶段性的相关定义，如自动化图书馆、数字化图书馆以及最新的云图书馆等。

### 1.1.4 与传统图书馆的差别

关于数字图书馆的理解，可以这样认为，即数字图书馆是以信息化思路为核心建设理念，以数字化服务为主要手段的网络信息服务体。它诞生于工业社会向信息社会转型的时期，并将在信息社会中承担重要的信息和知识服务功能。

首先，数字图书馆的服务内容，也就是信息本身以及信息服务必须是数字化的，而不仅仅是传统纸质书籍和借还书业务。这就意味着数字资源的收集和整理将是数字图书馆一切活动的前提，而基于传统介质的业务数字化改造，如 RFID、自助借还书系统、网络订阅和催还等服务，虽然也是信息技术应用成果，但它们都不属于数字图书馆的业务范围。

其次，数字图书馆的建设和服务理念必须是以信息化思路为先导的，而不是试图将现有图书馆业务通过数字化形式来展现。虽然数字图书馆起源于人们对图书馆传统业

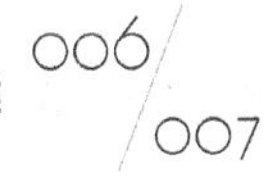


务的改造，是图书馆在数字环境下的一种再现，但是数字世界有其自身的规律和特点，人们建设数字图书馆就要严格遵循信息时代的规则，而不是因循守旧于传统业务。比如在数字服务中使用“册”数来约束用户并发数量，虽然看起来是版权问题，但实质是传统业务理念和业务思维的制约所致，与信息化的思路格格不入。

再次，在工业社会向信息社会转型过程中，数字图书馆也处在不断发展变化的状态中，并随着整个社会信息化的进步而进步。数字图书馆的建设离不开其所处的社会信息化背景，不可能超越这一时代环境，直接实现理论上理想的知识服务。这主要不是技术层面的问题，而是涉及整个社会经济生活与人们行为和思维习惯。

关于数字图书馆与传统图书馆的差异，还有一种更为简洁的观点，那就是“数字图书馆非图书馆”。根据这一观点，“数字图书馆”这一名称是由英文“Digital Library”直译而来，其本意强调的是“Library”作为“库”的概念，而不是“图书馆”，只是由于人们已经习惯于将其翻译为“数字图书馆”而沿用至今。“数字图书馆之所以被称为数字‘图书馆’，更多的可能只是一种借用和比喻，象征它在存储知识、传播知识方面具有与传统图书馆类似的功能和作用，而并未确定其属于传统意义上的图书馆之列。”

这一观点与前述内容中关于数字图书馆的定位与认识在核心观点上并无本质差异，但是鉴于我国现阶段数字图书馆建设常常与传统图书馆高度结合的现状，我们并不刻意强调这种“馆”与“库”的名称差异，而更关注它们在

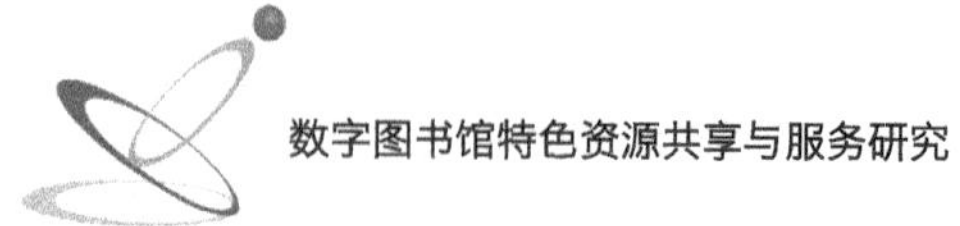


具体发展和运行上的实际差异。

## 1.2 数字图书馆特点及作用

### 1.2.1 数字图书馆特点

探讨数字图书馆的特点是为了更好地利用数字图书馆，当前数字图书馆在网络环境下呈现出六大特征：信息资源数字化、信息内容动态化、信息组织智能化、信息服务网络化、信息利用共享化、信息服务知识化。

#### 1.2.1.1 信息资源数字化

信息资源数字化是数字图书馆的内容特征。数字图书馆与传统图书馆的最大区别在于，数字图书馆的本质特征就是信息资源存储与传递的数字化。数字是信息的载体，信息依附于数字而存在，离开了数字化的信息资源，数字图书馆就成了无源之水、无本之木。因此，在数字图书馆建设初期，主要任务是资源的数字化，只有有了充足的数字化资源，数字图书馆才有了根基，数字图书馆才能利用各种技术手段为用户提供服务。

#### 1.2.1.2 信息内容动态化

信息内容动态化是数字图书馆的形式特征。数字图书馆将图书、期刊、数据库、网页、多媒体资料等各类信息载体与信息来源在知识单元的基础上有机地组织并连接起来，以动态分布方式为用户提供服务。

#### 1.2.1.3 信息组织智能化

信息组织智能化是数字图书馆的结构特征。数字图书馆不仅组织和提供信息，而且还是一个促进信息传递、获取、交流的知识网络，能够提供附加值更高的知识以及知识导航的服务。随着计算机技术和网络技术的发展，数字图书馆将不断向智能化方向发展。

1.2.1.4　信息服务网络化

在信息资源数字化的基础上，数字图书馆需要通过以网络为主的信息基础设施来实现，其服务范围是传统图书馆无法比拟的。计算机网络把分散在各地的网络资源有效地连接起来，通过网络进行分布式的管理和存取，使用户能够在网络到达的任何地方，不受时间、地点的约束，自由而便捷地利用多种方式获取自己所需的信息。网络化技术的发展为数字图书馆无缝服务提供了便捷，数字图书馆可以在任何时间、任何地点，为任何人提供所需要的服务。

1.2.1.5　信息利用共享化

在数字化和网络化的基础上，数字图书馆的信息利用既体现出跨地域、跨行业的资源无限与服务无限的特征，又体现出跨地域、跨国界的资源共建的协作化与资源共享的便捷性。信息传递的网络化，使得众多的图书馆能够借助网络获取各类数字信息，以满足用户日益增长的信息需求。就技术上而言，世界各地的人们都可以通过互联网访问任何一个数字图书馆，对其信息资源进行权限内的自由使用。这种使用不受地理位置和时间的影响，使数字图书馆真正实现了信息资源在全球范围内的充分共享。

1.2.1.6　信息服务知识化

知识服务是以互联网信息进行搜索查询为基础，为用户提供有用的信息和知识。一般来说，知识服务可以提供新闻摘要、问答式检索、论坛服务、博客搜索、网站排名、情感计算、倾向性分析、热点发现、聚类搜索、信息分类等知识服务。知识服务与知识管理等概念的提出同技术的发展密切相关，其内涵在不断发展变化之中。张晓林对知识服务进行了总结，认为知识服务首先是一种观念，一种认识和组织服务的观念。从观念上看，知识服务之所以不同于传统的信息服务，主要表现在以下几个方面：

（1）知识服务是用户目标驱动的服务，它关注的焦点和最后的评价不是“我是否提供了您需要的信息”，而是“通过我的服务是否解决了您的问题”。传统的信息服务基点、重点和终点则是信息资源的获取。

（2）知识服务是面向知识内容的服务，它非常重视用户需求分析，根据问题和问题环境确定用户需求，通过信息的析取和重组来形成符合需要的知识产品，并能够对知识产品的质量进行评价，因此又称为基于逻辑获取的服务。传统信息服务则是基于用户简单提问和文献物理获取的服务。

（3）知识服务是面向解决方案的服务，它关心并致力于帮助用户找到或形成解决方案，因为信息和知识的作用最主要体现在对解决方案的贡献上。解决方案的形成过程，又是一个对信息和知识不断查询、分析、组织的过程，因为知识服务将围绕解决方案的形成和完善而展开，与此对应的传统信息服务则满足于具体信息、数据或文献的提供。

（4）知识服务是贯穿于为用户解决问题工程的服务，是贯穿于用户进行知识捕获、分析、重组、应用过程的服务，根据用户的要求来动态和连续地组织服务，而不是传统的基于固有过程或固有内容的信息服务。

（5）知识服务是面向增值服务的服务，它关注和强调利用自己独特的知识和能力，对现成文献进行加工形成新的具有独特价值的信息产品，为用户解决其他的知识和能力所不能解决的问题。它希望使自己的产品或服务成为用户认为的核心部分之一，通过知识和专业能力为用户创造价值，通过显著提高用户知识应用和知识创新效率来实现价值，通过直接介入用户过程的最可能部分和关键部分来提高价值，而不仅仅是基于资源占有、规模生产等来体现价值。

## 1.2.2 数字图书馆作用

信息技术、通信技术、网络技术等发展推动了数字图书馆建设的迅速发展，数字图书馆建设对一个组织、一个国家，甚至全世界影响重大。其作用具体可以概括为以下几点：

### 1.2.2.1　数字图书馆是一个数字资源中心

传统图书馆向数字图书馆转化过程中，积累了大量的资源，为了能更好地保存资源，利用资源，资源的数字化是一种有效手段。经过十多年的发展变化，日积月累，数字图书馆拥有了海量的数字资源，此类资源包括卫星、遥感、地理、地质、测绘、气象、海洋等科学技术数据和人口、经济统计数据等。数字图书馆的建设很大程度上首先是一个数字资源中心的建设。数字图书馆的资源主要来源于早期的纸质资源数字化。近几年随着网络技术的发展，电子出版物日益成为数字图书馆数字资源的主要来源。目前互联网也是数字图书馆数字资源一个庞大的来源地，通过对网络资源的加工整理，有越来越多的资源可供数字图书馆使用。

数字图书馆首先是资源的数字化，只有充足的数字化资源，才能通过网络为广大用户提供优质的信息服务与知识服务。

1.2.2.2　数字图书馆是一个教育平台

在现代社会工作生活环境下，人们需要进行终身学习。但限于时间原因，每个人重新走入大学学习，是不太现实的。网络化数字环境下，数字图书馆成为业余教育中心、在职教育中心，甚至趣味教育中心。人们在这里可以开展各种有益的学习与沟通，进行文化的、休闲的、娱乐的学习，能丰富人们的生活，促进人们素养的提高，为整个人类发展做出贡献。

1.2.2.3　数字图书馆是传承文化的平台

图书馆承担着保存和传承人类文明的重要职责。在人类社会数千年的历史发展进程中，图书馆随着社会的发展而发展。在我国，图书馆的发展已有百年历史，改革开放后，我国形成相对完善的公共图书馆服务体系，为提升全民族素质、推动社会文明进步做出了重要贡献。

数字图书馆也是传承文化的平台，通过数字图书馆，各种文化在这里得以延伸，人们通过网络，就可以更方便地了解和学习各国文化历史；它也为各民族、各国家文化的继承与发扬提供便捷的工具平台。这里所指的文化平台主要包括图书馆、博物馆、档案馆、大学、政府部门提供的各种文化资源。人们通过此平台可以便捷地获取有关历史文化知识，加深民族认同感。通过该平台可以向世界展示各自的经济文化各个方面的发展水平，为人类的文明进步和发展做出应有的贡献。

1.2.2.4　数字图书馆是国家新信息基础设施的重要组成部分，成为国际高科技竞争中新的制高点

（1）数字图书馆将是 21 世纪全球文化科技竞争的焦点之一。这种竞争既是科学技术的竞争，也是文化和意识形态的竞争，更是知识经济时代的市场竞争。由于美国以信息产业带动经济高速发展已成为不争的事实，因此各主要发达国家及许多发展中国家也都纷纷制订自己的信息社会发展计划，以求在未来的竞争中立于不败之地。在网络时代，谁最先掌握了技术和资源库，谁就掌握了先机。

（2）数字图书馆工程不仅是高科技项目，也是跨部门、跨行业的大文化工程，必须由政府出面来统一规划、组织和协调，并在资金和政策方面给予支持和保障。例如在 1995 年美国政府蓝皮书中数字图书馆被认定为“国家级挑战”，置于国家信息基础设施的高度上通盘考虑。这种政策上的倾斜，引起了美国科学界、产业界的高度重视，也带动了各种基金会在资金上的投入。

（3）数字图书馆工程已经获得了可靠的技术保障和可观的效益前景。以美国为代表的数字图书馆的建立和运行，十分有效地获得了信息资源的增值效益，在资源建设和知识创新方面取得明显的进展。同时，这些国家也明确了数字图书馆的基本构造、技术手段和运行方式，开发了相关技术和设备，并取得了十分宝贵的工程经验。

（4）不仅首先要开发数字图书馆，还要在此基础上，陆续把其他国家级的文化信息资源单位，如图书馆、档案馆、博物馆、文化艺术、音像影视、新闻出版、旅游、体育等有关的文化信息资源的精华，发展为数字式资源库，并用这些丰富的信息资源构成图书信息资源网，通过因特网向全球传播。

（5）在文化传统的电子时代，作为中华文明发源地的中国，并不一定理所当然地会成为全球最大的中文信息中心。建设中国数字图书馆工程，实际上也就是建设中文因特网。这对于我们继承和弘扬中华文化，力争在未来的全球性竞争中取得主动权具有重要的社会和经济意义。目前，已经有一些国家和地区在关注中文因特网的建设。如果我们不牢牢抓住机遇，就势必要在中文信息方面失去主导地位，从而丧失巨大的社会和经济利益。

1.2.2.5　数字图书馆是传统图书馆向现代化图书馆发展的必由之路

2011 年在贵阳的图书馆学年会上，国家图书馆馆长、中国图书馆学会名誉理事长周和平较好地诠释了数字图书馆发展的必由之路。他指出，自 20 世纪 90 年代以来，计算机技术、网络技术和信息处理技术迅猛发展，深刻地改变了人们的学习方式、工作方式、生活方式和思维方式。20 世纪 70 年代，第一台个人计算机出现。此后，计算机性能不断提高，迅速普及。与此同时，互联网开始进入人们的生活，1994 年中国正式接入国际互联网，网络作为一种新的信息交流和通信工具，成为人们获取信息的重要来源。信息处理技术和多媒体技术飞速发展，并得到广泛应用，越来越多的文字、图片、声音、影像资料以数字形式出现，成为影响社会发展的重要力量。

越来越多的国家认识到信息对于提高国际竞争力，增强综合国力的重要性，相继提出了“信息高速公路”计划，建立信息网络，支持国家创新与经济社会发展，人类社会快步进入一个前所未有的信息化社会。在此背景下，数字图书馆作为网络环境下一种新的信息资源组织与服务形式应运而生。数字图书馆是网络环境和数字环境下图书馆新的发展形态，它利用现代信息技术，对海量、分布、异构的数字资源进行整合，形成有序的整体，通过各种媒体提供友好、高效的服务，使人们随时随地获取信息和知识。数字图书馆具有以下几个显著特点：海量的资源规模；有序的资源内容；基于多种媒体的服务；高度共享的平台。

正因为具有上述特点，数字图书馆作为图书馆发展的新形态，是图书馆在网络环境数字环境下的必然选择和必由之路，其迅猛发展为传统图书馆提供了新的发展机遇和广阔的发展空间，大大提升了传统图书馆的服务能力，拓展了服务范围，丰富了服务手段，由此深刻地改变了人们的学习习惯和获取知识的方式，越来越受到世界各国的普遍关注和社会公众的广泛欢迎。

1.2.2.6　数字图书馆能加快全球信息化进程，实现知识共享，缩小数字鸿沟

数字鸿沟又称为信息鸿沟（Digital Divide，Digital Gap，Digital Division），本意是数字差距或者数字分裂。联合国开发计划署的顾问 Dannisi 指出，数字鸿沟实际上

表现为一种创造财富能力的差距。

一些学者也认为，所谓的“数字鸿沟”应当被称为“知识鸿沟”或者“教育鸿沟”。在互联网时代，个人计算机的主要用途已经由计算转化为信息搜索、信息交换和信息处理了。所谓“知识鸿沟”，就是一方面闲置着大量的劳动力；另一方面，这些劳动力却因为知识储备不足而无法被吸收到最具价值创造潜力的、占国民经济总额高于70% 的经济过程中去，从而不得不拥挤在只占国民经济价值总额 30% 以下的传统农业和工业部门内。由于数字鸿沟的存在，造成许多不均等的机会，主要表现为：富国的先行优势；美国国内贫富分化的社会问题；工作、学习和生活的分化。数字鸿沟即是数字机遇。

数字鸿沟实际上是一种创造财富能力的差距。中国如何抓住机会实施方法得当的技术融入，跳过这一差距，直接进入信息技术和电子商务领域，是摆在我们面前的重要问题。

在数字时代，计算机与互联网是日常生活中最重要的部分，图书馆特别是公共图书馆为公众开启了一扇通往全球信息之门，将全世界的信息带到每个社区，使所有社区成员能获取电子资源并发展其技能，使之参与到全球经济活动中来，这是图书馆对社区乃至国家的主要贡献。

正因为数字图书馆对社会影响巨大，各个国家、各个组织都在加紧实施数字图书馆工程项目，希望借此来加速信息、知识的共享，实现经济的新一轮发展。

# 1.3 数字图书馆典型工程

数字图书馆建设发展到现在，国外已有二十多年历史，国内也有十多年历史。它的发展，很大程度上体现在数字图书馆工程建设的项目上。基于此，本节主要介绍国内外主要的数字图书馆工程项目，这当中又以美国的建设起步最早，成就最为突出。

## 1.3.1 国外工程项目

欧美及亚洲一些发达国家和地区在数字图书馆方面起步较早，而且发展速度也快，最为突出的是美国。1991 年，美国率先开始研究数字图书馆，其水平目前已居世界各国前列。其后，英国、法国、德国、意大利等国也相继开始投入巨资开发本国的数字图书馆。此外，各国之间加强合作，美、英、法、日、加、德、意、俄 8 个国家的国家图书馆联合成立了一个名为“G8 数字图书馆联盟”的项目，内含各国文化历史精华，目前已完成。

在亚洲，日本投资 4 亿美元建设日本国会图书馆关西工程，并于 2002 年完成一期工程，成为当时日本最大的数字图书馆及亚洲地区的文献提供中心。新加坡政府在 1994 年就提出了“2000 年图书馆发展计划”，建立一个无边界电子图书馆网络，把全新加坡的公共图书馆和 500 多个学术与专业数据库连接起来。其后，又于 1996 年 3 月成立了一个“华文国际网络指导委员会”，其目标是使新加坡成为一个华文因特网的发展中心。由于数字图书馆项目具有很强的示范效应，本节主要以美国的数字图书馆项目为例进行介绍。

1.3.1.1　美国科学基金会（NSF）领导的数字图书馆研究计划

（1）数字图书馆先导计划（DLI）一期（1994—1998）

美国数字图书馆先导计划（Digital Libraries Initiative，DLI）是由美国三个最著名的基础和应用研究机构：国家科学基金会（National Science Foundation，NSF）、美国国防部高级研究计划署（Defense Advanced Research Projects Agency，DARPA）和美国国家航空航天局（National Aeronautics and Space Administration，NASA）联合资助的一项数字图书馆项目，该项目由于后来有了接续的计划，而被称为数字图书馆先导研究计划第一期（DLI-1）。一期项目为期 4 年，从 1994 年开始到 1998 年结束。

1994 年 9 月，美国科学基金会的 DLI 项目组从 73 个候选项目中正式遴选了 6 个项目，投资 3000 万美元，开始了为期 4 年的研究，该计划还要求每一个承担单位配套提供等额或数倍于国家投入的资金，最终确定了 6 个项目。先导研究计划一期从研究目标、形式到项目的内容范围、检查与验收办法等，都做了详细的规定，非常明确。

其目标是：促进数字资源的收集、存储和组织的手段，使之能够以一种对用户方便的方式，通过网络进行查询、检索和处理。

项目人员构成强调要有各方面的专家，包括研究人员、应用开发人员和用户。先导计划一期都是由大学主要负责，但参加人员包括以下四个方面：数字图书馆的用户、商业公司（软件开发商、股票交易所、设备制造商和通讯公司）、公共或个体信息提供商、相关的计算机和其他科学技术研究团体（学术团体、超级计算机中心和商业化实验室等）。项目主要鼓励以下方面的研究：数字信息的获取、数字信息的分类和组织、海量数据的查询和筛选、可视化与交互技术、网络协议和标准、网络信息资源的利用、人与群体行为研究、社会与经济问题研究。

（2）数字图书馆先导计划（DLI）二期（1999—2003）

先导计划二期在一期工程的基础上增加了四家资助机构，包括：美国国家医学图书馆（National Library of Medicine, NLM）、美国国会图书馆（Library of Congress, LC）、国家人文科学捐赠基金会（National Endowment for the Humanities, NEH）和美国联邦调查局（Federal Bureau of Investigation, FBI），以及三个合作伙伴，即：美国国家档案和记录管理局（National Archives and Records Administration, NARA）、史密森学会（Smithsonian Institution, SI）、美国博物馆和图书馆服务协会（Institute of Museum and Library Services, IMLS）。投资 5500 万美元，共有 36 个资助项目、16 个特别项目、12 个国际合作项目获得资助。该项目的研究目的是开展数字图书馆相关课题的基础性、前沿性科学研究，开发下一代数字图书馆，为用户充分利用全球化、分布式的信息资源提供先进、可行的方法和技术。

该项目特点：①项目持续时间更长、经费有所增加。计划持续 5 年时间，费用总额从 3000 万美元增加到 5500

万美元。②资助方式有所不同。所有项目分为两类，即单独的研究项目和多学科综合项目。单独资助项目1—3年，大型项目资助1—5年；从实施情况看，一些重要的大型项目允许突破这个限制。③研究目标有所侧重，重点提出三个中心，即以人为中心、以系统为中心和以技术为中心；并突出了对超大型数字图书馆群的建设项目和语义网研究项目的支持。④极大地扩展了数字图书馆的应用领域。一期项目以研究为主，本期项目涉及许多专业领域。⑤加强了对项目的管理，注重项目之间的交流和成果的转化与推广。

我国也参与了DLI-2项目的建设，由美国和中国共同申请了“CMNet（中文往事网络）：朝向一个全球数字图书馆中文学习的美中合作研究”项目，中方牵头人为高文教授。

1.3.1.2　美国记忆（American Memory）

美国记忆是一项旨在通过互联网为公众提供美国有关历史资料的网站。它所提供的内容包括由国会图书馆、其他公共图书馆、研究图书馆，以及个人提供的绘画、图书、音乐、手稿、照片、视频、音频等众多资源的数字化信息，这些资料主要用来反映美国的历史和文化，并通过主题方式形成知识资源库。

美国记忆起源于一项名为American Memory Pilot的数字资源先导试验项目，该项目从1990年开始直到1994年，主要是通过CD-ROM的方式将国会图书馆制作的珍贵数字资源发放给44个选定的机构。当这个实验性项目接近尾声时，图书馆对44个接受CD的机构进行了调查，发现用户的反响非常热烈，特别是中学师生们表示需要更多的数字化资源，但是 CD-ROM 制作和发放的困难也使该项目难以为继。不过，紧接而来的互联网大潮和 WWW 技术使得该项目有了新的发展。1994 年 10 月，美国国会图书馆获得了新的 1300 万美元用于推进其国家数字图书馆项目（National Digital Library Plan, NDLP），于 1995 年正式启动了美国记忆项目，并成为美国第一个真正意义上的全国范围的合作项目。1994 至 2000 年的七年之间，国会两党提供了 1500 万美元资助，同时公共部门和私人部门的密切合作使该项目得到了来自私人部门的 4000 万美元捐款。截至 2008 年年底，已有 1530 万件数字藏品可在国会官网上使用，其中 110 万件来自合作单位。美国记忆网站的多媒体历史主题内容总计达 90 种。美国记忆工程的成果，形成了对美国各级学校的爱国主义及历史教育巨大的知识后援。

1.3.1.3　世界图书馆项目

世界数字图书馆（World Digital Library, WDL）是一个由美国国会图书馆主推，众多国家参与的以互联网服务为核心的数字图书馆。它由联合国教科文组织（United Nations Educational, Scientific and Cultural Organization, UNESCO）所支持，并由一些公司和私人基金会提供财力支持。根据 WDL 网站（http://www. wdl. org）的申明，其愿景是："在互联网上以多语种形式免费提供源自于世界各地各文化的重要原始材料，促进国际和文化间的相互理解；增加互联网上文化内容的数量和种类；为教育工作者、学者和普通观众提供资源；加强伙伴机构的能力建设，以

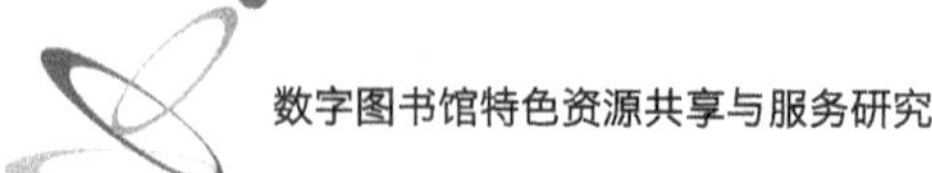


缩小国家内部和国家之间的数码技术鸿沟。”

WDL 起源于美国国会图书馆馆员詹姆斯 · H. 林顿在 2005 年 6 月向美国教科文组织全国委员会提出的一个建议。基本思想是建立一个以互联网为基础的，收集并保存世界各国文化古籍的数字副本，并突出所有国家和文化成就的数据库，从而促进全球各文化间的认识和理解。该项目于 2009 年 4 月正式向国际社会推出，内容涵盖了 UNESCO 的每一个会员国。

WDL 让世界各地的读者可以在其网站上按地点、时间、主题、条目类型、参与机构等分类方式浏览所保存的很多珍贵信息和文物的数字化材料，这些内容包括了手稿、地图、珍本书籍、乐谱、录音、电影、印刷品、照片和建筑图纸等。同时，为方便读者，该网站还提供了阿拉伯文、中文、英文、法文、葡萄牙文、俄文和西班牙文等世界主要民族语言的说明和导航。

相对于其他项目，世界图书馆有以下特点：

（1）统一的元数据。WDL 的每一项馆藏条目都用统一标准的元数据进行了描述，而不是直接采用成员馆所提供的原始描述信息，这既是世界图书馆的特殊定位所决定的，同时也为其开展统一的资源服务奠定了基础。

（2）深刻的描述。WDL 最为重要，且令人印象深刻的特点，就是对每一个项目的描述都非常准确且深入，回答了“这一项是什么和它为什么意义重大”的问题。从而使读者对信息有更加清晰和深刻的认识，而不仅仅是对项目本身的简单说明。图 1-1 就是其中关于《本草品汇精要》的描述。

图 1-1　WDL 内容描述网页

（3）多种语言页面。WDL 的多语言不仅仅是界面和导航，它的每一个项目的元数据和支持内容都被翻译成了 7 种语言：阿拉伯文、中文、英文、法文、葡萄牙文、俄文和西班牙文。这大大地提高了它针对全球用户的服务能力。

（4）创新的用户界面。WDL 采用了一种与传统数字图书馆形态完全不同的页面设计和导航形式，仅从页面来看它更像是 Google Earth 的一个网站版本。通过地域、时间轴、专题、机构等划分形式，使得数据更加直观和贴近用户，如图 1-2。

图 1-2 WDL 主页页面

#### 1.3.1.4 Google 数字图书馆

Google 数字图书馆是 Google 公司通过与世界各地的图书馆界和出版商合作，在大量扫描图书的基础上，为用户提供互联网在线图书浏览或相关信息获取的服务，它包括了合作商计划以及图书馆计划。

与很多人的认识不同，Google 数字图书馆的起源比 Google 搜索引擎还早，甚至在某种程度上说，是 Google 数字图书馆的早期构思催生了 Google 搜索引擎。早在 1996 年，Google 的创始人 Sergey Brin 和 Larry Page 还是计算机系研究生的时候，就一直在从事斯坦福数字图书馆技术项目支持的研究课题，并以建立数字图书馆为目标。当时，他们就有这样一个构想：在大量藏书都实现数字化的未来世界，人们可以使用“网络抓取器”(BackRub) 为图书的内容编制索引并分析图书之间的关联，从而通过跟踪被其他图书引用的次数和质量来确定任何给定图书的相关性和有用性。而这正是现在 Google 搜索引擎的关键技术——网页评级算法的基本思路。

Google 数字图书馆正式开始于 2002 年，当时 Google 的一个工作小组秘密地研究了关于数字化全球每本图书的可能性，并且通过实地考察美国记忆、古登堡计划等图书馆界的图书数字化项目后，坚定了这一想法。后来，Larry Page 在与密歇根大学沟通过程中，了解到以该图书馆当时的计划，数字化馆内的 700 万卷图书需要 1000 年，而如果与 Google 合作，这一过程只需要六年。

到 2004 年 12 月，Google 正式宣布了其名为“Google Print”的图书馆计划，并与哈佛大学、密歇根大学、纽约公立图书馆、牛津大学和斯坦福大学达成合作协议，计划完成大约 1500 万卷图书的数字化工作。这些数字化成果将由双方共同享有。2005 年，Google Print 更名为“Google Books”（Google 图书搜索），也就是今天我们所说的 Google 数字图书馆。今天，Google 数字图书馆搜索界面已经能够提供 35 种以上的语言支持，来自 100 多个国家和地区的 10000 多个出版商和作者参与了该计划，是世界上服务能力最强大的数字图书馆服务平台。

Google 数字图书馆计划与其他数字图书馆计划最大的不同在于，Google 数字图书馆具有显著的协同合作与社会分工性质。Google 拥有先进的技术和充足的资金，但却缺乏有效的内容；图书馆拥有海量的信息技术，资金却是明显的短板；作者和出版商则拥有大量图书的版权。三者中的任何一方单独实现数字图书馆都困难重重，但是通过该计划各方分工合作，共同努力，则能够实现非常伟大的目标。这既是技术进步的使然，更是整个社会信息化进步的共同选择，它体现的不仅仅是技术融合的进步，更是信息时代下社会分工的细化与协作。

但是，Google 数字图书馆的变革必然给现实带来冲击和挑战，从而陷入各种垄断和侵权纠纷中。垄断方面，主要是指责 Google 会滥用其在网络搜索引擎的垄断地位，“最终将会导致消费者、图书馆、学者和学生面临更高价格和不够水准的服务”。这些反对者中最主要的就是由亚马逊、微软和雅虎所组成的“开放图书联盟”，侵权方面的反对者则是各类版权机构和作家协会，比如我国文著协（中国文字著作权协会）。不过，这些垄断和侵权案的根本

还都是各种商业利益的斗争，因此大多都能通过协商进行解决。而且，这种纠纷和冲突本身也反映出了 Google 数字图书馆在应用上的进步。

除了 Google 图书搜索外，Google 还提供了另一项与数字图书馆服务紧密联系的搜索业务——Google 学术搜索。与 Google 图书搜索不同的是，Google 学术搜索实质上是一个可以免费检索学术文章的垂直搜索工具，主要是通过与世界各地学术机构、学校、图书馆的检索系统相连接，实现信息的检索，并根据权限提供相关文章全文或部分内容的服务。该项目最早发布于 2004 年 11 月，到现在已可检索世界上出版的绝大部分学术期刊和文章。

1.3.1.5 其他

此外，还有美国国家科学数字图书馆（National Science Digital Library, NSDL）项目、G8 全球数字图书馆联盟、联机计算机图书馆中心（Online Computer Library Center, OCLC）、IBM 数字图书馆计划、英国的电子图书馆项目（eLIB）、德国的科学图书馆的现代化和理性化项目、澳大利亚的国家图书馆和博物馆的数字化项目、日本的数字图书馆联合研究项目等。

## 1.3.2 国内工程项目

我国数字图书馆的研究和建设起步工作均晚于欧美等发达国家。20 世纪 90 年代初，在我国图书馆学刊物上开始出现介绍国外数字图书馆的文章；1994 年我国第一次引进“数字图书馆”的概念；首个国家级的数字图书馆工程到 2005 年才开始实施。

不过通过多年的努力，我国数字图书馆研究与建设已取得一定的进展。国家自然科学基金委员会、教育部、科技部、文化部等机构先后批准了许多数字图书馆研究和建设项目，并取得显著的成果，对我国的数字图书馆发展和建设起到了至关重要的作用。下面简要介绍一下其中具有一定代表性和时代特征的项目。

1.3.2.1　全国文化信息资源共享工程

全国文化信息资源共享工程（以下简称“文化共享工程”）是自 2002 年起，由文化部、财政部共同组织实施的国家重大文化惠民建设工程。它利用现代信息技术，将中华优秀文化资源进行数字化加工整合，通过互联网、卫星、电视、手机等新型传播载体，依托各级公共文化设施，在全国范围内实现数字资源的共建共享。文化共享工程采取了与国家行政管理体制相对应的层级管理机制，形成了国家、省、市、县、乡、村的六级网络体系，它们分别被称为国家中心、省级分中心、地市级支中心、县级支中心、乡镇基层服务点和村级基层服务点；另外，在城市范围内还分别对应有街道文化中心和社区文化站，其中省、市、县级站点都部署在当地图书馆，乡镇和村以基层文化中心和文化站为节点。

文化共享工程在建设主体、建设理念、服务方式等方面很大程度上依托各级图书馆机构，在应用技术、标准体系方面也参考了数字图书馆的技术和标准，因此被看作一项与数字图书馆紧密相关的实践性数字文化工程。不过，其在资源服务方式、服务活动目标、针对用户群体等方面与大多数数字图书馆项目也存在着明显的差异，不能完全按照数字图书馆的标准与思路来对应。在实践过程中，文化共享工程更多的是强调其对于数字图书馆发展的推动作用。

文化共享工程自启动以来，受到了党和国家的高度重视，连续八年被写入中央一号文件，先后被列入我国《国民经济和社会发展第十一个五年规划纲要》《国家“十一五”时期文化发展规划纲要》《国民经济和社会发展第十二个五年规划纲要》《2006—2020年国家信息化发展战略》《国家中长期教育改革和发展规划纲要（2010—2020年）》《国家“十二五”时期文化发展规划纲要》《关于贯彻实施〈中国农村扶贫卷发纲要（2011—2010年）〉重要措施分工方案的通知》等国家级重要规划和指导文件。党和国家领导人多次就文化共享工程的建设做出重要指示，并视察各地文化共享工程基层服务点。

在党中央、国务院的正确领导下，在各级党委、政府的大力支持下，文化共享工程建设取得了显著的成效。已初步建立了层次分明、互联互通、多种方式并用的国家、省、地市、县区、乡镇（街道）、村（社区）等六级数字文化服务网络。截至2011年底，建成1个国家中心，33个省级分中心（覆盖率达100%），2840个县级支中心（覆盖率达99%），28595个乡镇基层服务点（覆盖率达83%），60.2万个村基层服务点（覆盖率达99%），拥有全国专兼职人员已达68万人，累计服务超过11.2亿人次。通过广泛整合公共图书馆、博物馆、美术馆、艺术院团及广电、教育、科技、农业等部门的优秀数字资源，文化共享工程数字资源建设总量达到136.4TB，整合制作优秀特色专题资源库 207 个。到 2015 年，文化共享工程数字资源总量将达到 530TB，服务网络实现从城市到农村的全面覆盖，公共电子阅览室基本覆盖全国所有乡镇和街道、社区，入户率达到 50%。

1.3.2.2　中国高等教育文献保障系统（CALIS）

中国高等教育文献保障系统（China Academic Library & Information System, CALIS），是经国务院批准的我国高等教育“211 工程”“九五”“十五”总体规划中三个公共服务体系之一。CALIS 的宗旨是，在教育部的领导下，把国家投资、现代图书馆理念、先进的技术手段、高校丰富的文献资源和人力资源整合起来，建设以中国高等教育数字图书馆为核心的教育文献联合保障体系，实现信息资源共建、共知、共享，以发挥最大的社会效益和经济效益，为中国的高等教育服务。

CALIS 管理中心设在北京大学，下设文理、工程、农学、医学四个全国文献信息服务中心，华东北、华东南、华中、华南、西北、西南、东北七个地区文献信息服务中心和一个东北地区国防文献信息服务中心。

从 1998 年开始建设以来，CALIS 管理中心引进和建设了一系列国内外文献数据库，包括大量的二次文献库和全文数据库；采用独立开发与引用消化相结合的道路，主持开发了联机合作编目系统、文献传递与馆际互借系统、统一检索平台、资源注册与调度系统，形成了较为完整的 CALIS 文献信息服务网络。迄今参加 CALIS 项目建设和获取 CALIS 服务的成员馆已超过 500 家。

“十五”期间，国家继续支持“中国高等教育文献保障系统”公共服务体系二期建设，并将“中英文图书数字化国际合作计划”（China-America Digital Academic Library,CADAL）列入该公共服务体系建设的重要组成部分，项目名称定为“中国高等教育文献保障体系——中国高等教育数字图书馆”（China Academic Digital Library & Information System, CADLIS），由 CALIS 和 CADAL 两个专题项目组成，建立包括文献获取环境、参考咨询环境、教学辅助环境、科研环境、培训环境和个性化服务环境在内的六大数字服务环境，为高等院校教学、科研和重点学科建设提供高效率、全方位的文献信息保障与服务，成为中国经济和社会发展的重要基础设施。

特别需要提及的是，在“十一五”工程建设目标中除了提出建设“国家级中外文学术资源群存档与服务中心”“升级中国高等教育数字图书馆（CADLIS）平台”等工作外，还明确提出了“面向高等教育的学术 Google”，深刻地反映出了搜索引擎对于数字图书馆建设与服务理念的影响。

1.3.2.3　中国知识基础设施工程（CNKI）

CNKI 源于世界银行 1998 年提出的国家知识基础设施（National Knowledge Infrastructure）的概念。1999 年 6 月，清华大学、清华同方共同发起实施了中国知识基础设施工程（China National Knowledge Infrastructure，CNKI）的建设，它是一项以实现全社会知识资源传播共享与增值利用为目标的信息化建设项目。在中国政府及各部门的大力支持下，在全国学术界、教育界、出版界、图书情报界等社会各界的密切配合和清华大学的直接领导下，CNKI

工程经过多年努力，建成了世界上全文信息量规模最大的"CNKI 数字图书馆"，建成了完整的以学术研究成果为核心的中国信息资源体系——"中国知识资源总库"，为全社会知识资源高效共享提供最丰富的知识信息资源和最有效的知识传播与数字化学习平台，是现在各类数字图书馆工程重要的知识内容提供和服务平台。CNKI 亦可解读为"中国知网"（China National Knowledge Infrastructure）的英文简称。

CNKI 工程的建设目标：一是大规模集成整合知识信息资源，整体提高资源的综合和增值利用价值；二是建设知识资源互联网传播扩散与增值服务平台，为全社会提供资源共享、数字化学习、知识创新信息化条件；三是建设知识资源深度开发利用平台，为社会各方面提供知识管理与知识服务的信息化手段；四是为知识资源生产出版部门创造互联网出版发行的市场环境与商业机制，大力促进文化出版事业、产业的现代化建设与跨越式发展。

CNKI 工程是牵动全社会知识信息资源共建共享的浩大信息化工程，广泛涉及全国传统出版物与非出版物，音像电子出版物资源的数字化建设与网络出版，全球互联网资源的专业化整合，多媒体教育教学资源库的研制，信息资源共享技术开发以及网络会议，网络教学等资源交互式应用系统的开发等有关产业、技术、经济、法律等诸多领域。它的长期建设构成了庞大的社会化生产与服务产业链。

CNKI 工程目前主要拥有两项产业化的知识工程，即中国知识资源总库和中国知网。其中，中国知识资源总库是 CNKI 工程的核心资源建设项目，也是"十一五"国家重大出版工程项目，囊括了中国90%以上的知识信息资源，是目前资源类型完整、内容全面的国家知识资源保障体系，完整地收录了中国期刊、博士论文、硕士论文、报纸、会议论文、年鉴、工具书、百科全书、软件、专利、标准、科技成果、政府文件、法律法规及互联网信息总汇等各种知识资源，并与施普林格出版社(Springer)、(Taylor&Francis)和威立出版社(Wiley)等重大国际出版物整合，形成中外文知识网络服务系统。中国知网则是中国知识资源总库的互联网出版与知识服务平台，是最完整的中国知识信息门网站，服务于110多个国家和地区的17000余家机构用户。图1-3显示的就是中国知识资源总库的总体运行机制。

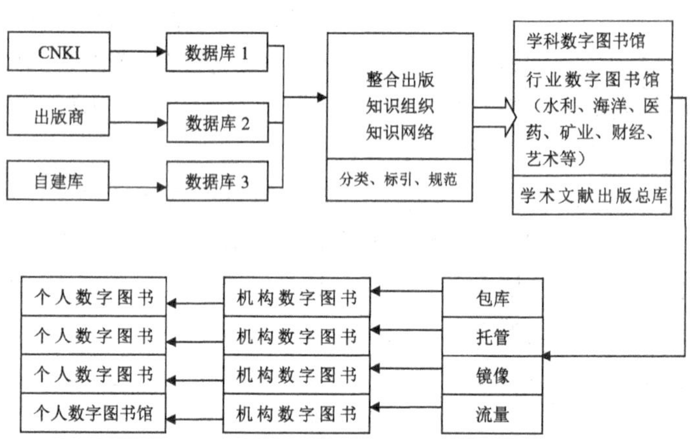


图1-3 中国知识资源总库平台运行机制图

#### 1.3.2.4 超星数字图书馆

超星数字图书馆成立于1993年，是国内专业的数字图书馆解决方案提供商和数字图书资源供应商，是国家“863 计划”中国数字图书馆示范工程项目。2000 年 1 月，超星数字图书馆在互联网上正式开通。它由北京世纪超星信息技术发展有限责任公司投资兴建，涉及哲学、宗教、社科总论、经典理论、民族学、经济学、自然科学总论、计算机等各个学科门类，包括数百万册电子图书，500 万篇论文，全文总量 13 亿余页，数据总量 1000000GB，大量免费电子图书，超 16 万集的学术视频，拥有超过 35 万授权作者，5300 位名师，并且每天仍在不断地增加与更新。超星数字图书馆为目前世界最大的中文在线数字图书馆。

1.3.2.5　其他

此外，还有国家数字图书馆工程、国家科技图书文献中心中国科学院国家科学数字图书馆（CSDL）、中国社会科学院数字图书馆（CASSL）、中国少年儿童信息大世界——网上图书馆、清华大学数字图书馆、百度文库等。

# 第2章 数字图书馆特色资源

对于数字图书馆而言，数字资源始终是其生存和发展的根基，努力建设好数字图书馆特色资源已经成为各图书馆的共识。为了更好地推进数字图书馆特色资源建设，首要的便是了解数字图书馆特色资源的基本内容，掌握数字图书馆特色资源的基础知识。因此，本章将在介绍数字特色资源概念的同时，主要阐述数字特色资源的长期保持与利用、数字特色资源的建设原则、方法与内容等。

## 2.1 特色资源的概念

### 2.1.1 图书馆特色资源

#### 2.1.1.1 图书馆资源

在人类历史文明发展中，图书馆有着悠久的历史。作为收集、整理和传播知识信息的场所，它是人类历史和文化所创造的精华记载的标志。人们通常认为，图书馆是搜集、整理、收藏图书资料以供人阅读、参考的机构。长期以来，图书馆以丰富的图书、期刊等文献资料吸引读者，被广大读者称为知识的宝库。图书馆一直以巨大藏书量而著称，在它的发展史上，图书长期占据着绝对主体的地位；随着知识的急剧增长和出版业的发展，期刊、报纸等各种文献资料逐渐兴盛起来，日渐成为重要的文献信息形式；随着现代图书馆的发展，科学技术带来的协作与共享使图书馆的电子和网络信息变得日益重要。尽管图书馆馆藏的内容发生了变化，但它们都是图书馆资源的有机组成。除此之外，图书馆的工作人员、各种设备、建筑结构、服务风格、管理方式等与图书馆有关的一切都属于广义的图书馆资源。

#### 2.1.1.2 图书馆特色资源

从一般意义上，“特色”是事物所表现出来的独特的、优秀的个性风貌，也就是指一定范围内该事物与众不同的独特风格，它是由事物赖以产生和发展的特定的具体的环境因素所决定的，是其所属事物独有的。同时，需要注意的是，特色不是永恒不变的，而是一个不断发展，富有动态变化内容的与时俱进的概念。现在的特色以后也许就不再成为特色。

特色资源，通常是指那些与普通资源相区别的特殊的资源，它有其与众不同的特点，是图书馆资源这一整体之中有特色的那一部分。因此，特色资源是图书馆资源的有机组成部分。

图书馆特色资源是一个内容丰富的既念。从宏观的角度来理解，图书馆资源中有特色的内容都可能成为特色资源，主要包含以下几方面的内容：

（1）信息特色资源。随着科学技术的发展，信息化代表着现代图书馆的发展方向，信息资源在图书馆资源中占有越来越重要的地位。图书馆特色资源也日渐信息化，以崭新的面貌呈现在读者面前。信息特色资源既包括实体资源，也包括非实体资源，是图书馆特色资源建设的主体。当前通常意义上讨论的数字图书馆特色资源建设，也以信息特色资源为主体。

（2）服务特色资源。服务特色资源是一种图书馆非实物资源，它无处不在，在细节上体现着图书馆的风格和特色。各个图书馆推行特色服务是现代图书馆特色化趋势的重要表现。服务特色资源体现了一个图书馆在服务方面的特色，是图书馆特色资源的有机组成部分。

（3）环境特色资源。主要指图书馆建筑本身的特色。从内容与特征的角度，可以将图书馆特色资源概括为图书馆针对其用户的需求，以某一学科、专题、人物，某一历史时期、地域特点等为研究对象，依托该馆已有的馆藏信息资源，对更多文献信息资源进行收集（搜集）、整理、存储、分析、评价，并按照一定的标准和规范进行组织、管理，使其成为该馆独有或他馆少有的资源。它是该馆区别于他馆，且具有该馆独特风格的信息资源。

本书主要考察图书馆特色资源中的信息特色资源，它是图书馆特色资源的主要构成部分，也是人们在图书馆学领域重点研究的内容。本书后面谈到的图书馆特色资源建设也是就此而言，不另做说明。据此，简而言之，图书馆特色资源便是一个图书馆所收藏的文献信息资料具有自己独特的风格。这种独特主要有两层含义：一是指一个图书馆拥有独具特色的部分馆藏；二是指一个图书馆总的馆藏体系具有与众不同的特点。在实践中，当前已经建设的图书馆特色资源通常符合第一层含义。

### 2.1.2 特色资源本质含义

文献信息资源在国际化和标准化之外，资源特色化和个性化是图书馆追求的重要目标，是自建特色文献数据库的重要基础。资源的特色化和个性化具体表现为：显著区别于其他馆藏的、具有独特风格与形式、个性化体裁与别具主题内容的文献资源。既凸显厚重的人文底蕴，又张扬独特的个性魅力；既承载着深邃的文化积淀，又蕴含着时空的未来价值。独特性、延续性与价值性是特色资源的本质含义。

（1）主题独特性——体现国家、地方区域和学校的特色，包括学科特色和馆藏特色，当然也包括断代资源的主题特色。

（2）时间延续性——应具备一定年限的收藏时间和文献积累，自收藏之日起没有间断，资料收藏较为系统、相对完整，具有时间的延续性。资源优势相对明显，具有一定的影响力。

（3）内容价值性——具有较高的研究价值与应用价值，或至少具备其中一个方面的价值。随着时间的延伸，其价值越高。

### 2.1.3 特色资源的范畴

特色资源在独特性和延续性的本质特征框架内，展现的内容可丰富多彩，表现的形式可活跃多姿，呈现的类型可活泼多元。

#### 2.1.3.1 内容宽泛，主题多元

特色资源内容的范畴较为宽泛，从传统的典籍文献到当下的师生论著；从学校各学科的考题到历届硕博学位论文；从手稿、抄本到地图、照片；从缩微制品到专题数据

库以及家谱、族谱、WTO 文献等，应有尽有。如北京大学的“西文东方文学库”、杭州西泠印社的“篆刻印章数据库”、河北大学与北京时代文化传播公司的“宋辽夏金元史数据库”、香港科技大学的“西洋中国古地图的收藏”等堪称影响中外的特色资源，弥足珍贵。

2.1.3.2　掘旧采新，创造未来

美籍华人赵小兰女士说：“未来毕竟仍由人类来打造。人类的想象力和创造力是社会的基石。尽管科技的进步具有划时代的意义，我们还需牢记我们社会的价值观和生活和谐的重要性。”图书馆既筑就于文化遗产之上，又创造未来。不仅要善于挖掘典籍文献资源，而且要面向未来不拘一格地打造新资源，即要有强烈的“瞻前顾后”意识。在这方面，境外的一些图书馆已走在了前面。2009 年 9 月，大英图书馆馆长 Lynner Brindley 女士在北京对媒体说：“我们和微软合作，计划在一个月内，向全球所有希望保存他们的电子邮件，或者觉得他们的电子邮件有保存价值的人征集 100 万封收藏保存。我们将这些邮件按照标题分门别类，系统化地保存在数字资源库中。希望把这些资源作为模板，让后人了解到在这样一个时期里，人们是怎样写邮件的，写的内容是什么。”大英图书馆遴选特色资源，采用“道眼”式的大观视角打造未来资源特色。这是一项创造未来的工作，视角指向宽广、意义深远。

由此我们得到启示，建设特色资源要富有创新意识和前瞻视野，既要“推陈”也要“出新”，既要“掘旧”也要“采新”，既要弘扬传统、萃取精华、服务当代，也要放眼未来、开拓个性化资源、占领创造未来资源特色的制高点。

## 2.2 数字特色资源的保存与利用

图书馆数字特色资源的长期保存与管理问题是伴随着网络化发展出现的新事物。由于数字技术的飞速发展以及 Internet 的普及，数字特色资源增长迅速，图书馆数字特色馆藏急剧增加。与数字资源的生产能力相比，数字资源的保存技术和能力却远远落后，随之而来的数字资源保存管理与数字资源的使用问题也日益突出。图书馆是各类知识、信息的集合地，在当今信息数字化、服务网络化的环境下，研究图书馆数字特色资源长期保存与管理是十分重要的。

### 2.2.1 数字特色资源的保存

#### 2.2.1.1 数字特色资源长期保存的原则

（1）针对性原则

在图书馆资源中，并不是所有的资源都需要长期保存，数字特色资源的保存要以满足用户需求为宗旨，并进行针对性的长期保存工作。这就涉及了资源的选择问题，要发挥自身优势，结合图书馆的馆藏特色、学校的学科特色以及所处的地域特色进行考虑，同时还要立足现有和潜在的用户需求，面向教学和科学研究的实际需要，充分考虑其实用价值和需求程度。

（2）科学性原则

科学性原则是指对数字特色资源进行长期保存时要遵循科学合理性，在科学的规划布置和指导下开展，不能盲

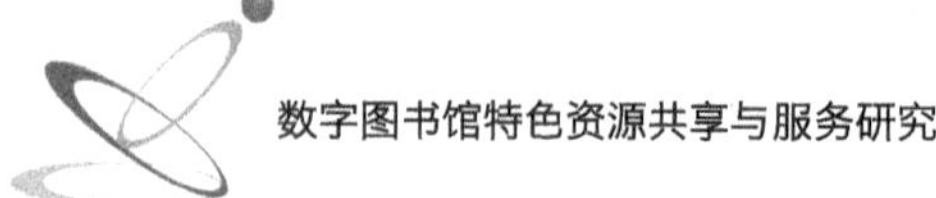


目。在实际操作前要对本馆数字特色资源保存的必要性和可行性进行充分的科学论证，不能随意拼凑。

（3）可用性原则

数字特色资源的长效利用是长期保存的主要目的。保证数字特色资源的可用性，首先要清楚数据和软件之间的关系，并根据数据和软件之间的关系选择合适的解决方案。不同种类的数字特色资源保存和利用的方式不同，应当根据资源的种类和类型制定合理的保存策略，保证资源的正常使用。

（4）可靠性原则

不论采取何种保存和使用方法，首先都必须保证所保存资源的安全可靠性，确保保存资源的真实性。

（5）经济性原则

经济性原则表现在以下两个方面：一是遵循针对性和适度性原则，在经济条件有限的情况下，通过最优化理论与方法，进行较小的经济投入来实现功能倍增；二是指经过整合后的特色性数字资源，要扩大使用范围，提高服务质量，以多样化的服务手段来产生最大的经济效益。

2.2.1.2　数字特色资源长期保存的技术策略

数字特色资源的长期保存包括多方面的含义，基于不同的理解、不同的需求以及不同的关注层面，产生了各种技术和解决方案。这些技术实际上代表了数字特色资源保存的不同策略，表达了人们对不同技术特点研究基础之上的、实践中的取舍。

（1）数据迁移技术

保持数字对象的长期可用性是数字保存的重要内容。

迁移是广泛使用的一种数字资源长期保存策略之一，它根据软硬件的发展将数字资源迁移到不同的软硬件环境之下，保证数字资源的可识别性、使用性与检索性。迁移可分为硬件迁移、软件迁移、载体迁移、格式迁移、版本迁移、访问点迁移等等。然而，传统的迁移方式存在一些问题，从而产生不同程度的失真，如果某一步骤存在错误、遗漏或其他情况，就会影响以后的迁移，或导致部分失真。与传统迁移技术相比，按需迁移则可以解释或读取特定文件格式的编码，并只执行一次。该方法还无法准确地保持和提供可信赖的还原机制，同时，需要产生相应的迁移工具，也会造成相关费用的提高。

（2）环境封装技术

环境封装是在对数字资源进行包装的过程中，将该数字资源所需的运行环境，如动态链接库、运行环境等一起打包，从而能够在其他环境下运行该程序包，如在 JAVA 程序中加入 J2SDK，保证在新的环境下的 JAVA 环境要求。环境封装包括在 XML 中包含原始文件、在描述文件中包含指向软件的链接、包含软件本身 3 种情况。封装由于刷新元数据存在困难，而且其使用的软件在使用时也无法保证能够获得，因此实际上这种策略还停留在讨论阶段。

（3）数据仿真技术

仿真其实是生成一套软件，用于模拟保存、访问数据的硬件或软件，有时只是模拟硬件或软件的一部分功能，预期重现数字对象的原始操作环境，其优势在于与操作平台无关。通用虚拟计算机（UVC）是由 IBM 公司提出的新技术方法，是一种新的用于还原数字对象的方法，它并不依赖现有的平台和格式。一个虚拟计算机可以用于详细说明今天的操作过程，这些过程可能在将来的某台未知机器上运行。这种方法唯一需要的就是 UVC 仿真器。在保存实践中，首先要编写一个基于 UVC 的格式解码程序，用于被保存内容格式的解码和呈现，该解码程序运行在仿真的 UVC 平台上，把保存内容转换成逻辑视图（LDV），LDV 是数字对象的结构化描述，通常按照一个特定的构建，如果未来有人想要浏览被保存的内容，就可以编写一个 UVC 仿真器，然后运行解码程序生成 LDV。同时，根据保存的 LDS 再开发一个浏览器，这样就实现了对重点内容的保存。

（4）开放描述技术

开放描述是指信息系统通过计算机可识别的开放语言和规范方式来描述自己系统各个层次的内容。尤其是自己的数据格式、组织体系和管理机制、所形成的描述文件及其定义语言置于本系统公知位置，或递交公共登记系统，第三方系统能识别、理解本系统的格式和规则并在此基础上实现系统间的相互操作。数字资源的开放描述可以将数字资源的存储、描述、组织、传递方式以第三方可以获取的形式描述，从而实现第三方或未来对该类资源的使用。

（5）数据考古技术

数据考古技术是指从损坏的媒体、损坏或过时的硬件和软件环境中恢复数据内容的方法与手段，即从原始的字节流中恢复数字资源的原貌，并保证数字资源的可读性与可用性。数据考古是具有挑战性的技术，如果已经无法获取数字资源的原貌，就无法评估数据恢复的成果。因此，在正常的数字资源保存过程中，不赞成使用这种技术策略，而是采用更为实际的运作方法。该方法仅在其他方法无法发挥作用的情况下使用。

（6）数据转换技术

广义的转换包括格式的转换、程序的转换、字符编码的转换、媒体的转换、操作系统的转换、硬件系统的转换等。转换的方法有 3 种：第一，把特色型数字资源的格式转换为通用的文本格式；第二，利用通用的、开放的数据库管理系统；第三，采用或开发对应的转换软件。转换技术应用的关键是对数据进行重定格式或转换时应考虑时机的把握、实体类型与格式标准的选择，因为这些问题都会给数字资源的可靠性带来一定的影响。

（7）数字图形输入板技术

数字图形输入板技术能同时保存软件和硬件，降低迁移费用，同时具备自含动力源，能将所保存的信息直接显示在自含屏幕上，并能执行原处理器软件说明，对原程序和数据采用仿真加以存储，缓存器可根据用户对原文献的要求实时显示有关数据。数字图形输入板的实体异常坚固，耐寒、耐高温、防水及抗重力。但是，数字图形输入板的开发费用较高，仅适用于对政府法律文献、政府报告、珍贵艺术品的保存，其存在的数字资源与引起错误结果的软件和归档等问题也需要加以解决。

（8）数据更新技术

数据更新是指通过复制将数据流从旧存储介质转移到新存储介质上，保护数据本身少受存储介质质量恶化的影响。更新是目前使用得最为广泛的数字资源保存技术，但是只有当原数据格式没有淘汰时才能被读出，而且如果新、旧软硬件环境不能兼容，则无法利用，就失去了保存的价值。简单的数据更新也并不能对数据的结构特性、描述的原数据、检索及展示方面的能力进行维护，无法满足用户的检索需求。

（9）身份识别技术

身份识别技术主要用于正确识别通信用户或终端的个人身份。最常用的方法是给每个合法用户一个“通行证”，代表该用户的身份。通行证一般由数字、字母或特定的符号组成，只有本人和所使用的信息系统知道。当合法用户要求进入该系统访问时，首先要输入自己的通行证，计算机会将这个通行证与存储在系统内有关该用户的资料进行比较验证。如果验明他为合法用户，就可以接受他对系统进行访问，如果验证不合法，信息系统就会拒绝该用户对系统进行访问。

（10）仿写技术

将数字信息文件设置为只读状态，在这种情况下，用户只能从信息系统中读取信息，而不能对其做任何修改，可以有效地防止用户更改数字信息内容，从而达到保护其真实性的目的。另外，数字信息的存储，如果采用一次写入光盘方式，由于它是使用不可逆记录介质制成的，可以有效防止用户更改数字系统内容，从而保持数字信息的真实性和可靠性。

（11）系统还原卡技术

通过使用系统还原卡后，尽管用户可以随意对系统中的数字信息进行增、减、改，但一旦系统重新启动，数据又会恢复到原来的状态，用户的操作不会留下任何痕迹，从而保护了系统中数字信息的原始性。

## 2.2.2 数字特色资源的利用

### 2.2.2.1 检索服务

数字特色资源可以为用户提供检索服务，包括简单检索和高级检索。简单检索提供按资源类型的检索，包括学位论文、期刊论文、会议论文、多媒体资源、电子图书、课件、音频、多媒体、标准文献、网络资源以及检索字段。高级检索可以选择多个检索资源，输入多个检索词进行检索，检索速度快，检索结果精确。

### 2.2.2.2 个性化服务

在数字特色资源进行保存与发布后，可以在相应网站或数据库系统中通过建立我的图书馆、邮件等个性化服务来提高资源的利用率。

（1）我的图书馆

个性化服务是根据用户需求提供的特定服务，基于网络的个性化服务是图书馆服务的必然趋势。“我的图书馆”（My Library）是基于网络的高校图书馆个性化服务的一种方式，它将成为未来图书馆个性化服务的重要方向。“我的图书馆”主要为用户提供一个图书馆资源的定制界面，其本质上是一个基于网络的带有网络前台的关系型数据库应用系统。

①我的电子书架。当检索或浏览资源时，用户可以对感兴趣的资源，通过点击“放入电子书架”进行保存，下

次登录系统时，可以直接通过“我的图书馆”浏览。

②我的链接。在“我的链接”管理界面，用户可以根据自身的喜好，添加相应的链接资源，可以是电子书、视频等，只需要添加相应资源链接的url、链接名和描述信息即可。

③我的检索历史。首先，利用平台的统一检索服务，用户可以检索到相关资源，然后选择感兴趣的资源，保存到收藏夹，这样在“检索历史”界面可以看到相关资源。“检索历史”可以包括检索表达式、检索资源、检索时间、删除操作。这样，用户在下次登录系统时，如果需要检索相同的检索词，就不需要再次输入了。

④我的关键词和学科分类。在该模块，用户可以自己设置“我的关键词和学科分类”，为进行邮件推送服务提供基础。“我的关键词”提供按照题名、关键字、全文这3种检索方式。“我的学科分类”可以通过学科导航树来选择用户关心的学科分类。

（2）邮件推送服务

在邮件推送服务配置里可以配置如下参数——接收邮件地址、推送周期、推送内容，然后启动邮件推送服务。这样，用户就可以定期收到系统的推送信息了。

（3）RSS推送服务

RSS（Really Simple Syndication）是基于XML技术的Internet内容发布和集成技术。RSS服务能直接将最新的信息即时主动推送到读者桌面，使读者不必直接访问网站就能得到更新的内容。读者定制RSS后，只要通过RSS阅读器，就可看到即时更新的内容。RSS feed的信息来源是本地特色数据库中的所有已经成功发布的资源，这些资源按照学科代码分类号进行分类。在“RSS 推送服务”模块，用户在浏览器中创建自己的 RSS 频道，可以添加相应的频道名称、频道地址、更新时间、保存条目，配置完这些信息，一个 RSS 频道就创建完成了，每当该频道有相关资源，用户就可以在阅读器中浏览。

2.2.2.3 数字特色资源的整合

数字图书馆采用引进或自建数据库等方式构建了特色数字信息资源，并通过互联网为用户提供信息服务，极大地提高了满足用户信息需求的能力。然而，由于这些数字资源分布在不同的地方，由不同的技术开发人员开发和提供服务，对各自的资源拥有知识产权，用户往往需要花费很多时间来学习不同数字资源的使用方法，这在很大程度上影响了数字资源的利用。因此如何整合已有的数字特色资源，为用户提供一个统一检索、方便简单、功能强大的资源使用环境便成为目前数字图书馆急需解决的重要问题。

“整合”意为一个完整的数，数字特色资源的整合是指根据用户的需求和资源的特点，将图书馆相对独立的众多数字资源按照它们之间内在的知识关联进行重组，形成统一的高效利用的数字资源体系。

数字特色资源的整合从技术和方法层面可分为 4 种类型：建立数字资源导航系统，为用户提供众多数字资源的统一入口；基于 OPAC 系统整合各类数字资源，提供在 OPAC 系统框架内的整合利用；建立开放链接整合系统，以参考文献为线索整合图书馆各类数字特色资源；建立整合检索系统，为用户提供同时检索多个数据库系统的统一界面，进而提供“一站式”的检索服务。

## 2.3 数字特色资源的建设原则

图书馆事业是一项古老而常新的事业，而特色资源建设是信息时代赋予图书馆的责任和机遇，也是网络环境下图书馆仍然充满生机和活力的佐证。同时特色资源又在一定的历史条件下，随着时间的推移逐步积累沉淀，形成优势，具有相对独立的稳定馆藏，一旦形成特色，就要巩固、健全和发展，尤其是在新的网络环境下，更应该坚持走特色建设的道路，以促进图书馆事业快速、健康地向前发展。

### 2.3.1 实用和特色原则

从本质上说，数据库只是工具层面的东西，实用和具有特色才是其目的。建设特色数据库，应体现现有图书馆的特色。所以在确定选题时应注意：特色资源建设的项目选题是否注重面向地方社会经济和教学科研发展的实际需要，同时也从读者使用、读者数量和特色资源质量的角度，优先保障重点学科，最大限度地满足用户需求。

### 2.3.2 共享和先进原则

所谓信息资源共享，是指在特定的范围内，在平等、自愿、互惠的基础上，通过建立图书馆与其他相关机构之间的各种合作和协作关系，利用各种方法、技术和途径，共同建立和利用信息资源。特色数据库是文献资源保障系统建设中的重要内容，在用户信息需求不断增长及网络数字资源迅猛发展的形势下，要满足用户的信息需求，扩大自身生存空间，必须走共建共享的道路。图书馆进行数据资源建设时，要根据现有的资源状况结合馆内优势和特色，在对信息资源进行深度开发的基础上建设自己学科特色的专题信息资源数据库，才能实现资源优势互补和最大限度地实现信息资源的共享。建设数据库时要考虑数据库是否代表当地水平，在国内外有无较高学术价值；能否在较长时间内保持国内领先地位，对某重点建设项目、重点学科建设的文献保障，是否具有填补空白的作用；对社会发展和经济建设有无促进作用。图书馆之间必须加强沟通和合作，通过交流达成资源共建共享之共识，通过合作进行大规模的数据库建设，避免重复建设。打破各部门各自为政的局面，实行分工协作，联合建库。在建库过程中，一定要采取先进的规范和技术，按元数据标引格式规范、文献著录标准、检索功能等一系列标准要求来建库，最终达到与全国图书馆实现资源共建共享的目标。

### 2.3.3 标准化和通用性原则

数字资源的加工和数据库的建设存在着一系列的数据格式标准和元数据规范。建库前必须注意：为了实现资源有效共享，各承建单位在项目建设中必须遵循通用性与标准化原则，遵守网络传输协议、数据加工标准和有关文献分类标引、著录规则等要求，采用规范化的特色库援建模式和标准化的数据格式、库结构及检索算法，确保数字化产品的通用性和标准化，从而为共建、共享创造条件。根据国家有关文献著录和标引原则，统一的著录标准、标引方式，按照《中国图书馆分类法》(第五版)对文献进行分类，对《中国文献编目规则》进行著录，并按照《中国分类主题词表》进行主题标引。尽量增强文献标引的深广度，扩大检索点，设立途径的检索方式，完善索引，规范机读格式，努力提高建库质量。除采用已有的国家标准外，还要注意同国际接轨，加强国内外检索的通用性。

### 2.3.4 系统性和准确性原则

信息资源建设过程中要注意文献信息资源的系统完整和各类信息资源之间的相互联系，保障重点学科，也兼顾其他学科，逐步完善学科覆盖面，形成合理的信息资源建设体系。同时，也要考虑准确性，加工数据时应采取科学、严格的质量管理办法，而且一定要采用准确的原始信息即一次文献，尽可能避免其错误，提高引用率和检准率。从可持续发展的角度来说，特色资源数据库还需经常更新和维护。平时要多收集数据库在使用过程中的反馈信息，及时对数据库内容进行替换、删除、修改和整理，确定合理的更新周期，使用户最早获取最新信息，以保持特色资源的生命力。

### 2.3.5 安全性与可靠性原则

图书馆在数字资源建设时，要对大量的数字资源进行加工、存储、传递和管理，并利用网络对众多的终端用户提供各种信息服务，因此系统的安全性十分重要。在建设过程中既要选择技术成熟、性能安全可靠的信息存储设

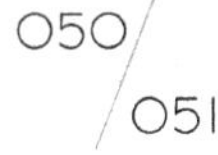


备，又要采用先进的网络管理系统，确保网络系统的安全性和数据的可靠性。

### 2.3.6 分工协调原则

从全局出发，统筹规划、分工合作、合理布局，有重点地进行资源建设，体现整体优势，以管理中心为基础构建二级联合保障体系，形成具有较强整体功能的信息资源体系。

### 2.3.7 产权保护原则

建设一个数字图书馆必须尊重信息资源知识产权。数据库的建设是一项系统工程，知识产权保护是其核心内容之一。知识产权保护贯穿于数字资源加工、组织、管理、传播和使用的各个环节。特色文献数据库的建设应根据不同类型文献存在的法律形态，充分尊重不同著作权人的授权意愿，采取区别对待的原则，为信息资源的有效共享与利用奠定基础。特色数据库的建设必须严格遵守国家知识产权保护法，所有数据来源要产权清晰，发布的一切信息必须符合知识产权保护的要求。

## 2.4 数字特色资源的建设方法

图书馆特色资源都是基于长期的历史积累，有自己鲜明特色的馆藏结构，通过健全和发展，逐渐形成了图书馆自由的风格和特点。在进行数字特色资源建设时，要遵循系统性、分层性原则，明确特色资源与一般资源的差别和联系，通过多种渠道、多种信息载体、多种服务方式、多种科技手段，将不同学科、不同类型、不同语种的文献资源，针对不同层面的读者加以合理组织和科学配置，建立起一个有主有从、系统完整的数字资源保障体系。数字特色资源建设时，需遵循以下方法：

### 2.4.1 做好选题调研工作，提高特色数据库的质量

特色资源的质量是整个馆藏特色化建设生命力的体现，只有特色资源质量得到保证，才能实现其建设的真正意义。选题是特色资源建设的关键环节，国内外建设成功的特色馆往往选题精准。首先要有一个明确的主题，除了要在自己馆藏方面有较大的优势外，还要对此专题有较为全面的了解。这样建设出来的数据库才有自己的特点，有竞争能力，而且可以避免不必要的浪费。要综合考虑所在高校和地区的需求来选定，一个好的特色化选题可以达到事半功倍的效果。在选题上除了考虑本馆服务对象和馆藏特色以外，还要做详细的调查研究，掌握所选项目在国内有无重复或类似，掌握数据量能否达到一定规模，并考虑到用户需求量的大小。不局限于以项目建设特色数据库，也可以根据馆藏特色和特定用户需求由本馆支持自主建立特色数据库。

### 2.4.2 挖掘重点学科和地域性主题，制订合理详细的计划

每一所图书馆都有自己的重点收藏目标，高校图书馆应根据学校的学科特点、馆藏原则及读者需求等因素来确定文献特色化目标。要在充分了解馆情的基础上，制定符

合本校学术研究需要的选题。这是特色馆藏建设取得成功的先决条件。

从地域性文献角度开展特色馆藏建设有诸多优势，如本地人才优势、本地传统文化优势等。目前，国内外开展地域性主题特色馆藏建设具有代表性的有我国香港地区的香港大学收集香港历史、社会生活和疆域的出版物以及香港出版的书刊等，形成“香港特色馆藏”；美国斯坦福大学利用其位于硅谷的地域优势，收藏“苹果电脑”等公司的档案，建成“公司”档案特色馆藏；我国内地的中医药文献经过长期发展也形成了非常鲜明的地域性特色，“北看天津针，南看江西灸”反映的就是具有浓厚地方特色的中医药学主题；天津大学的摩托车信息特色资源数据库群，摩托车设计构造并不是天津大学的优势学科，但天津大学依托 CALIS 专题数据库建设的契机，经多方分析确立了这个选题方向。地方文献和地域特色文献也是等待图书馆采集的一笔宝贵财富。任何地区形成的独具地方特色的文献都是其他地区不能取代的，开发和利用好地方特色文献，一方面可以为地方风土人情、历史沿革等相关研究提供宝贵而丰富的资料，另一方面也可以为开发地方旅游业、发展地方经济提供信息支持。事实上，地方特色文献的开发已经受到大多数图书馆的充分重视，成为特色化馆藏建设中的一大亮点。要深入挖掘与探讨此类地域性文献主题，构建特色鲜明的地方性特色馆藏。

除了要深挖地域主题外，图书馆数字特色资源建设能否有成效，方案的制订也是至关重要的一步。为此，各图书馆务必要搞好调研，并根据本馆、本校、本地区、本系统乃至全国的实际情况，制订出一个科学合理、切实可行的特色资源建设方案，同时要加强组织落实，以促进数字图书馆特色资源建设。若要建好特色资源数据库，必须从工作的一开始就制订好详细的计划，仔细地搜集学术价值高的特色资源。整理、加工、分类、发布，每一个环节都要做到位，选择最合适的建库软件以及管理软件，以便进行数据维护和信息服务。要考虑建库系统的实用性，操作简单，界面统一，拥有完善的制作流程和相对集中的管理模式。总之，井然有序的安排会减少不必要的工作，方便快捷，提高工作效率。

### 2.4.3 结合互联网技术，实现信息自动采集

随着计算机网络技术的发展和普及，人类在信息传播和利用上进入一个崭新的世界。海量的网上信息资源中，蕴含着十分丰富的地方文献。较之传统载体的地方文献，网上的地方文献具有检索快捷、利用方便的特点，是不可忽视的地方文献的新来源。

网络信息采集技术是按照用户指定的信息或主题关键词，调用各种搜索引擎进行网页搜索和数据挖掘，通过Web页面之间的链接关系，从Web上自动地获取页面信息，并且随着链接不断向所需要的Web页面进行扩展的过程。实现这一过程主要是由Web信息采集器来完成的。网络信息资源自动采集系统，是实现图书馆数字资源采集“快、精、广”的利器，但要注意版权问题，需要时刻标明转载出处。网络信息采集技术的出现不但解决了图书馆人手不足的问题，而且还可以提高图书馆的工作效率和服

务水平。

### 2.4.4 以优势学科为依托确定特色，建立特色资源预订数据库

在文献资源建设的过程中，每个馆都必须根据自身的服务指向，在文献内容上明确哪些是必须收集、保存的，哪些是可以利用光盘或数据库及网上资源作为虚拟馆藏的内容，以满足不同学科、不同层次、不同深度的文献需求。如何分清主次，确定重点学科，当然得从调查研究出发。根据所在单位的发展规划和学科队伍现状，摸清馆藏家底，并在文献资源体制的服务指向要求下，为文献的遴选确定符合本单位发展需要、自身服务功能和馆藏文献特色的入藏原则。

例如，在 CALIS 联机编目系统中，以“机电”“模具”“计算机”“汽车”等为题名进行检索，再在本馆的自动化系统中进行查重，本馆没有的就直接下载，直接建立预订记录，还可利用国家图书馆 OPAC 编目数据做特色资源预订数据。在国家图书馆的“多库检索”中，以上述内容作为题名进行检索，同样在本馆的自动化系统中进行查重，本馆没有的就重新建立预订记录，按“字段名格式”，复制、粘贴国家图书馆的完整 MARC 记录。再就是利用图书供应商及其他图书馆提供的网上检索平台获取预订数据。例如，中国图书网、超星、书生电子图书、中国互动出版网、卓越网、当当网、珠江三角洲数字图书馆联盟、九羽电子图书、银符考试平台、多媒体库等网上资源，它们有着丰富的特色资源数据，只要善于利用，就会淘出许

多宝物。只要图书馆馆员牢牢树立文献馆藏建设的理念就能最大限度地满足教科研和读者需要的观念。持续做好资源整合管理工作，一个具有丰富的特色文献资源的图书馆，就一定会出现。

### 2.4.5 坚持特色，优化资源配置

特色数据库的建设需要人力物力的持续投入。学校若能够增加对图书馆的经费支持当然最好。如果资金有限，就要做到资源的合理配置和利用，建设“专而精”的具有特色的文献资源，实现效益最大化。在进行数字化时，用来加工的计算机、扫描仪如果比较新，会提高成品的质量，使得生成的文件占用硬盘空间小，清晰度却很高，处理速度快，节约大量时间。同时，图书馆也应充分发挥主观能动性，争取向政府、社会等多方取得支持，可以与其他高校按照地区或性质组合的形式联合购买大型数据库。

### 2.4.6 重视标准化、规范化建设及维护工作

在图书馆特色化建设中，需要所有图书馆的参与、合作，而且通过网上传输提供服务。需要有一个统一标准，各种标准之间需要联系和协调，建立一个完善的相关标准体系，加以严格遵守。标准化工作是图书馆管理中的基础性工作，必须建立在统一合理的标准和秩序的基础上，才能实现对图书馆建设和利用的效率最大化。标准化工作是关系到当前图书馆资源使用和共享的关键因素，如果不进行标准化建设，数字资源就容易出现重复开发和建设、重复投入和使用的问题，造成人力和物力的浪费，同时造成

资源信息的冗余。

目前，数字图书馆已经成为全球信息科学高速发展道路上无可替代的信息资源集散地。它采取的跨地域和跨图书馆的在线查询和使用方式，为科学技术的发展奠定了基础，但数字资源的管理有别于传统管理模式，管理的对象也产生了变化，需要一系列严格的技术标准作为依据，包括电子文档的格式、读取，信息网络标准，检索方式标准等。正是由于数字资源的特殊性要求，对数字资源的标准化建设就显得格外重要。

图书馆数字资源建设体系标准化是众多标准的基础标准，是把所有的标准进行融合和整理，进行宏观的调控和管理。该标准需要具备规范化、制度化、体系化等要求。特别是在管理方面，需要图书馆的各职能部门都能够按照统一的标准和规范指导日常工作，实现各系统、各部门、各资源间的协调一致，为建立一个科学、高效的图书馆数字资源管理体系提供标准。

数字资源的标准化建设主要涉及对各项相关技术标准的制定和实施，要按统一的数据格式、数据库建设规则、连续出版物的著录标准进行特色数据库的建设。同时，现已建成的数据库要按统一的标准进行改进，剔除重复数据，合并同专业同种数据库，以确保文献信息在网上快速流通和资源共享。不过由于数字资源的特殊性，标准化制定的种类比较繁多，大致可以分为 9 类，分别是系统共用平台标准、数目数据库标准、服务体系标准、数据存取标准、资源交流和共享标准、信息传输标准、软件通信标准、文献著录标准以及人力资源管理标准。

数据库建设是一项长期性的工作，数据录入的完成并不意味着数据库建设的完成。数据库建成后，数据修改、数据维护、数据更新等后续工作是保证数据库质量和数据库提供服务的必要手段。在看到数据库不足的同时，要积极地采取措施进行修改和维护，以期使它们发挥更好的服务效果。

### 2.4.7 锐意创新，提升服务水平

一个图书馆的藏书特色应该是它长期面向特定服务对象而形成的文献资源收藏特点的概括。其形成根源是读者的需求，是“需求”形成了“特色”。这一规律说明，图书馆的藏书建设是以“需求”为导向，以“特色”为其文献资源结构表现形式的。图书馆必须树立以读者为中心的理念，以满足读者需求为第一要务，在竭诚为读者服务的过程中体现其自身的价值；树立以特色信息服务满足读者的理念，根据社会的需要，根据馆藏特色及地区或系统文献保障体系建设的分工，瞄准服务对象，关注特定群体，充分发挥其信息组织的优势，建设特色信息资源，以独特的信息服务满足读者需求；树立与读者动态需求相适应的理念，强化服务意识，更新服务方式、手段、内容及模式，建立起对用户需求快速反应的运行机制，制定特色的服务规范和管理模式，提供特色知识服务，寻求适合时代发展的数字图书馆特色资源建设思路。

### 2.4.8 “以人为本”，提高服务质量和效率

随着信息化、网络化的迅速普及，图书馆网络化建设

更是有了飞速的发展，读者对信息的需求不再受图书馆地域、空间和开放时间的限制，他们通过先进的技术设备，远程就能获得他们所需要的信息。为了适应社会的发展，更进一步满足读者的需求，数字图书馆在特色资源建设的同时，要注重特色数据库的研制开发。这样不仅拓宽了读者获取信息的渠道，而且它作为一个完整的、系统的特色资源整合，将成为数字图书馆长足发展的一个亮点。特色资源建设的目的不能局限在为读者准确地提供某个信息点或知识点，更重要的是要对信息资源进行深入的揭示，为读者提供知识链和信息链的个性化服务，根本目的就是坚持以人为本，提高图书馆的服务质量和效率。

## 2.5 数字特色资源的建设内容

随着现代数字技术和信息技术的飞速发展，越来越多的图书馆逐步实现自动化和网络化，图书馆不再是原来意义的“藏书楼”，图书馆发展的必然趋势是“收藏数字化、操作电脑化、传递网络化、信息存储自由化、资源共享化和结构连接化”。数字特色图书馆绝大部分建立或依托在原有相对综合、普及的各类型、各系统图书馆基础上，它的形成和发展将是图书馆现有特征与功能的强化和升华。图书馆特色化在中国仅仅是一个开端，它对图书馆传统意义上的文献收藏内容与服务方式进行了根本性的更新与变革，因而也促使图书馆在藏与用两大基本矛盾方面产生了质的突破。图书馆要真正实现其地位，就必须树立品牌意识，开发特色数据库，走有特色的发展道路。

### 2.5.1 特色数据库建设的关键问题

1996年，美国图书馆学家S. Sutton在研究图书馆服务模式时提出把图书馆划分为4种类型：传统型、自动化型、混合型及数字型。他认为混合型图书馆是“印刷型信息和数字化信息之间的平衡并逐渐向数字化方向倾斜”。21世纪的图书馆是数字图书馆与传统图书馆、虚拟图书馆与实体图书馆、网上图书馆与物理图书馆的结合，是集传统图书馆与数字图书馆的优点于一体的混合型图书馆，它将两种形态共存互补，构建出当代图书馆生存与发展的基本形态。数字图书馆最重要的一项工作就是特色资源建设。图书馆的文献资源特别是特色资源建设必须围绕本地区突出优势或本校重点学科、专业的设置和教学、科研的发展方向，构建与之相适应的馆藏体系，为地区或学校的教学科研工作提供必要的文献资源保障。

由于特色资源建设关系到图书馆未来的生存和发展，因此各图书馆务必要集中人、财等有利条件，有重点、有针对性地突出与强化自己的特色，以使馆藏文献具有鲜明的个性和独特的风格，其关键是要形成以下六大特色。

#### 2.5.1.1 突出馆藏结构特色

所谓馆藏结构特色，就是要根据本校的办学特点、办学规模、专业设置、重点学科及专业的教学、科研工作需要，根据本馆的教育对象、经费投入、读者需求特点以及地方经济和科学文化的优势，科学、合理地确定馆藏文献的收藏比例（一是文献类型比例，是指印刷型文献、数字化文献及其他类型文献的收藏比例；二是文献梯度比例，是指普通文献、重点文献、专业学科文献的收藏比例），对文献信息进行重点收藏与重点建设，形成独具特色的馆藏文献信息资源，并逐步调整和优化馆藏结构，以使各类文献优势互补、协调发展，进而形成独具特色的系统，完整、统一的本馆实体资源和虚拟资源馆藏体系。由于各地区的学科设置、所处地域与人力资源结构不完全相同，各数字图书馆都会形成自己的特色馆藏结构资源。

2.5.1.2 突出服务特色

文献收藏是文献开发利用的基础。图书馆的服务工作，必须是在有所“藏”的情况下来开展的。读者服务贯穿素质教育特色，图书馆直接或间接地参与了“教书育人，管理育人，服务育人”的活动，体现在推荐书刊、解答咨询等活动中，并通过馆员日常的言传身教对读者施行潜移默化的影响。

2.5.1.3 突出资源共建共享特色

随着用户信息需求的不断增长，网络数字资源的迅猛发展与昂贵的资源购置费形成尖锐的矛盾，要满足用户的信息需求，扩大自身生存空间，必须走共建共享的道路。特别是公共图书馆，其数字资源建设费严重不足，根本无法依靠自身的力量满足用户多层次的信息需求。因此，必须利用共建共享集团及其他协作单位的资源为用户提供合作服务，联合社会力量，增强资源采集、制作、维护能力，使资源质量得到优化。

2.5.1.4 突出高校特色

学校特色主要是指以学校教育教学、科研成果为特色。主要是指各高校主办或承办的正式出版物、师生公开出版发表的各类文献或具有研究价值的非正式出版物等所形成的独一无二的特色资源，包括以下几点：一是师生撰写编译的各类图书、论文及师生的书法、绘画、摄影作品、设计的软件等；二是学报、校报（刊）及学生社团、图书馆创办的各类刊物和报纸；三是教师及各类专业技术人员承担的地（厅）以上的科研项目；四是学校主办或承办的各级学术研讨会的会议文献；五是优秀教师和精品课程的教学影像资料等。对以上各类文献，图书馆要全面、系统地收藏，以形成学校的收藏特色，如河北农业大学图书馆的“教师著作论文库”、四川农业大学图书馆的“教师论文数据库”、广东海洋大学图书馆自建开发的特色资源如“海大文库”，都整合该校原创文献资源，集中反映多年积累的学术成果，体现了馆藏特色。

2.5.1.5　突出地域特色

地域特色主要是指以区域特色和相关人文环境为特色，如图书馆所在地过去与现在的地方史志、大事记、统计年鉴、风土人情、地方政治经济、教育、文化名人、名胜古迹、民俗、历代贤达著作及其研究作品，以及反映地区经济和文化发展的出版物。对这类特色文献，图书馆要选择性地进行收藏，主要采集那些质量较高、有实际利用价值、真正体现地方特色的文献入藏，如华南热带农业大学图书馆的“中国热带农业文献数据库”“国外热带农业文献数据库”等。

2.5.1.6　突出数字资源特色

数字资源虚拟与现实相结合。数字图书馆大量的数字化信息存储在无数个磁盘存储器中，是通过计算机网络连接形成的一个联机系统。因此，与传统图书馆相比，它占用的物理空间相对很小，就解决了图书馆日益增长的各类文献资料、书籍采购收藏空间不足的问题。数字资源建设能大量收藏数字形式的信息，除了纸介质的书刊资料外，还收录其他一切可以数字化的信息，如视频、音频资料等，可以满足读者的多种需求。

数字资源建设最重要的一点是建立以中文信息为主的各种信息资源。这将迅速扭转互联网上中文信息缺乏的状况，形成中华文化在互联网上的整体优势。数字图书馆还是保存和延续发展民族文献遗产的最佳手段，所有的珍贵资料都可以经数字化处理后，将原件保存在更适宜的环境中，而数字化的资料由于实现了原件的复制，可使这些珍贵文献在受到保护的同时，得到更充分的利用。

图书馆数字资源建设扩大了读者范围，普通图书馆因为读者对象与地理位置的限制只能为少数人服务，数字图书馆则允许人们自由查询。利用图书馆数字资源的用户可以不和图书馆的工作人员直接见面，而只通过网络与图书馆联系，图书馆专业人员通过电子邮件及电子咨询台与用户联系。图书馆的服务质量取决于软件设计、图书馆专业人员对用户回应的速度和质量、数字化信息的制作、网络的传播速度及人性化界面的设计等；用户也可以直接通过计算机登录图书馆的主页，随意浏览、查询、下载、打印有用的信息。

## 2.5.2 特色数据库建设的内容

### 2.5.2.1 自建特色资源

图书馆自建特色数据库是CALIS（中国高等教育文献保障系统）文献资源及数字化建设的重要内容，1998年11月CALIS启动了特色数据库资助项目，首批资助了25个特色数据库，目前已经取得了初步的成果。除此之外，部分CALIS所属高校图书馆还开发了或者正在开发类似的特色数据库。各高校图书馆必须联系本馆实际，面向未来进行科学合理的规划，既要以实体馆藏资源建设为基础，又要以整合、开发和利用网上虚拟资源为补充，更要走信息资源共建共享之路。只有这样，才能赢得读者、赢得市场。

各图书馆由于学科建设侧重点不同，所处地域不同，对特色资源的建设也不一样。各图书馆为了满足教学与科研人员在教学和科研工作中的需要，大多数都建立了自己的特色数据库，如上海交通大学数字图书馆自建了“上海交通大学学位论文数据库”“机器人信息数据库”，湖南大学数字图书馆自建了“金融文献数据库”“书院文化数据库”，这些图书馆对富有特色的文献进行收集、分析、评价、处理、储存，并按照一定标准和规范将本馆特色资源数字化，以满足用户的个性化文献信息需求。各图书馆如何构建自己独具特色的文献信息资源数据库，如何构建能反映高校学科重点和图书馆特色馆藏的特色资源数据库，已成了当前高校数字图书馆建设的首要任务。

特色文献建设要一边搜集，一边数字化。数字化最简单的办法，就是把图书馆购买的特色数字图书、全文数据库及网上免费特色资源搜集出来，整理序化，再把其他资源数字化地融合，申报课题，进行相关研究。对特色文献建设进行相关的方法研究，只要方法正确就能事半功倍。

2.5.2.2　引进特色资源

目前，自建特色资源数据库需要花费很大的人力、物力和财力，对资源开发与利用还存在很大的盲目性，重复建设的现象比较普遍，更新速度比较慢，采集到的相关信息不够全面和完整，开发整理的范围也不够宽。对此，图书馆应当有选择、有计划地引进高质量的中文与外文数据库，使之尽量做到中外文书目、文摘等二次文献数据库覆盖本校所有学科与专业，力求做到重点学科专业全部购买，兼顾其他专业，扩大合作范围。例如，清华大学图书馆引进的中文数据库有“中文科技期刊库（全文版）”“万方数据资源系统”“中文社科引文索引”等。清华大学图书馆还引进了数字出版物，如各种数字期刊，包括《中国科学》杂志社数字期刊、中国期刊网、维普中文科技期刊数据库等，各种数字图书包括超星电子图书、书生之家电子图书、百万册书数字图书馆等。

2.5.2.3　建立特色导航系统

建立特色导航系统对数字图书馆特色资源建设是有效的补偿。构建数字图书馆特色知识导航系统关键在于如何建立一系列有效的知识服务运行机制来使图书馆在知识经济时代选择最有利的行动，使博弈双方互动相容，实现其知识导航功能。一般来讲，图书馆组织的员工会将自己拥有的专门知识以及组织拥有的知识作为组织的核心竞争优势来获取对服务对象的特别服务。因此，如何有效地进行人力资源管理和知识共享，倡导员工把个人知识转变成为组织知识，把组织知识转化为服务对象的知识，通过组织知识的不断传播来增强组织的服务能力，是成功实施数字图书馆特色知识导航系统功能的关键。

## 2.5.3 特色数据库建设的类型

各图书馆要实现信息资源的共享，就要有选择性地收藏文献，建设属于自己的数据库，尤其是开发本馆特有的数据库。

### 2.5.3.1 具有高校特色的数据库

各高校应以教学科研需要为依据，以资源共享为导向，有针对性地重点选择建设符合当地学校所设置的相关学科专业的特色资源数据库。这些数据库一般分为以下几种类型。

（1）学位论文特色数据库。学位论文是指高等学校或研究机构的学生为取得学位，在导师指导下参阅大量文献，经过反复实验及调研所撰写的研究成果。每年各高校都有一批硕士、博士论文，其中不乏具有高学术价值的论文。硕士、博士论文体现了各高校的学科特色，收藏这部分文献是高校图书馆特色文献建设的重要内容。目前，许多学校已经开通了在线提交系统，建立了本校的硕士、博士论文数据库，累积多年的教学成果，建立一个独特的有知识产权保护的原生资源库，为希望获取学术信息的用户提供一个方便查询与进行学术交流的好途径，从而起到推动教学科研交流和促进发展的作用。同时，这些论文将给学生带来许多参考价值，指导学生规范论文写作，引导学生进行文献检索，十分便利。

（2）教职工科研成果数据库。高校教职工的专著一般都是结合教学和科研信息的需要，根据社会发展与经济建设的需求，在充分利用本校藏书体系的基础上撰写而成的。这些科研成果理应受到高校特别是作为学术性机构的本校图书馆的珍视与收藏。我国高校文库的建设始于 20 世纪 80 年代后期。其中，较早的有北京大学、中国人民大学、河北大学、河北农业大学等。初期的文库，仅限于保存印刷本的实物，近几年，随着计算机和网络技术的发展及在图书馆中的应用，文库建设也走向了数字化阶段。一些数字文库相继诞生，如中国人民大学、浙江大学、北京大学的数字文库等，尤其是中国人民大学的数字文库，已形成全文数据库。高校文库的发展趋势是实物收藏展示和全文数据库并存。

（3）重点学科特色数据库。重点学科特色数据库是根据学校的某重点学科、某特定主题，或交叉学科和前沿学科，全面搜集能体现某学科特色的资源，各类相关类型的资料，整理加工的数据库。学科特色数据库是专业文献资料特色数据库，搜集重点应突出专业特色，包括本专业的国内外核心期刊、科技期刊、教材、参考书目、学术会议资料以及其他报刊中有学术价值的专业文献，图书馆收集这些资料后可以自己进行加工整理，也可以直接引用现成的专业文献特色数据库。该数据库应内容丰富，系统完整，对教学和科研能带来极大的便利，也属于馆藏的重要特色资源。例如，上海交通大学图书馆的“机器人信息数据库”、石油大学图书馆的“石油大学重点学科数据库”、武汉大学图书馆的“长江资源数据库”、上海财经大学图书馆的“世界银行资料数据库”、哈尔滨工程大学图书馆的“船舶工业文献信息数据库”等。

（4）开发考研信息数据库。近年来随着考研人数的增加，要求查找考研信息的学生逐渐增多，且具有年级偏低、查找时间不确定等特点。他们迫切需要了解全国各高校的招生情况，特别是研究方向、导师情况、考研课程及参考资料，但这些资料往往都是临近报名时才由研究生处转来，不能满足广大同学的需求。为了让同学们早日得到这些信息，各高校开辟了考研信息咨询园地，由专人对网上考研信息进行收集、加工，将与本校专业对口的专业招生情况和参考书目及时整理出来，并通过校园网发布，读者既可上网查询，也可到图书馆阅览室查询，很受学生欢迎。例如，北京邮电大学图书馆“博导信息数据库”、北方工业大学图书馆的特色数字资源就包含了“考研专业参考书库”“四六级英语题库”等。

（5）影音光盘特色数据库。现如今，越来越多的书籍后面附赠一张随书光盘。这便于读者更直观地获取知识，从听觉和视觉两个方面来满足需求，显得生动活泼。但光盘经常借出容易损坏、丢失，占用储藏空间大，而无法实现资源共享。这就要求图书馆搭建一个良好平台，对具有馆藏特色的影音资料，以及随书光盘中的视频、音频、图像、文字进行数字化转换、编辑、压缩等技术处理，储存在计算机网络服务器上，形成电子阅览平台。构建此类特色数据库需保护作者的知识产权，尊重他们的劳动成果，今后这一特色资源数据库将成为数字化图书馆的核心部分。

2.5.3.2 突出地域特色的数据库

地域特色的数据库是指反映各地区各方面情况的正式出版或非正式出版的各种文献数据库，它包括介绍本地地理、历史、风俗、民族、经济、文化、人物的各种典籍；本地政府所制定的各种法规、政策；本地名人的书籍及手稿；本地主要企业发展的情况通报、产品介绍等。这些文献资料可以反映本地各方面的发展历史及现状，地域特色浓厚，其建设也是公共图书馆特色数字资源建设的重要内容。各地区应根据地理、历史、经济和文化特点对本地区信息资源做完整系统的采集入藏，最终形成具有鲜明特色的地方文献数据库。例如，山西大学建设的“山西票号与晋商数据库”、四川大学图书馆的“巴蜀文化特色库”，黑龙江省馆先后构建了包括少数民族文化、黑龙江杂技、犹太人在哈尔滨、哈尔滨旧影、抗日战争文献、地方法律法规、冰雪文化、大学生冬季运动会、金源文化、黑龙江野生动物、黑龙江旅游、黑龙江边境贸易、神州北极、黑龙江体育名人、黑龙江文化科技成果、黑龙江农业、黑地文化在内的 17 个专题数据库，很有地域特色。全国省级图书馆中，有几个省级图书馆如浙江、广东、湖北、湖南、天津、首都图书馆等，不但地域文化内容丰富，而且网站制作与设计也比较精致，特别是首都图书馆，它所开发的特色资源信息量大而且内容丰富，图文并茂。另外，辽宁省图书馆地方特色资源已粗具规模，形成了特色数据库群，并正在建立地方特色资源统一检索平台。内容全面、功能强大的地方文献数据库更能支持和推动本地经济、文化等各项事业的均衡发展，因此建设地方特色文献数据库是非常必要的。

2.5.3.3　建立地方人文、历史类特色数据库

（1）本地区研究数据库（历史、现状、人文、风俗）。一般是由数字化的书目数据组成的。读者要了解有关本地区的历史、地方志中有关这方面的记载，就可通过书目数据提供的检索途径，查找地方文献数据库进行全文检索，从而获得有关信息。

（2）地方名人数据库。内容为地方名人的生平、回忆录、著述目录、述评等。对于其中有特殊研究价值的名人，可追加全文数据、照片数据等，并通过计算机处理使之数字化。

（3）古籍数据库。是包括本地区的全部古籍地方文献的专题数据库。由于古籍珍贵，特别是孤本，不便于读者实物查阅，可采取光电扫描技术，建立全文数据库。

（4）地方特色数据库。包括本地区最具特点、最具美誉度的内容。例如，建立地方农业种养业方面的数据库，种养业历来存在地域性，地方差别较大，可以将反映当地农业方面的种养技术、生产情况记录入库。

（5）图片数据库。图片数据库既形象又翔实地揭示了当地的文化内涵、历史风貌、民俗风情、地区变革，为读者了解、研究该地区提供了一个良好的使用平台。对于记录本地历史、对外宣传本地特色都具有积极的意义。

2.5.3.4　深化其他专题特色信息资源库

专题特色信息资源库是根据图书馆读者特定需求而建

设的特定主题资源，具有很强的针对性和广泛性，如复旦大学图书馆承建的“全国高校图书馆进口报刊预定联合目录数据库”、清华大学图书馆建设的“全国高校图书馆信息参考服务大全”、西南财经大学图书馆的“期刊篇名数据库”等。

专题特色信息资源还可以建立在学科特色信息资源的基础之上，也可根据重点学科的专业方向进行信息跟踪服务，对学术前沿进行透彻的分析、研究，并预测未来的发展趋势，从而根据新观点的潜在价值、深层次内涵等内容来建设数据库，将信息提供给读者。

# 第 3 章　国内数字图书馆特色资源建设

近年来，国内各级各类图书馆都很重视特色资源建设。为了使读者对国内数字图书馆的特色资源建设有一个全面系统的了解，本章概述了国内高校图书馆及公共图书馆数字特色资源建设的现状，并列举了国内高校图书馆及公共图书馆数字特色资源建设的典型案例。

## 3.1　国内高校数字图书馆特色资源建设现状

### 3.1.1　高校特色资源建设的现状

#### 3.1.1.1　特色馆藏资源

馆藏资源是图书馆收集、整理、保存并为读者利用的各类文献的总和，具体包括印刷型文献，数字型文献及其他文献（包括光盘、磁带、缩微胶卷等）等。调查发现，“211”工程高校图书馆的特色馆藏资源均涉及上述 3 个文献类型，其中以数字型文献居多，即高校图书馆的特色馆藏建设多注重数字型文献的建设。只有北京大学、清华大学和中山大学等为数不多的高校图书馆在主页上有关于印刷型文献馆藏资源的介绍，有一些图书馆也将随书光盘等其他类型的文献建成可供检索下载的数据库，如安徽大学图书馆、北京林业大学图书馆、东北师范大学图书馆等。

#### 3.1.1.2　特色馆藏资源的主题分布

分析高校图书馆特色馆藏的主题分布有利于了解高校

图书馆特色馆藏建设的现况并对其进行定位，还可以为其他高校图书馆的特色馆藏建设提供参考。主要有：学科特色资源、学校特色资源、多媒体资源、地方特色资源、外部资源、网络导航库、专题网站（教学参考书、古籍特色资源、期刊导航、馆藏图书等其他或者本校专家学者特色数据库）等。

（1）学科特色资源

高校图书馆是为学校的教学科研服务的机构，而高校的特色学科发展是学校发展的命脉，因此学科特色馆藏建设是特色馆藏建设的重中之重。主要包括两类资源：第一类是学科专题数据库，如北京邮电大学图书馆的“邮电通信专题文献数据库”、清华大学图书馆的“建筑数字图书馆”、中国海洋大学图书馆的“海洋文献数据库”等；第二类是学科导航，如上海交通大学的 lipguides 平台、四川大学图书馆的“中国语言文学网络资源导航库”、中南大学图书馆的“重点学科导航”等。

（2）学校特色资源

学校特色馆藏主要包括的资源有以下几个方面：

①本校师生撰写的学术著作、论文，如北京航空航天大学图书馆的“EI 收录北航的文章”、清华大学图书馆的“清华文库”、中国人民大学图书馆的“教师成果库”等。

②硕士、博士学位论文，如西南大学、吉林大学、兰州大学、燕山大学等高校的图书馆。

③专家教授、国内外社会名流的演讲稿，如北京大学图书馆的“北大讲座”视频点播资源库。

④学校出版社出版的学术性文献、学校校志、年鉴，

如清华大学图书馆的“清华大学学报”，上海交通大学图书馆的“上海交通大学志、年鉴”等。

⑤本馆出版物，如电子科技大学图书馆的“馆内刊物”等。

（3）多媒体资源

在高校图书馆特色馆藏资源中，多媒体资源中光盘数据库的数量较多，如安徽大学、海南大学、上海交通大学等高校图书馆对附书光盘进行了数字化转换、编辑、压缩等技术处理，将其转换成计算机可以识别的数字化资料储存在计算机网络服务器上，实现光盘的网上视听阅览，从而进一步实现资源共享。另外，还有形式多样的多媒体资源，如清华大学图书馆的“音视频资源库”、中国科学技术大学图书馆的“VOD视频点播平台”、中国人民大学图书馆的“缩微资源”、东北林业大学图书馆的“多媒体资源数据库”、兰州大学图书馆的“影像资料数据库”等。

（4）地方特色资源

“地方性文献”一般包括两部分内容：一是地方性专业、学科所需的文献；二是地方文献，其范围很广，凡记载某个地区过去与现在的政治、经济、文化、教育、地理、重要人物事件、风土人情及民间习俗等方面内容的书刊文献，均可称为地方文献。例如，北京大学图书馆的“北京历史地理”、海南大学图书馆的“海南旅游资源库”、四川大学图书馆的“巴蜀文化特色库”、合肥工业大学图书馆的“陈独秀特色数据库”、内蒙古大学图书馆的“蒙古学特色库”、安徽大学图书馆的“徽学论文全文数据库”、南昌大学图书馆的“‘红色江西’特色数据库”、西南交通大学图书馆的“峨眉山世界自然与文化遗产特色数据库”、兰州大学图书馆的“敦煌学数字图书馆”、宁夏大学图书馆的“西夏文化数据库”。

（5）外部资源

外部资源是指非本校图书馆自建而是通过链接实现共享的其他单位的资源，主要包括：CALIS 中心资源，主要涉及“高校教学参考书全文数据库”“CALIS 专题特色数据库中心网站”“CALIS 重点学科导航库”“CALIS 联合目录查询”等子项目资源，如北京邮电大学图书馆、吉林大学图书馆、兰州大学图书馆、西安交通大学图书馆等 14 所高校图书馆的网站有这类资源链接，其中使用最多的是“CALIS 重点学科导航库”，有 8 所图书馆使用该资源；（江苏省高等教育文献保障系统 Jiangsu Academic Library & Information System, JALIS）中心资源，如河海大学图书馆的“JALIS 重点学科导航系统”、南京师范大学图书馆的“JALIS 教材及教参数据库”和“JALIS 教育学文献中心”等；其他的还有南京理工大学图书馆的“城东高校联合体”、四川大学图书馆的“高等学校中英文图书数字化国际合作计划”、中国科学技术大学图书馆的“NSTL 资源整合检索平台”和“国防科技信息服务系统”等。

（6）网络导航库

网络导航库主要分为三类：第一类是本校学科导航，如广西大学图书馆的“广西大学重点学科导航库”和四川农业大学图书馆的“四川农大重点学科导航库”等；第二类是各类期刊与网络资源导航，如东北师范大学图书馆的“东北网址导航库”、重庆大学图书馆的“学术期刊导航库”和四川大学图书馆的“口腔医学网络资源导航库”“皮革导航数据库”“中国语言文学网络资源导航库”等；第三类是各类高校项目合作组织资源导航，如中国药科大学图书馆的“JALIS 重点学科导航库——生药学及中药学”、云南大学图书馆的“CALIS 导航库”和西北工业大学图书馆的“CALIS 重点学科网络资源导航库”等。这类资源最为丰富的是东北林业大学图书馆的“西文期刊导航库”“英语学习站点导航”“国内主要报纸导航库”“全球重要信息导航”“国家级重点学科导航库”。

（7）专题网站

专题网站主要包括中国人民大学图书馆的“经济学知识门户”、北京交通大学图书馆的“数字铁路博览馆”、重庆大学图书馆的“西部轻合金信息网”、内蒙古大学图书馆的“蒙古学信息网”、东北林业大学图书馆的“冷泉港实验室中文网站”、中国科学技术大学图书馆的“火灾科学学术资源网”、武汉理工大学图书馆的“信息技术学科信息门户”“材料复合新技术学科信息门户”“交通运输学科信息门户”和“船舶与海洋工程信息门户”等专题网站。

3.1.1.3　各类专题中特色资源的类型

一是本校或本馆的各类出版物电子版，如清华大学图书馆的《清华大学一览》《清华校友通讯》《新清华》，南京师范大学图书馆的“校内出版物”“本馆出版物”等。二是本校专家库与教师的学术成果库，主要包括论文和获奖情况等信息，如中国人民大学图书馆的“中国人民大学教师成果库”等。三是各高校馆结合自身专业制作的各学科专题数据库，如北京交通大学图书馆的“铁路交通运输特色数据库”、大连海事大学图书馆的“中国航运信息资源库”、北京林业大学图书馆的“馆藏文献花卉库”“馆藏文献蝴蝶库”、南京航空航天大学图书馆的“航空航天民航特色资源”。四是各类高校项目合作的成果，如苏州大学图书馆的“清代图像人物研究资料数据库”“张骞研究特色数据库”“车辆工程特色文献数据库”“海洋专业数据库”“中外药品质量标准数据库”“汉画像石砖数字资源库建设与研究”“混凝土安全性——碱集料反应专题数据库”“公安文献全文数据库”“矿业工程数据库（以煤矿行业为主）”“食品科学与工程专题数据库”就是江苏高等教育文献保障系统联合各高校制作的项目成果，中国科学技术大学图书馆的“NSTL 资源整合检索平台”“NSTL 引进资源”就是国家科技图书文献中心的项目成果，四川大学图书馆的“高校联合书目数据库（CALlS）”就是中国高等教育文献保障系统的项目成果，华南理工大学图书馆的“轻工技术现代图书”就是高等学校中英文图书数字化国际合作计划项目的项目成果。

3.1.1.4　高校数字特色资源的主题分布

（1）基于地域资源的数据库

以反映特定地域和历史传统文化，或与地方政治、经济和文化发展密切相关的独特资源为对象，构建特色数据库成为高校馆建设特色数据库的首选。如西南交通大学图书馆的“峨眉山特色库”、四川农业大学图书馆的“大熊猫专题库”、西华师范大学图书馆的“南充名人信息网”、阿坝师专图书馆的的“羌族藏族研究文献数据库”、贵州财经学院图书馆“贵州经济电子地图”、重庆大学图书馆的“抗战历史库”以及西南大学图书馆的“抗战文献库”等。

（2）基于学科专业的专题数据库

学科专业的特色性能体现出一个高校办学的特色，因此高校馆注重以本校学科专业的特色来建设专题特色数据库，如四川农业大学图书馆关于农业畜牧方面的 6 个特色数据库、成都中医药大学图书馆“养生保健数据库”、西华大学图书馆和重庆大学图书馆的“汽车特色数据库”、重庆大学图书馆的“生物医药数据库”、西南大学图书馆的“农业经济管理专题库”、四川理工学院图书馆“酿酒数据库”“中国盐文化数据库”等。

（3）基于学校教研成果的数据库

学校师生特别是教师的科研成果能反映出一个学校的科研能力，以此为对象组建特色数据库也是众多高校馆的选择，如西南交通大学图书馆的“交大教学参考书数据库”、电子科技大学图书馆的“成电人著作收藏库”、云南师范大学图书馆“云南师范大学专家信息库”、重庆大学图书馆“硕士学位论文全文库”、四川广播电视大学图书馆的“四川电大网络课件库”以及西南交通大学图书馆的“国家级重点学科网上信息资源导航库”等。

（4）基于馆藏书刊资料的数据库

具有他馆、他校所不具备或只有少数馆收有的特色馆藏，往往也成为高校馆建设特色数据库时的选择对象。西南地区有 31 所高校馆建立了这样的特色数据库，如西南大学图书馆的“自建光盘数据库（世纪大讲堂、随书光盘）”、昆明理工大学图书馆的“馆藏书目数据库”、西南科技大学图书馆的“新书全文数据库”、四川烹饪高等专科学校图书馆的“特色书日数据库”、贵州民族学院图书馆的“《图情快讯》数据库”、西南政法大学图书馆的“缩微图书篇名数据库”和云南大学图书馆的“本校善本书目索引”等。

（5）音像影视数据库

受众多因素的制约，建有音像影视特色数据库的高校馆不多，如重庆大学图书馆的“非主流音乐空间”、贵州民族学院图书馆的“影视空间”和遵义医学院图书馆的“遵义图书馆 VOD 视频点播数据库”。

## 3.1.2 高校特色资源建设存在的问题

### 3.1.2.1 复合型人才缺乏

开发馆藏特色资源的步骤很多，牵涉的方面也很广，对图书馆相关人员的要求也更高。一方面，仅有基本的业务知识已经不够，还需要计算机操作、图像处理扫描、网络技术等基本技能；对于开发专题来说，还需要具有一些学科专业化的知识；更需要了解学校历史、发展历程和学科专业方向。另一方面，随着数字化、网络化、自动化图书馆的到来，图书馆工作人员在逐步减少，而特定馆藏岗位的编制有限，这种情况下图书馆工作人员急须与编研部门联合起来，在进行馆内特色资源开发的过程中熟悉馆藏，了解相关文献，加强自身业务能力，不断学习、吸收新的知识。图书馆也应该以此为契机，抓紧培养人才，锻炼队伍。

3.1.2.2　资金、设备和空间不足

在特色资源的建设方面，各图书馆近年已开始投入一定的人力、物力和财力，但相对于图书馆整体的数字化进程来看，特色资源的建设仍显得基础设施不足、技术落后、人员数量少。例如，要开发“国内机车车辆发展历程”的专题，首先需要收集大量的资料，这就要花费大量的人力、财力和时间；第二步要进行加工，录入、扫描；第三步，编研整理；第四步，出版、展出电子版或纸质件。由此可见，开发一个专题花费的时间长，人力、财力投入都很大。另外，由于信息技术的快速发展，图书资料等迅速膨胀，所需空间越来越多。建议经费问题可以通过项目申请、国家有关部门规划、学校投资、个人或企业资助等多种渠道解决。

3.1.2.3　版权、标准问题

数字化图书馆的发展速度相当惊人，校园网络及大量的电子书刊、数字资源在现代意义的图书馆中起到非常重要的作用。同样，随着特色资源建设数字化程度的提高，版权问题、标准问题凸显。一些单位和部门花费很大力气做特色资源的开发，并出版或提供网上阅览，结果被一些人员轻而易举地拿做他用，严重侵犯开发者的利益和权利。

3.1.2.4　少数民族文献数字化资源收藏规模不大

各民族高校图书馆虽然在民族特色文献、民族地域文献、民族重点学科文献的收藏上较其他高校图书馆占有优势，但在馆藏特色文献的全文数字转换上，还没有形成规模，数据库更新慢，数据库之间重复现象较为严重，信息量太小，查全率低，特色不明显。

3.1.2.5　无整体、长远、全面的规划体系

由于所处区域、形成历史、自身地位各不相同，每个图书馆在长期的发展过程中逐渐形成了自己的收藏特色，有些以地方文献为主，有些以民族特色为主，有些以重点学科或者某个专题为导向，形成自己独特的馆藏资源。在研究资料上，特色资源因强调其特色，各图书馆之间无论在形式和内容上都有差异，还没有形成一定的体系，更没有给出一个较为完善的合理规划。各高校之间基本上是各自为政，自由发展，重复建设，资源浪费。建议由中国高校图书馆学术分会统筹规划，每年定期召开会议，探讨开发特色资源，形成整体全面的规划体系，各高校图书馆应及时就本校的开发计划与有关组织机构沟通。

3.1.2.6　共享渠道不畅通

特色资源建设还面临一个瓶颈——知识产权问题没有解决好，导致各高校图书馆认为自己花很大力气开发的特色资源是自身的“秘密”，不愿通过印刷、出版或电子网络发行、共享，导致共享渠道不畅，利用率不高，造成人财物的浪费，应用跨库检索、整合数据资源缓慢。由于数字资源整体呈现无序化分布，内容组织的程度不高，资源间交叉关联程度较低，因此用户需要在不同的网络环境和不同的信息空间中切换，这无疑已成为用户获取信息的一种障碍，使得越来越多的用户希望能够得到关于数字资源的空间范围和基于知识内容相互联系的整体揭示。宏观协

调和协作能力不强，各民族高校图书馆仍然在条块框架下独自建设，对现有资源如何共享，未来资源如何共建，形不成一个共同遵循的原则，建库缺乏整体性，信息组织有序性差，网络信息质量参差不齐，查准率不高，影响了信息资源的交流和共享。

### 3.1.3 高校特色资源建设的策略

#### 3.1.3.1 加强技术性人才引进，提高信息资源服务水平

目前，数字图书馆建设中数字特色资源构建的重要性越来越突出。如何能更好地服务读者、吸引读者使用图书馆，数字资源的引入以及二次深加工都在很大程度上决定了读者的利用率。因此，仅有图书馆业务知识的馆员已经不能满足图书馆的需要，而熟知计算机、数据库或者编程的技术人员则应该加大引进力度，快速加入图书馆的队伍当中。近年来，各个图书馆都加强了技术型人才的引进工作，数据库的二次开发，自建数据库、特色资源库的建设都离不开他们的努力。

#### 3.1.3.2 特色资源建设的资金投入应加大，提高宣传推广的力度

目前，各个图书馆都在大规模地购买数据库，“211”工程高校的图书馆，每年购买数据库的经费都在千万元以上，但是特色资源库的建设只占了其中一个很小的部分，且特色馆藏具有稀缺性、排他性和学术独特性的特点，一般情况下通过纸质文献与电子文献、实体馆藏与虚拟馆藏、馆际互借与资源开发的结合逐步建立具有特色的馆藏

资源体系，使馆藏信息资源配置合理化、数量最大化和利用高效化，从而满足读者对特定知识的需求或实现某些特定的目标。但这都需要大量的资金投入和后续费用的维持。最大限度地发挥馆藏特色资源的利用价值，实现馆际互借和网上信息资源的共享和共存互补，充分发挥图书馆信息服务的整体效应，扩大特色资源的宣传和推广服务工作，使越来越多的人了解特色资源，使用特色资源，从根本上达到图书馆服务读者的目的。

#### 3.1.3.3　坚持数字信息资源的自主权

数字信息资源的独有特征——共享性，使其不像物质和能源的利用那样表现为独占性。但是，在市场机制的作用下，数字信息资源的保护问题相当敏感，其中最为突出的就是版权保护，它涉及如何保护作者、资源建设者和用户的合法权益。据世界知识产权组织统计，大约有 130 多个国家和地区的著作权法以各种方式规定了对数据库的著作权保护，许多国际多边条约和区域性条约对此也做了规定。因此，在数字图书馆特色资源的建设过程中，一定要坚持数字信息资源的自主权。

#### 3.1.3.4　加强民族文献的收集和整理，加强民族文献特色数据库的建设

民族高校图书馆的特色馆藏数字化建设依赖于资源共享平台，但目前只有内蒙古大学承应了我国高校文献资源保障体系 CALIS 的重点学科专题数据库的建设工作，蒙古学特色数据库是 CALIS 项目资助的 25 个特色数据库之一，在蒙古学的建设与揭示方面具有一定的学科导航意义。此外，西南民族大学、中南民族大学对民族网站做了

相关链接，吉首大学对海外中国学网站作了链接。但从整体上看，普遍缺乏对网上动态信息资源的跟踪、评价、揭示。因此，民族高校图书馆要遵照CALIS的技术标准与规范，选择一个合适的信息加工平台（提供全文检索的支持），加强与联盟馆的协调与合作，用统一的标准建设有所分工、各具特色的数字资源库，真正实现信息资源共建、共知、共享。

3.1.3.5　统筹规划、合理安排，加强特色资源的整体规划，减少重复建设

特色数字馆藏的可持续发展能力决定数字图书馆的生命力。图书馆要在丰富的、可靠的、持久的、适用性强的数字资源中挖掘特有的内部资源，并将其保存、转化为特色数字馆藏，同时加强馆际合作与交流，有计划、有组织、有步骤地建设数字馆藏。图书馆特色资源建设应充分发挥本馆资源优势。通过统一的协调管理，采取分工协作、联合建设的工作方式，不断更新和丰富各种特色资源内容。

3.1.3.6　实现资源的共建共享，减少资源浪费

互联网的快速发展，改变了高校用户以往的信息获取方式，信息资源共建共享以及高校图书馆利用网络满足用户需求显得越来越重要。因此，需要建立区域性高校图书馆信息资源共建共享体系，开展联合咨询与开发，提升图书馆的核心竞争力，更好地为用户服务。

### 3.1.4 高校特色资源建设的积极意义

3.1.4.1　推动了图书馆建设从资源组织到资源服务上

的变革

高等学校图书馆在长期的馆藏资源建设中，根据自身的性质、任务和学科建设、科研方向等确定了自己的资源建设重点和原则，从而形成了图书馆自己的核心学科结构体系和馆藏资源特色。进行特色文献资源数字化、建设特色资源数据库，是高校图书馆进行文献资源深层次开发，将馆藏特色资源和用户的特定需求有效结合并提供特色服务的重要手段，推动了图书馆从资源组织到资源服务的重大变革，它不仅展示了图书馆的个性，也成为图书馆提高信息服务竞争力的重要品牌。同时，它也是将馆藏文献资源结构进一步重组，加速数字信息成为学术信息主流形态的转变和营造网络成为用户信息利用的主要环境的重要举措，更是当前社会主义先进文化繁荣与发展不可或缺的重要组成部分。

3.1.4.2　加速了人文素养与科学精神的融合

为适应信息社会的发展，提升文献信息服务水平，近 10 年来，高校图书馆积极推进数字化建设，尤其是将一些各具特色、凸显地域特点的传统文献进行数字化，由印本时代的社会记忆保存功能为主，转变为数字时代的信息全球化服务的提升，让现代技术与人文精神完美结合，让传统文化始终与时代共振，使科学精神与人文素养真正融合，这是人性化服务的一次飞跃，为服务当代文明将发挥不可替代的重要作用。

在数字化时代，公众的人文精神不仅是传统文化意义上“格物、致知、诚意、正心、修身、齐家、治国、平天下”的回归与重塑，更应体现在适应新世纪、新时代人类社会面临的深刻变革意义上的一种新的人文情愫——人文素养与科学精神的真正融合——在移动数字化时代寻觅传统文化精髓的根须，展现生态文明社会包容性发展的核心价值。

## 3.2 国内高校数字图书馆特色资源建设案例

### 3.2.1 清华大学数字图书馆特色资源

20 世纪末以来，清华大学图书馆一直在开展馆藏数字化工作，目前已建成可提供在线阅览的自建数字化资源主要有“清华大学学位论文服务系统”、“清华大学学生优秀作品数据库”、中国科技史数字图书馆、清华大学教育资源数字图书馆。

#### 3.2.1.1 “清华大学学位论文服务系统”

“清华大学学位论文服务系统”收录了清华大学 1980 年以来的所有公开的学位论文文摘索引，绝大多数可以看到全文。为保护版权，学位论文全文为加密的 PDF 格式，需下载“阅读器插件”才能阅读，保存在本地的论文只能在本机阅读，不能通过邮件转发或复制到其他机器阅读，加密论文阅读期限为 1000 天，过期需重新下载。读者在查阅电子版论文过程中，若确有打印需求，可到清华大学图书馆信息服务中心，按版权规定付费打印。

该服务系统的检索分为三大部分：基本检索、高级检索、分类浏览检索。在基本检索中用户可以任意选择三个字段进行组合检索；在高级检索中用户既可以自己输入检索表达式进行检索，又可以利用系统提供的检索表达式生成器来检索；而在分类浏览检索中，用户可以先找到自己要浏览的类目主题，然后再根据具体情况在此主题下检索或二次检索。该服务系统支持直接在页面上取词检索，可以拖动鼠标左键来选择检索词检索。在检索时可以选择检索和二次检索，检索是在读者上次检索范围内检索，二次检索则是在读者检索内容的基础上检索系统在关键词、主题词、作者、来源刊名、分类号等字段内容显示时支持相关查询；检索字段包括论文题名、作者、摘要、学校、学科、正导师、副导师、学位、关键词、学号、ID、正文。

该系统仅对在职教工和在校研究生、本科生开放，默认为 IP 登录，如果读者的 IP 在许可范围内，则可以直接检索；如果在校外使用，需通过校外访问控制系统登录。

3.2.1.2 “清华大学学生优秀作品数据库”

“清华大学学生优秀作品数据库”是清华大学图书馆与清华大学教务处、清华大学经管学院等单位合作建立的，收集了清华大学学生特别是本科生优秀成果，是一个展示清华大学本科教学与科研成果的窗口。该数据库的内容包括本科生优秀毕业论文、课程优秀作业、大学生研究训练（Students Research Training，SRT）优秀报告等。

“清华大学学生优秀作品数据库”为 OAPS（Outstanding Academic Papers by Students）数据库中的共享数据库之一。OAPS 数据库是由北京清华大学、香港城市大学、台湾逢甲大学三校联合首创，厦门大学、上海交通大学等单位陆续加入的共享项目，主要收录各成员单位的学生优秀作品。OAPS 数据库所收录作品的所有题录信息由各成员单位共建共享，作品全文的授权分为三个级别：VA1 级只在校园网内供本校师生使用；VA2 级可供 OAPS 成员单位共享；VA3 级将开放浏览，并有可能通过电子、网络等数字媒体形式公开出版。作者（或其他著作权人）可选择授权级别。

该数据库提供简单检索、高级检索和浏览功能，检索字段包括题名、作者、关键词、学科、摘要、系列等；读者可以按作品类别、发表日期、作者、题名、学科进行浏览。

3.2.1.3　中国科技史数字图书馆

中国科技史数字图书馆包括清华大学建筑数字图书馆、中国机械史数字图书馆、中文数学数字图书馆、中国水利史数字图书馆。

（1）清华大学建筑数字图书馆。英文为 Tsinghua University Architecture Digital Library，简写 THADL，是由清华大学图书馆、清华大学计算机科学与技术系、清华大学建筑学院三方精诚合作共同研制开发的。THADL 网页包括“营造学社历史”“建筑论坛”“个性化服务”“站内留言”等板块。“营造学社历史”板块以营造学社年代为主线，详细介绍营造学社的历史、主要成员，学社拍的照片，学社画的测稿，学社画的图纸，学社出的汇刊，学社出的专著，梁思成的影音文件，照片内容的现状，营造法式的动画等。这部分以图文并茂的形式展示。“营造学社历史”板块提供简单检索、高级检索和浏览功能，简单检索提供题名、责任者等基本字段的检索，高级检索界面具有很多检索字段，可以进行多字段的匹配检索。检索限定范围包括：系统管理、资源名称、内容描述、主要责任者、其他责任者、主题、出版社、资源格式、资源唯一性标志、资料出处、语言、关联、时空覆盖范畴、数字式资源权限管理。在每一个检索限定范围内都提供具体的限定字段，如系统管理限定字段有资源 ID、数字化资源制作、资料整理、内容标引、标引指导、数据审核、质量控制；页面提供学社汇刊、学社专著、学社测稿、学社照片等资源的浏览。“建筑论坛”板块具有加入讨论区和聊天等类似的功能，大家可以对感兴趣的问题进行讨论。“个性化服务”板块通过用户登录来实现，首页右边有用户登录要求，登录后用户可以享有个性化服务，可以申请的公开权限只有一般用户，如果要申请高级用户，可以发信给主页管理员。“站内留言”板块为用户提供留言给管理员的功能，并且其他用户可以浏览留言。此外，页面还提供“清华大学建筑数字图书馆”方面的帮助，方便读者了解、利用本网页资源。

（2）中国机械史数字图书馆。清华大学图书馆利用其丰富的收藏和特色资源，收集中国古代机械技术典籍和清华大学中国工程发明史编辑委员会所抄录的卡片等珍贵的资源并数字化，展示了中国古代机械史的丰富内涵。同时，从多方面积极反映当前机械史研究界的研究成果。中国机械史数字图书馆包括历史文献原文、二次文献、图片、手稿、卡片、动画等多种资料形式。中国机械史数字图书馆包括“机械技术典籍”“机械工程简史”“研究论著索引”“机械史图像库”“工程史料卡片”“人物专题”“古代发明争鸣”“动画演示”等板块。该数据库提供站内留言、国内外科技史相关机构的链接。

“机械技术典籍”板块收录了清华大学图书馆馆藏的近 60 种机械技术典籍，包括《考工记》《农政全书》《远西奇器图说》《天工开物》等；检索项包括书名、作者、书成年代和版本，选择“and”或“or”可实行组合检索；在检索结果列表中，点击“详细信息”可查看相应条目的详细内容，包括出版信息和馆藏信息等；点击图标可在线阅读全文。

“机械工程简史”板块内容包括冯立昇教授撰写的《中国机械工程简史》一文，刘仙洲先生的专著《中国机械工程发明史》，以及张春辉、游战洪、吴宗泽、刘元亮合著的《中国机械工程发明史（第二编）》目录。读者可以在线浏览。

“研究论著索引”板块收录了 300 余条机械史研究领域的相关论著；检索项包括题目、作者、出处、所属类目等；初次检索后，如果需了解进一步的详细版本与收藏信息，可点击链接“详细信息”；带有图标的有全文链接，点击该图标可在线阅读全文。

“工程史料卡片”板块的图像资料包括古文献插图、出土文物、画像砖石、绘画、壁画、手绘画和复原模型；该数据库主要检索项包括名称、朝代、类型、关键词和分类检索等；初次检索后，点击链接“详细信息”可查看相应条目的详细内容，包括关键词、分类、内容描述等；点击图标可在线查看该图像。

“人物专题”板块包括“刘仙洲专题”“刘仙洲图片库”两个栏目；“刘仙洲专题”栏目内容包括《刘仙洲与

中国古代机械工程发明史研究》《刘仙洲与〈机械工程名词〉》两篇文章；“刘仙洲图片库”主要检索方式包括时间、地点、人物检索等；初次检索后，点击“详细信息”可进一步了解其详细内容，包括事由、时间、地点、人物背景等；点击图标可查看该照片。

“古代发明争鸣”板块收录了目前学术界争议较大的几种古代机械，包括水运仪象台、木牛流马、江东犁等；点击“相关资源”的链接可查看与该机械相关的站内资源；“相关文章”收录了相关研究论著，均为 PDF 格式；点击页面上方的导航按钮即可进入相应页面。

“动画演示”板块收集了 6 个动画视频，分别是水运仪象台、浑仪、地动仪、水排、风箱、河漏床，均为 wmv 格式（Windows 视频文件），需用用 Windows Media Player 播放；点击导航栏上的机械名称可进入简单介绍，点击“相关资源”的链接可查看与该机械相关的站内资源；页面底部嵌入了视频文件，点击“播放”（或 Play 按钮）可在线播放。

（3）中文数学数字图书馆。它是清华图书馆与学校数学系、信息学院合作共同建设的。中文数学数字图书馆包括：中国数学发展概论、中算典籍书目汇编、清华数学典籍目录、中算研究论文目录、算法算理动画演示、中文数学期刊论文库、中国数学图书导引、现代数学家资料库、数学竞赛建模精选、中外数学史辞典等内容。首页的用户登录功能，使用户可以享有个性化服务。它提供数学史辞典库、华罗庚书库、数学竞赛建模精选、中算典籍资源通汇、中算研究论文目录、中算典籍书目汇编、华罗庚生活

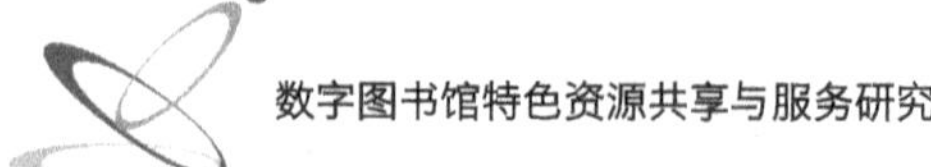


照片库、清华数学典籍目录等数据库的单库或多库的检索，可按标题、责任者、主题词、描述、出处、关联6种字段进行检索。还提供站内留言、与该数学数字图书馆项目相关的链接、帮助等内容。

"中国数学发展概论"数据库包括中国数学发展简史、中外数学史年表、现存算学典籍概述、古今数学人物简介、中算研究文献索引、中算名著导读、中算名词术语、中外数学交流、中国数学史家等内容详细的在线浏览。

"中算典籍书目汇编"数据库是在李迪、查永平所编《中算典籍书目汇编》和冯立昇、徐泽林、郭世荣所编《日本、韩国现存中国历算书目汇编》的基础上建成的。收录时间范围包括西周至清末用中文写成的数学书，包括现存书，也包括历史上存在现已失传的数学书。现存书都注明了藏书处，非现存书注明了书目出处。主要检索方式包括书名检索、作者（含注释者）和刊行时间检索。初次检索后，如需进一步了解详细版本与收藏信息，可点击链接"详细信息"。

"清华数学典籍目录"数据库是在对清华大学图书馆现藏中国数学古籍进行编目的基础上建成的。收录包括从西周到清末用中文写成的数学书。著录不仅包括丙类中的全部算学古籍，也包括了馆藏各类古籍丛书中所收的算学著。主要检索方式包括书名检索、作者（含注释者）和刊行时间检索。初次检索后，如果需进一步了解详细版本与收藏信息，可点击链接"详细信息"。

"中算研究论文目录"数据库为目录数据库，是在李迪、李培业所编的《中国数学史论文目录》（1906—1985）

的基础上建成的，查永平又根据李迪近 20 年所做的中国数学史论文目录卡片和其他一些新的资料进行修订、增补。该目录数据库收录了从 1906 年到 2004 年间国内学者发表的中国数学史研究论文目录和少量译自外文的中国数学史论文目录数据。主要检索方式包括书名检索、作者和刊物名检索。初次检索后，如需进一步了解详细信息，可点击链接“详细信息”。

“算法算理动画演示”数据库包括乘法、除法、勾股定理，开平方术、开立方术、增乘开方法（解高次方程）、开立圆术（球体积公式）等算法算理的解说及动画演示，动画演示分为筹式动画和阿拉伯数字动画两种类型。

“中文数学期刊论文库”列出了 12 种中版外文期刊和 40 种中文期刊的刊名，读者通过点击刊名，可以获得期刊的详细信息，并可浏览具体卷期的论文题名。提供期刊检索和期刊论文检索两种检索方式，期刊检索提供期刊名称（中或英）、ISSN/CN 号、主办单位 3 种检索字段；期刊论文检索提供标题、责任者、主题词、描述、出处、关联 6 种检索字段。

“中国数学图书导引”数据库的资源由广东省数字图书馆、深圳图书馆、浙江图书馆、超星数字图书馆等单位共同提供。按总论、数学理论、古典数学、初等数学、高等数学、代数、数论、组合理论、数学分析、几何、拓扑、动力系统理论、概率论与数理统计、运筹学、控制论、信息论（数学理论）、计算数学、应用数学、数理逻辑与数学基础、中国数学等分别列出图书资源。

“现代数学家资料库”包括华罗庚、陈省身、熊庆来、

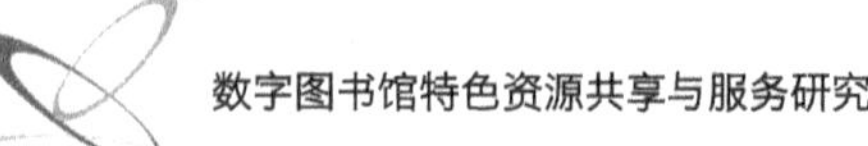


杨武之4位现代数学家，涉及数学家的生平照片和学术著作。

“数学竞赛建模精选”涉及历年的数学竞赛建模题。

“中外数学史辞典”列出了杜瑞芝主编的《数学史辞典》，该辞典是一部较为系统的综合性数学史工具书，包含了中外数学、数学家、经典数学著作、数学学科史等12个门类的约1280个词条。所收词条门类比较齐全，按时间或按知识结构排序，自成系统。该书收入了相当多的中外数学家、经典数学著作，并包括数学符号、数学名题与猜想、数学竞赛与数学奖等专题条目。清华大学图书馆征得主编和相关作者的同意，以其中部分词条为基础，建成了专题资料数据库。

3.2.1.4　清华大学教育资源数字图书馆

清华大学教育资源数字图书馆是将网上分散存在的数字化课件、备课素材、图片、课程资料、实验演示、练习、试题、题解等资源进行描述、整理建成的。在网络环境下提供教学资源的组织、集成与检索服务，使用户通过此门户网站，在尊重知识产权的前提下，进行网上教学资源的一站式浏览、检索、存取、评价、上载、下载等活动。该系统目前仅限于校园网内用户使用。

## 3.2.2 北京大学数字图书馆特色资源

北京大学图书馆特色资源数据库包括北大博文、北大讲座、古文献资源库、北大名师、报纸热点、李政道图书馆。

3.2.2.1 “北大博文”

北京大学图书馆对目前散见于网络的北大师生在个人或团体博客及各种非正式网络资源上发表的与北大有关的内容做了初步的调查，发现这些内容与正式出版的同类内容比较，与北大生活的现实相关层度更高，形式也更加灵活和随意。尤其是一些师生对北大学习和生活的点评和回忆，情深意切，读来不无裨益。因此，北京大学图书馆建设了“北大博文”数据库，该数据库的建立可以有效地保存和组织与北大有关的非正式网络资源。博文分为人文时事、人生百味、休闲娱乐、北大往事、燕园论学、职场经验 6 大类。“北大博文”网站提供搜索分类文章同时列出了最新文章、最受欢迎博文；搜索引擎为读者提供在所有博文或在人文时事、人生百味、休闲娱乐、北大往事、燕园论学、职场经验 6 大类博文中的任一种博文进行搜索的功能；按院系浏览功能为读者提供北京大学不同院系师生的博文浏览，有中文系、心理系、生命科学学院、光华管理学院、外国语学院、心理学系、哲学系、新闻传播学院、历史系、图书馆、社会学系、艺术学院、法学院、国际关系学院、国家发展研究院、经济学院、马克思主义学院等。

3.2.2.2 “北大讲座”

“北大讲座”数据库共有 1243 条记录，涉及北京大学的各类讲座，在北京大学校园网范围内，通过网络直接点播资源；该网站为读者提供检索和浏览功能，不限定字段检索，读者通过点击讲座名称，可以获得讲座题目、演讲人、主办单位、举办日期、讲座内容介绍、语种等详细的

信息。

3.2.2.3 “古文献资源库”

“古文献资源库”是在北京大学图书馆馆藏善本古籍、普通古籍，以及金石拓片、舆图、契约等特藏文献的基础上进行相关的数字化加工而建设起来的。目前可供用户使用的有善本古籍和普通古籍、地方志、家谱书目数据库及图像库、拓片目录、文库及图像库等。该数据库包括：古文献目录、图像、全文数据库；古籍、拓片、舆图等文献资源的系列著录系统；提供给最终用户使用的检索平台。读者可以通过检索、浏览、索引、时空检索等多种方式查询数据库中的资源。

3.2.2.4 “北大名师”

“北大名师”数据库收录了北京大学数百位名师的生平介绍、著作、照片等资料。该数据库提供检索和浏览功能，读者通过输入检索词可以根据需要检索到相关的北大名师，读者还可以根据北大名师的名字进行浏览。

3.2.2.5 “报纸热点”

“报纸热点”数据库是北京大学图书馆通过整理各种报纸的热点内容建成的。涉及宗教话题、社会问题、美国问题、国家政治、法律话题、世界经济等几十个类别的报纸热点内容。该数据库提供简单检索、高级检索、二次检索和浏览功能；检索字段包括文章名称、报纸名称、热点全文，还可以进行时间范围的限定；读者可以根据该数据库主页设置的热点类别进行不同类别话题的浏览；提供文章题目、报纸名称、日期、版面等基本信息，部分文章提供全文阅览。

#### 3.2.2.6　“李政道图书馆”

“李政道图书馆”数据库是李政道先生委托中国高等科学技术中心与北京大学图书馆合作建设的，所列的专著均获授权发布。北京大学图书馆除了为李政道先生的经典著述制作电子书外，还全面搜集相关的新闻资料、研究文献、照片图片和视频等。该网站包括生平传记、经典著述、新闻资料、研究文献、照片图片、相关视频等栏目。

## 3.3 国内公共数字图书馆特色资源建设现状

公共图书馆的数字特色数据库，是指能够体现公共图书馆文献和数据资源特色的信息总汇，是公共图书馆根据本馆的馆藏特色、地方特色，集中收集各类带有指引性的专题文献建立起来的独具特色的、可共享的文献信息资源库。调查发现，省级图书馆在建设特色数据库中真正起到龙头作用，充分发挥了在地方文化建设方面的重要作用。

### 3.3.1 公共数字图书馆特色资源建设的类型

#### 3.3.1.1　地方文献特色数据库

地方文献特色数据库是指有关本地有历史价值或参考价值的资料，包括史料、人物、出版三个组成部分。史料主要包括地方史志、年鉴、家谱、族谱等历史资料，如国家图书馆建立的“敦煌文献”“西夏文献”“地方志”，山西图书馆建立的“山西家谱”等就属于此类数据库。反映人物的数据库不仅包括当地籍贯的古今名人，也包括对当地有影响的人物；不仅有以个体建立的数据库，也有以团体建立的数据库，如常熟图书馆建立的“古代名人”“近

代名人”“现代名人”“金曾豪文学数据库”。出版主要为反映地方的图书、期刊、报纸而建立的数据库，如哈尔滨图书馆建立的“馆藏哈尔滨地方文摘”“建国前报纸全文数据库、中东铁路画册数据库”。公共图书馆作为地方文献信息中心，拥有大量的地方文献，这是目前公共图书馆特色数据库建设的主体。一些图书馆把地方文献转化成全文数据库，一些图书馆仅建成文献目录。

3.3.1.2　地方文化特色数据库

地方文化特色数据库就是以特色文化为数据报道源而建立的数据库，它是指某一地区特有的且又有一定影响和较大价值的文化，具有地方性、特色性、影响性、价值性等特点，既包括物质文化也包括精神文化。它涵盖历史、文学艺术、风景名胜、土特产乃至风俗习惯、宗教信仰等领域。

3.3.1.3　专题特色数据库

专题特色数据库是指为满足特定读者需求，根据本地发生的特定事件建立的特色数据库。这类数据库有些反映了特定的历史事件，如抗日战争期间很多地方留下了不同的珍贵历史资料，也出现了一大批为了民族而奋斗的英雄。为了保存历史资料和弘扬民族精神，辽宁图书馆建立了“东北抗战事件库”“九一八专题数据库”“东北抗战图片库”“张学良专题数据库”，武汉图书馆建立了“二七工人运动数据库”，山东图书馆也建立了“五卅惨案数据库”。也有一些专题特色数据库根据当地的特定事件而建立，如甘肃图书馆建立的“沙尘暴研究专题数据库”“甘肃工业发展研究专题数据库”等。

3.3.1.4　图片、多媒体数据库

图片、多媒体数据库是指以当地遗留下来的珍贵图片、照片等为来源，通过扫描、翻拍等技术制成数字资源以及将当地的视频进行收集建立的数据库，如首都图书馆建立的“古籍插图库”“奥林匹克运动会与艺术多媒体资源库”“中国人民解放军将帅多媒体资源库”、南京图书馆建立的“古代体育图片库”、湛江图书馆的“多媒体视频点播”等。

3.3.1.5　经济参考决策数据库

经济参考决策数据库是指支持本地经济、参考决策建立的数据库，如黑龙江图书馆建立的“黑龙江边境贸易”“黑龙江农业”数据库、常州图书馆建立的“参考消息”数据库、张家港图书馆建立的“决策参考”数据库等。

公共图书馆特色数据库文献类型多种多样，除有图书、期刊、会议录、论文集等，很多特色数据库还具有图片、音频、视频信息，成为真正意义上的多媒体数据库，如国家图书馆自建的数据库有中文电子图书、博士论文、民国文献、在线讲座、在线展览、甲骨实物与甲骨拓片、敦煌文献、金石拓片、地方志、西夏文献、年画、音像资源。特色数据库资源总量已达 130TB，其中全文数据内容已达到 1.2 亿页。大多数数据库都提供了全文，可直接满足用户获取信息原文的需求。

## 3.3.2 公共数字图书馆特色资源建设现状评价

为较为全面的把握我国公共图书馆地方特色资源数据

库的建设现状，本节从建库规模、数据库分布、资源体系、技术应用以及服务效益等宏观的层面加以评价，以便较为全面地把握我国公共图书馆特色资源数据库的建设现状。

3.3.2.1　数据库数量形成一定规模

特色数据库的大规模建设和研究只有近十年的历史，随着 20 世纪 90 年代中前期我国计算机网络的快速发展，90 年代中后期我国各系统图书馆都相继拉开了特色数据库建设的帷幕。根据南京图书馆周建华的调研分析，在所调查的 15 个省级图书馆中都拥有特色数据库，并且平均每个图书馆的特色数据库为 12 个左右，正在逐步形成规模。同时，部分图书馆的特色数据库已经拥有很大的数据量。

3.3.2.2　数据库分布基本覆盖全国

按行政区域划分，我国内地可分为东北地区、华北地区、华东地区、中南（华中华南）地区、西南地区、西北地区六个区域。全国各省、公共图书馆都建设有自己的特色资源数据库，基本覆盖全国，其中东北地区和华东地区发展较快，西南地区和西北地区相对滞后。

3.3.2.3　数据库资源初步形成体系

（1）资源主题内容广泛

目前，公共图书馆所建的特色资源数据库的内容极其广泛，主要包括历史文化信息资源、风土人情信息资源、谱牒人物信息资源、专题事件信息资源、政治经济信息资源、科技教育信息资源、自然环境信息资源、重要物产信息资源等，具有极强的地方性和影响力，地域特点也极为

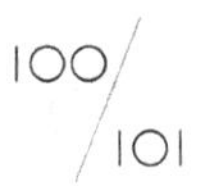


明显。

（2）资源来源类型多元

各公共图书馆特色资源数据库中的资源主要以收录地方文献资源为主，并根据需求从网络信息资源中获取地方特色资源加入自建数据库中。无论是地方文献信息资源还是网络信息资源，都全面关注了各种类型、各种载体的信息资源，不仅收录文字信息资源，也收录图片、视听资料等，包括源数据是电子的和非电子的各种图书、杂志、报纸、图片、照片、影片、画片、唱片、拓片、手稿、簿籍等。

地方文献是记录某一地域知识的一切载体，是对该地区的政治、经济、文化和社会发展以及风俗民情、自然资源等的综合反映，具有历史特色。地方文献主要包括三个方面的内容。一是地方事物，包括：①论述本地之事的文献，如论述本地事件、历史发展、社会状况、民族状况、经济科技、文化教育、风土人情等的文献，具体表现为地方史料、地方史、地方志、地方大事记、地方年鉴、民族谱系，各类地方普查资料、统计资料、手册、汇编资料、区域研究专著等，以此为基础建立的地方文献数据库，如“天津地方志”“福建地方志全文数据库”“江西年鉴”“辽宁大事记”“东北抗战事件库”“贵州府县志图片数据库”“四川少数民族历史文化资料库——羌族专辑”等；②论述本地之物的文献，包括论述本地自然资源和物产（动物、植物、矿物、物产、名胜古迹等）的文献，如本地动物学、植物学、农学、林学、畜牧科学、地质科学、矿产学、土特产等的著作、图谱等文献，以此为基础建立的地方文献数据库，如“长白山动植菌物图片数据库”等。地方事物文献是地方文献的主体，可说是本地包罗万象的文献。二是地方人物及著述，包括：①论述本地人物的文献，如人物事迹、人物传记、人物年谱等文献，如“巴渝名人”“孙中山全文数据库”“末代皇帝溥仪数据库”“张学良专题数据库”等；②本地人物撰写的著述，主要是本地人写本地事物、人物的著述，也包括本地人撰写的有影响的著作，不一定是写本地的事物、人物，如“辽宁三十年代作家作品数据库”“粤人文库”等。这一类型的地方文献包括了各种手稿、日记、信函、回忆录、传记、著作研究资料及代表作等。三是地方出版物，在本地出版的一切内容和形式的文献，无论是否论述本地之事物，都具有版本的保存价值，如“广东文献图书库”、南京图书馆的“优秀文艺作品库”等。

特别是省级公共图书馆，作为地方文献信息中心，拥有大量的地方文献，这是目前公共图书馆特色资源数据库建设的主体。多数省级公共图书馆建立了地方文献资源目录库、专题地方文献题录库以及重点地方文献摘要库，也有一些省馆已经将部分地方文献转化成了全文数据库，还有一些图书馆将地方文献中的重要资料进行重新整理，形成了新的地方特色资源，并建成数据库供用户使用。如湖南省图书馆的“湖南氏族源流”数据库就是将馆藏家谱等文献资料中的相关内容进行重新整理后形成的数据库。

网络信息资源是指以电子数据的形式将有关某地区特有的文字、图像、影像、声音等多种形式的信息存储在光磁等非纸质载体中，并通过网络和计算机等方式再现出来的信息资源。从来源看主要有两种，一是通过购买数据库产品获得，二是通过网络实时信息资源获得。许多图书馆根据需要从购买的数据库中采集资源，补充到自建的特色资源数据库中。随着网络资源的日益丰富，多数图书馆建立了相关的特色网络资源导航系统，实现与网络信息资源的链接，使网络资源成为地方特色资源数据库中的重要类型。实时信息资源是指某地区某一时期的社会热点和最新相关资讯等信息资源。目前许多省级公共图书馆建立了地方实时信息发布平台，还有一些省级公共图书馆与地方媒体合作，建立了实时的地方热点信息数据库，如陕西省图书馆的“三秦资讯岛”、安徽省图书馆的“2012 安徽两会”等。

（3）建库形式多种多样

目前所建成的特色资源数据库主要有导航型数据库，包括书目数据库、题录数据库、文摘数据库等；全文型数据库，包括全文文字数据库、图片数据库、多媒体数据库等。

书目数据库是地方特色文献数据库建设的基础，各馆在进行地方特色文献数据库建设时，首先进行了地方文献书目数据库的建设。地方文献书目数据库一般根据文献时代分为地方古籍文献书目数据库，依照古籍著录和分类方法建库，如内蒙古图书馆的“古籍文献书目数据库”；地方现代文献书目数据库，依照现代文献著录和《中图法》分类建库，如“蒙文文献书目数据库”“民地文献书目数据库”。也有的地方文献书目数据库分专题进行了书目数据库的建设，如辽宁省图书馆的“东北抗战书目库”。

题录数据库主要收录地方期刊、报纸等的题录资料。题录数据库作为书目数据库的一个分支或者说是对书目数据库的补充，在构建地方特色文献数据库时，主要是根据文献的类型、内容、读者需要等标准划分成多个题录数据库，满足读者对地方特色文献的多方位检索要求，如“西北地方文献报纸题录数据库”“北京地方文献报刊索引数据库”。

文摘是以单篇文献为单位，著录一次文献的题名、作者、来源、内容摘要。文献的内容摘要不仅是对文献主题的扩充，而且是对全文内容的高度概括，通过内容摘要读者可以大致了解文献的主要内容，如“黑龙江文化科技成果”。

全文文字数据库是地方特色资源数据库建设的重要内容。目前所建成的全文数据库多数是采用扫描技术对一些有价值的且又不涉及版权问题的重要文献进行全文录入，如“西北地方文献古籍善本全文数据库”“地方法规全文数据库”等。同时，优先考虑对已经超过著作权保护期限的作品进行数字化，对于涉及版权的特色文献资料，在争取作者授权的基础上采用扫描技术全文录入。在此基础上，不断补充地方文献最新全文数据，最终建成本地的地方文献资源中心。

图片数据库、多媒体数据库是地方特色资源数据库建设的新型模式，也是采用较多的模式，即以当地保存下来的珍贵图片、照片等为来源，运用翻拍、扫描等技术手段制成数字资源以及收集当地的视频建立起来的数据库。如河南图书馆建立的“河南地方戏曲数据库”，上海图书馆建立的“图录照片库”“抗战图片库”，陕西图书馆建立的“图片库”“多媒体”等。

3.3.2.4　应用软件系统日臻完善统一

可靠的建设平台是特色资源可持续发展的根本保证，为了便于用户统一检索，节省检索时间，提高检索效率，目前各省馆建立的特色资源数据库基本上都是基于较为成熟的 TRS 技术平台开发的，部分采用清华同方的 TPI 全文检索系统软件，进行数据的加工、发布与日常管理。还有一些特色资源，如拓片、家谱等古籍文献数字资源为了适应文献特征，采用了专门开发的管理平台。平台建设根据需要不断更新与完善，以增强数字资源开发与建设的系统性、规范性和实用性。

已建成的特色资源数据库中，文本资料一般是通过对纸质文献进行扫描或者采集已有的数字化文献进行再加工生成的，其格式主要包括：TXT，DOC，PDF，RTF，HTML，XML，SGML 等。图像资料主要是通过数码相机、图像扫描等技术将大量以不同形式和载体存储的信息资料转化成能够被计算机处理的数字化信息而生成的，其格式主要包括：BMP，GIF，PNG，TIF，EPS，TGA，RAW，JPG，PSD 等。音频资料主要是从磁带、广播、电影、电视等音频信息中采集来的，目前流行的音频文件格式主要包括：WAV，MID，RM，MP3，MOV，RA，RAM 等。视频资料主要来源于电影、电视、录像和动画等动态图像信息。和音频、文本信息相比较，视频信息直观性强、所含信息量大。视频文件包括影像文件和流式视频文件两大类，目前流行的视频文件格式主要包括：AVI、WMV、

MPEG、MPG、DAT、VOB、RM、ASF等。这些当前较为成熟的技术，通过广泛应用于地方特色资源的数据库建设中，使得各省级公共图书馆的数据库建库技术趋于完善和统一。

3.3.2.5　网络共享与服务机制正在形成

建设特色资源数据库的目的就是要打破物理馆藏、空间和时间的限制，利用计算机网络技术为读者提供方便、快捷的文献信息服务。基于“大开放”的服务理念，以及网络共享平台的建设，各省级公共图书馆基本能够通过局域网或广域网向读者提供检索、阅览、咨询和知识导航等文献信息服务，有一些数据库还提供个性化定制服务，但目前还不是很成熟，有待进一步发展。经过网络调查，我们看到大多数特色资源数据库都有相应的规范和使用措施，可以进行公开访问，也有少部分地方特色资源数据库可提供馆内或者持证读者的访问，如河南省图书馆的特色数据库需用读者证或者省内图书馆方可登录。目前大多数省级公共图书馆的特色资源还可以通过“全国文化信息资源工程”网站进行检索和使用，可以说，全国范围内的网络共享和服务机制正在形成。

### 3.3.3 存在的主要问题

3.3.3.1　数据库内容不够系统完整

通过网络调查，我们发现已建成的公共图书馆特色资源数据库的内容不够系统完整，主要表现在以下几个方面：一是本馆的地方特色资源数据库在库与库之间的内容衔接上，没有形成有机的整体。如浙江图书馆地方特色资

源数据库的建设规模较大，看似形成了较大的地方特色资源数据库群，但相互间还缺乏有机联系；二是每个特色资源数据库内的内容信息不够完善，多数省级公共图书馆的地方特色资源数据库是以本馆馆藏为基础进行建设的，并通过购买数据库资源加以补充，总体而言资源来源较为单一，较少形成与其他馆之间的资源共享，因而每个数据库中的内容都不尽完善，地方文献书目数据库不完整，全文数据库的建设更为滞后；三是有些特色资源数据库尚未形成可用的数字化资源，如新疆图书馆虽然有文献与古籍保护、地方文献研究、民文概况三个地方特色资源项目，但只是一般性的文字描述，并没有形成数字化的资源。特色资源数据库的建设旨在系统、全面，应尽可能地把关于某一主题的信息资源收集齐全，并使一地的特色资源尽可能构成完整的体系，否则其实际利用价值就会大打折扣。

3.3.3.2　数据库整体质量不够高

虽然大部分公共图书馆都比较重视地方特色资源数据库建设，但是各馆已建成的地方特色资源数据库质量却存在着较大差异。首先是选题质量，有些省级公共图书馆缺少完善的选题规范和操作程序，选题过程缺少严格的论证，多凭经验和人为设想；有些选题在相关信息的覆盖面及突出地方特色方面没有很好把握，致使有些数据库的信息资源内容不能做到全面，也不能很好地反映地方特色；也有的数据库之间存在数据的重复问题，如陕西省图书馆的“西部大开发”与重庆图书馆的“西部开发”。其次是数据源的质量，有些数据库在建设过程中没有进行严格的筛选和把关，只要是相关内容，就编辑入库，造成数据库内容庞大冗余；与此同时也没有关注馆外资源的收集整理，致使数据库的资源不够完整，尤其是地方古籍文献资源数据库，存在善本问题和馆藏资源不完整问题，需要通过扩大采集源，使数据库的内容质量得到优化。其三是检索功能存在质量问题，各级公共图书馆已建成的地方特色资源数据库中，只有少部分具有高级检索功能，而且多数地方特色资源数据库没有内容简介和使用方法介绍，操作界面也不够好；一些地方特色资源数据库甚至没有检索功能，只能简单浏览；检索途径方面，虽然一些地方特色资源数据库提供了题名、著者、关键词等多种检索途径，但是并没有提供检索式的构建方式，也没有提供二次检索功能，造成读者查全率和查准率不高。

#### 3.3.3.3　数据库的有效利用率不高

公共图书馆特色资源数据库建设的目的是为了向公众提供更有效的具有地方特色的文化信息资源服务，但我们往往看到，有些数据库的利用率并不高。通过网络调查，我们发现已建成的公共馆特色资源数据库普遍存在点击率不够高的问题，有些数据库甚至无人问津。即使有些点击较高的地方特色资源数据库，也大多是浏览，其实际的有效利用率并不是很高。而且，在实地访谈中我们了解到，地方特色资源数据库的使用人群有限，主要以学者和科研教学人员为主，加之对于地方特色资源数据库内容信息的利用程度有限等原因，致使已建成的特色资源数据库的有效利用率不高。

#### 3.3.3.4　网络共享有一定障碍

网络共享是当今信息资源获取与利用的主要手段和途

径。在主要的省级公共图书馆中，基本上都实现了特色资源数据库的互联网发布，但是也有一些特色资源数据库是在局域网发布的，即在本馆内或者规定的 IP 地址范围内方可进行访问，如山西省图书馆虽然有 16 个地方特色资源数据库，但只有 9 个在互联网上发布。有的省级公共图书馆的网络链接不是很顺畅，数据传输速度也比较慢，这些都在一定程度上影响了用户的使用，从而影响了特色资源数据库的利用率。一些公共馆特色资源数据库在省馆主页很难找到，需要多次点击才可以找到，如上海图书馆、福建省图书馆等建立的特色资源数据库就很难找到。更大的障碍则是有些省级公共图书馆可能由于知识产权问题而有意屏蔽了一些特色资源数据库，对用户的限制较多，给本来就不多的特色资源数据库的使用带来了阻碍。

## 3.3.4 建设特色资源的措施建议

### 3.3.4.1　建立健全特色资源数据库建设发展的组织管理机制

特色资源数据库的建设是一项巨大的系统工程，要想保证其持续有效地发展，必须建立健全特色资源数据库建设发展的组织管理机制。

首先，可以建立统一的管理协调机构和组织管理机制，即文化信息主管部门 / 国家图书馆、省级文化部门 / 省级公共图书馆、项目组三级机制。通过此机制，有利于在国家层面上形成系统的特色资源数据库建设体系，也可以对特色资源数据库的建设进行层层把关，以保证数据库的质量。同时由于组织机制的建立和健全，使各地公共图书馆的特色资源数据库建设工作是在统一协调机制下进行，因而资源的共建共享也就有了保障。

其次，要明确组织管理职能。文化信息主管部门/国家图书馆主要负责建库政策指导、立项审查以及各省级公共馆共建共享统筹协调工作。各省级文化主管部门进行具体监督以及全省范围内的协调，既可保证数据库的质量，也可以形成全省范围内的资源共建共享；省级公共图书馆主要进行具体的组织管理工作，从数据库的选题到最终的建成和投入使用，需要各省级公共图书馆整体进行调研、分析、规划、论证、决策，对每一环节进行有效的组织管理。项目组则实现具体的建设目标，在建库过程中实现对资源的采集、加工、存储和发布等，具体完成数据库的建设任务。

最后，要明确规定各级机构进行组织管理的内容及其不同的责、权、利，以保证整个组织管理机制的正常运行。

3.3.4.2　努力创造特色资源数据库发展的有利条件

特色资源数据库的建设是公共图书馆的一项重要工作，其建设需要大量人、财、物的投入。目前，受经费的影响，多数省级公共图书馆的一些地方特色资源不能够得到及时有效的开发利用，更不用说省级以下公共图书馆了。国家层面上，除了对特色资源数据库建设加大资金投入外，还应制定相应的政策、法规，以激发社会各界对建设特色资源数据库的研究和投资热情，使特色资源数据库的建设走合作发展的道路，吸收更多的资金投入。省级公共图书馆也应当寻求多种地方特色资源数据库建设的运营模式，以争取多方资金的支持。我们认为可以通过以下方式获得资金支持：一是通过政府部门资助建立各馆特色资源数据库，如“四川省文化旅游资源数据库”的建设，得到了四川省政府办公厅、四川省旅游局的支持。二是通过基金资助建立各馆特色资源数据库，如国际图联和国家社会科学基金资助项目研究编制的“中国蒙古文古籍总目数据库”。三是通过联盟项目资助建立各馆特色资源数据库，主要是指由中科院系统的“国家科学数字图书馆工程”、国家图书馆牵头的“中国数字图书馆工程”、“全国文化信息资源共享工程”等数字图书馆联盟资助而建立的特色数据库。四是图书馆与当地企业联合共同投资建设地方特色资源数据库，如“中国西南民族文化多媒体资料库——羌族历史文化”就是由四川省少数民族文化艺术基金会、四川省前景文化传播有限公司提供资金而建的。在特色资源数据库建设方面形成政府、企业、基金会等多渠道的资金投入体系，可为特色资源数据库建设的可持续性发展奠定良好基础。此外，对于西北、西南等欠发达地区，本来资金投入就比较薄弱，在自主开发为主的基础上，应借助西部大开发和桥头堡工程的有利时机，努力争取国家和发达各省的财力、技术和人才的支持。

建库人才的缺乏是各地公共图书馆特色资源数据库建设的瓶颈。在网络环境下，图书馆员应具有丰富的知识和较强的工作能力，如系统导航能力、较强的科研能力、信息的敏锐反应能力以及整理加工文献信息的能力等。目前，各级公共图书馆的专业技术人员主要是图书情报、计算机技术和信息管理等专业出身或者接受过相关专业培训的人员，这对于各级公共图书馆工作的专业化和规范化来说是必要的，但对于各级公共图书馆的长远发展来说，仅有这些专业的人才还远远不够。一些馆的特色资源数据库建设质量不高，也与相关人员的知识结构不合理有关。所以，各馆应该根据服务对象的需求和资源建设的需要采取相应的措施，加大人才培养力度，如培养人员敬业精神与质量意识、定期进行相关技能培训、注重建库队伍的知识结构互补和更新、参加相关业务研讨会议以及进行学术交流等，建设一支既有相关专业知识背景，又掌握图书馆学知识和技能的专业人才队伍。作为对图书馆员的补充，也可以尝试与制作商或者专业公司进行合作，如由数据库制作商进行数字化处理，由专业的情报检索技术的公司制作检索界面等。

技术方面，各馆应尽可能采用国际国内通用的数据著录标准、数据格式标准、数据标引标准、规范控制标准及协议进行系统化、逻辑化组织。采用国家图书馆推荐的统一建设平台进行数据库的开发，如 TRS 全文检索系统，以达到所建数据库的标准化与规范化，从而提高数据库的质量，也有利于资源的共享。数据库的建设还需要相应的政策法规支持，在公共图书馆特色资源建设中目前引起人们关注的是数据库的知识产权问题。在特色资源数据库建设中，应当有专门机构和法律人士解决这类问题。同时各图书馆在进行数据库建设规划时，应当对是否存在知识产权争议问题进行科学论证，并积极探讨解决方法，对于有争议的问题着手进行解决，为特色资源数据库的顺利建设和使用提供有利的条件。

3.3.4.3　积极探索特色资源数据库建设的规范化模式

特色资源数据库建设工作需要一套科学的流程，从选题的规范化、选题论证的规范化、建库过程的规范化、技术应用的规范化、服务管理的规范化等方面进行探索，形成规范化建库的规则、程序、操作，以保证特色资源数据库的质量和使用效益。建库的规范化就是要对数据库建设的一系列工作作出明确规定，制定相应的规章和准则，比如如何选题、如何对选题进行论证、如何对建库过程进行控制、如何选择技术平台、如何对数据库进行管理以及如何提高数据库的服务效益等，并对建库过程和具体的操作方法作出明确规定，使数据库建设有章可循，从而提高数据库的质量。目前在这一方面，有许多理论探讨，但具体到各馆，还应当制定具体的可操作性的规范化措施。

3.3.4.4　加速提升特色资源数据库的利用效益

目前省级公共图书馆的地方特色资源数据库建设在数量、规模、类型上均取得了一定的成绩。特色资源数据库建设的最终目的就是为社会大众提供优质的文献信息服务，但从目前的情况来看，利用率还比较低。有的建库时只追求数量，而忽视了质量；有的在资源内容的有用性和技术手段的可用性方面质量不高，影响利用的效益；有的仅停留在为建库而建库的基础上，忽视了如何推广和应用，使得本来很有使用价值的数据库变得无人知晓，浪费了宝贵的资源。为了能够使读者了解各级公共图书馆的特色资源数据库，各馆在全面提高数据库自身的建设质量、提升图书馆的服务能力和服务水平外，还应当做好宣传推广工作。图书馆可以在本网站的主页上做宣传，还可以将

数据库的“使用说明”或“读者指南”以各种宣传资料的方式发放到读者手中，同时还可以在各级公共图书馆开辟专栏，宣传本馆的各种信息资源，使广大读者能够尽快以不同方式了解本馆的地方特色数据库。图书馆还可以在馆内设置专门的咨询处，由馆员对读者的问题进行解答。还可就本馆内的资源状况、信息资源、使用方法等内容与读者进行面对面的交流，使读者能了解利用本馆资源的基本知识。最后，各级公共图书馆还可以借鉴企业发展中的营销运作方式，融入市场机制，提高特色资源数据库的利用率。各馆还可以学习商业网站的作法，有针对性地开展信息推送式的宣传服务活动。

3.3.4.5　全面构建特色资源共建共享保障体系

资源共享的理念是联合国教科文卫组织和国际图书馆协会联合会于 20 世纪 70 年代联合提出的。通常是在一定范围内的图书馆和文献情报机构组织成一个网络，按照互利互惠、互通有无的原则，通过联合编目、采访协调、馆际互借和建设文献数据库等活动实现信息资源共享，更好地为科研、教学、生产等领域服务。根据资源共享的理念，目前，在我国公共图书馆系统实施的“全国文化信息资源共享工程”就是通过覆盖全国所有省、市、自治区大部分的地市、县市及部分乡镇、街道社区的文化信息资源网络传输系统，彻底消灭不同地区在获取文化信息资源上的不平等，使老少边穷地区的群众也能享受到文化精品，真正实现优秀文化信息在全国范围内的共建共享。文化部、财政部于“十二五”期间在全国实施的“数字图书馆推广工程”，其核心是建设互联互通的数字图书馆系统平台和分布式资源库群，借助全媒体提供数字文化服务，于2012 年完成省级馆和 131 个市级馆的实施工作，并与国家数字图书馆进行网络连接与资源整合，初步建成覆盖全国的数字图书馆服务网络。数字图书馆推广工程的全面推广，将通过汇聚整合全国各级数字图书馆文献资源，促进全国各级公共图书馆的资源共享推广与合作共建，在全国范围内形成有效的数字资源保障体系。各级公共图书馆要充分利用这个时机，通过“全国文化信息资源共享工程”和“数字图书馆推广工程”这两大平台，实现地方特色资源的共享。此外，还可以通过其他途径来实现特色资源共享，如通过互联网发布地方特色资源和各级公共图书馆主页上的相互链接等方式来实现特色资源的共享。

由于特色资源的范围非常广泛，任何单个地方图书馆都不可能把本地区的地方特色资源收集齐全，而要充分满足读者的信息需求，唯一的出路就是走信息资源共建共享的发展道路，这一点人们已达成共识。要使公共图书馆特色资源的建设具有系统性和连续性，同一区域的馆际之间必须加强合作，联合建设，实现资源共享。例如，陕西省图书馆正在筹建的“陕甘宁边区红色记忆多媒体资源库”，共包含 7 个子库。从数据库的名称就可以看出，有关红色记忆的资源涉及陕西、甘肃和宁夏三个省级行政地区。要想对红色记忆的文献资源进行系统完整的收集，仅凭陕西省图书馆的力量是达不到的，这就需要三个省（自治区）的公共图书馆通力协作、联合建设方可完成。至此，陕西省图书馆已经与甘肃省图书馆和宁夏图书馆联手，共同对有关红色记忆的资源进行收集，联合建库，以达到资源共建共享的目的。又比如云南省图书馆在建设地方文献数据库时，如果仅依靠本馆资源，数据库内容的完整性就会受到影响。云南省图书馆可以采取与国家图书馆和其他省级图书馆合作的方式，吸纳不同馆的资源，充实本馆资源，还可以与地、州、市乃至县级公共图书馆合作的方式，共同建设分布式地方文献数据库，做到共建共享。

## 3.4 国内公共数字图书馆特色资源建设案例

### 3.4.1 中国国家图书馆特色资源库

中国国家图书馆的特色资源包括印刷型特色资源和特色资源数据库两种类型。其中，特色资源数据库共 22 个，包括：厦门特色资源库、浙江特色资源库、数字善本、前尘旧影、宋人文集、敦煌遗珍数字化资源库、馆藏博士论文与博士后研究报告数字化资源库、馆藏地方志数字化资源库、馆藏甲骨实物与拓片数字化资源库、民国中文期刊数字资源库、民国图书数字化资源库、民国法律数字化资源库、馆藏年画数字化资源库、馆藏石刻拓片数字化资源库、馆藏西夏文献与西夏论著数字化资源库、中华古籍善本国际联合书目系统、东京大学东洋文化研究所汉籍全文影像数据库、哈佛大学哈佛燕京图书馆善本特藏资源、海外中国学导航、文津讲坛在线讲座视频库、音视频数字化资源库、馆藏中文图书数字化资源库。

#### 3.4.1.1 厦门特色资源库

中国国家图书馆整合厦门图书馆特色馆藏的“厦门记忆”，包括“图说厦门”“厦门人物”“闽南戏曲系列”等十个数据库。“图说厦门”收录了如大小八景、中山公园、市街、闽南特色建筑以及摩崖石刻等有关厦门历史痕迹的照片，内容涉及政治、经济、城市建设、文化教育、民风民俗等方面。“厦门人物”收录了汉代（公元前88年）以来厦门辖区内各行各业的杰出人物，从学术研究的角度对厦门人物进行全面客观的反映。“闽南戏曲”收录了歌仔戏、高甲戏、南音等闽南特色的地方戏曲、视频、音频资料，可与厦门图书馆网站上的《视频点播》进行链接。

“厦门特色资源库”为互联网公开访问资源。该数据库的检索字段包括：题名、责任者、关键词、正文。可在“厦门风光”“厦门建筑”“厦门民俗”“厦门戏曲”“文物古迹”“厦门记忆——厦门人物”“闽南戏曲——布袋戏”“闽南戏曲——高甲戏”“闽南戏曲——歌仔戏”“闽南戏曲——南音”这10个数据库中选择检索的数据库，可以选择一个或者多个数据库进行检索。

3.4.1.2　浙江特色资源库

中国国家图书馆整合浙江图书馆的“特色馆藏”和“浙江记忆”资源库。包括“风景浙江”“浙江藏书史”“越剧资料库”“家谱总目提要”“名山古寺”“民国期刊和中国名人图像库（上、下）”数据库。记录总数达31000多条。

“浙江特色资源库”为互联网公开访问资源。该数据库的检索字段包括：题名、责任者、关键词、正文。可在“风景浙江”“家谱总目提要”“名山古寺”“越剧资料库”“浙江藏书史”“民国期刊”“中国名人图像库（上）”“中国名人图像库（下）”这8个数据库中选择检索的数据库，可以选择一个或者多个数据库进行检索。

3.4.1.3 数字善本

“数字善本”数据库是列入“中华古籍保护计划”的“中华古籍数字资源库”项目的重要成果，将陆续发布全国古籍影像。首批发布国家图书馆所藏善本古籍影像，本着边建设边服务的原则，将在四年内陆续提供服务。中国国家图书馆的古籍善本直接继承了南宋缉熙殿、元翰林国史院、明文渊阁、清内阁大库等皇家珍藏，更广泛地继承了明清以来许多私人藏书家的毕生所聚。宋元旧椠、明清精刻琳琅满目；名刊名抄、名家校跋异彩纷呈；古代戏曲小说、方志家谱丰富而有特色。“数字善本”数据库的建设，以保护古籍、传承文明为宗旨，使珍本秘笈为广大读者和研究者所利用，让中国传统文化精粹得到共享。

“数字善本”为互联网公开访问资源。提供简单检索、高级检索和条件限定检索，检索字段包括：题名、责任者、善本书号。

3.4.1.4 前尘旧影

“前尘旧影”资源库收录了国家图书馆收藏的新旧照片 7000 余种共 10 万余张，这些照片真实生动地记录了过去的社会事件、历史人物、城乡面貌、名胜古迹和建筑服饰等，人们可从中解读出不同历史时期特定事物的形象特征和真实信息，具有十分重要的历史价值。

“前尘旧影”为互联网公开访问资源。提供简单检索、模糊检索和条件限定检索，检索字段包括：题名、拍摄时间、拍摄者、主题词、索取号。

3.4.1.5 宋人文集

宋代是中国封建社会历史上政治、经济、思想、文化高度发达的时代，也是一个人才辈出、群星璀璨的时代。宋人撰著的文集内容丰富，包罗万象，是研究宋代社会各方面不可或缺的第一手资料。宋代宽松的文化政策和先进的雕版印刷术，使宋人著述得以及时和广泛地传播。据《宋史·艺文志》及其他目录资料记载，宋人文集约有一千余种，流传至今尚有七百余种。

中国国家图书馆精选所藏宋人文集善本二百七十五部，首选宋元刊本，次及明清精抄精刻，或经名家校勘题跋之本，通过缩微胶卷还原数字影像，并辅以详细书目建成全文影像数据库。“宋人文集”为互联网公开访问资源，免费呈献公众使用。提供简单检索、模糊检索和组合检索，检索字段包括：题名、责任者、版本类型、版本年代、四部分类、索取号。

3.4.1.6 敦煌遗珍数字化资源库

“敦煌遗珍数字化资源库”包括10万多件来自敦煌和“丝绸之路”上的写本、绘画、纺织品及器物的信息和图片。收集品来自英国、中国、日本、韩国、法国、德国、俄国等国家，既可以按国家浏览收集品，也可以通过检索框检索收集品。“敦煌遗珍数字化资源库”为互联网公开访问资源。

3.4.1.7 馆藏博士论文与博士后研究报告数字化资源库

20多年来，中国国家图书馆收藏境内博士论文达20多万种，此外，还收藏部分院校的硕士学位论文、台湾博士学位论文和部分海外华人华侨学位论文。“馆藏博士论

文与博士后研究报告数字化资源库”是以国家图书馆20多年来收藏博士论文近12万种为基础建设的学位论文全文影像数据。

“馆藏博士论文与博士后研究报告数字化资源库”为互联网公开访问资源。目前，博士论文全文影像资源库以书目数据、篇名数据、数字对象为内容，提供简单检索、高级检索、二次检索、关联检索和条件限定检索，检索字段包括：题名、作者、导师、学科类别。中国国家图书馆博士论文资源库现提供近19万种博士论文的展示浏览。

#### 3.4.1.8 馆藏地方志数字化资源库

地方志文献为我国所特有，也是中国国家图书馆独具特色的馆藏之一，所存文献的数量与品质极高。中国国家图书馆采用数字图书馆方式，整理、加工编纂清代（含清代）以前的地方志资源，建成了“馆藏地方志数字化资源库”。

“馆藏地方志数字化资源库”为互联网公开访问资源。该资源库具有简单检索、高级检索、二次检索、关联检索和全文影像浏览功能，检索字段包括：题名、责任者、出版者、年代、地点、馆藏号、目录。

#### 3.4.1.9 馆藏甲骨实物与拓片数字化资源库

甲骨文被誉为20世纪四大文献发现之一，其集文献性、文物性、收藏性于一体，是研究我国商朝晚期不可多得的珍贵史料，中国国家图书馆珍藏甲骨35651片，多是名家捐赠和从市肆收购而来的，约占出土总数的1/4，是我国乃至世界上收藏甲骨数量最多的单位之一。中国国家图书馆在甲骨自然保存状况最佳时期用先进的影像数据库方法整理出来，建成了“馆藏甲骨实物与拓片数字化资源库”，使学者能够随时随地通过互联网所提供的书目数据库和影像数据库，像阅读一般书籍一样对清晰的高质量的彩色图像进行学术研究。

“馆藏甲骨实物与拓片数字化资源库”为互联网公开访问资源。该库提供简单检索、高级检索、二次检索、关联检索，检索字段包括：通用编号、贞人名字、背面痕迹、综合信息、内容主题、参考信息、释文、馆藏编号、旧藏编号。

3.4.1.10　民国中文期刊数字资源库

民国中文期刊是中国国家图书馆保存的民国时期文献之一。近年来，中国国家图书馆在早已完成馆藏民国期刊的缩微胶片制作的基础上，又开展缩微胶片的数字扫描工作，建成了以馆藏民国期刊的缩微胶片数字化资料为基础建设的数据库，即“民国中文期刊数字资源库”。

“民国中文期刊数字资源库”为互联网公开访问资源。该数据库以书目数据、篇名数据、数字对象为内容，提供简单检索、高级检索、二次检索、关联检索和条件限定检索。现提供 4350 种期刊电子影像的全文浏览。资源库以民国图书出版时间排序，提供单一字段的简单检索和多条件限定组合的高级检索，检索字段包括：题名、责任者、出版者、出版地、出版时间、目录。

3.4.1.11　民国图书数字化资源库

民国时期是中国历史上从古代社会向现代社会转变的一个特殊历史时期，与当前的现实有着最为密切的关联，其间所产生的各类文献反映了民国时期的政治、军事、外

交、经济教育、思想文化、宗教等各方面的内容，不少图书表达了不同的观点乃至互相对立的立场，客观地反映了这一时期历史的真实面目，具有很高的研究利用价值。中国国家图书馆民国图书资源库首批推出民国图书 8172 种，全文影像 8884 册，读者可通过互联网进行浏览和研究。

“民国图书数字化资源库”为互联网公开访问资源。该资源库以民国图书出版时间排序，提供单一字段的简单检索和多条件限定组合的高级检索，检索字段包括：题名、责任者、出版者、出版时间、主题词、目录、全文。

3.4.1.12　民国法律数字化资源库

民国时期是从清政府结束统治后到中华人民共和国成立之间的一个历史断代，从 1911 年 10 月辛亥革命后成立的湖北军政府时起至 1949 年 10 月中华人民共和国成立，前后历时 38 年。其间曾先后出现过多个性质迥异、对峙并存的政权：有以孙中山领导创建的中华民国临时政府（南京）、中华民国军政府（广州）、中华民国陆海军大元帅府大本营（广州）和中华民国政府（广州和武汉）；有北洋军阀统治的中华民国政府（北京）；有国民党统治的南京政府；有日本帝国主义侵华期间扶持建立的“伪满洲国”、“华北政务委员会”和汪精卫的“国民政府”等伪政权；有中国共产党领导建立的中华苏维埃工农民主政府和各革命根据地。上述政府在其存在期间制定颁布了大量法律、法规和其他规范性文件。这些法律文献从不同角度反映了当时的政治、经济、军事、外交、文化等诸多方面的历史原貌，其中不乏许多珍贵的历史文献，为研究中国近代史、中华民国史、中国革命史和中国法制史的重要文献源。中国国家图书馆将这些法律加工整理，建成“民国法律数字化资源库”。

“民国法律数字化资源库”为互联网公开访问资源。该资源库已发布民国法律文献 8117 种，该资源库提供简单检索、高级检索和 PDF 在线浏览功能，检索字段包括：篇名、文献出处、主题词、公布单位、关键词、全文。

#### 3.4.1.13　馆藏年画数字化资源库

传统年画是深受我国人民喜爱的绘画样式，多以木刻彩色套印加彩绘而成，其画面线条清晰，色彩鲜明；其内容常以吉祥、喜庆的美好事物或民间传说典故为主题，反映了人民美好的愿望和丰富的生活情趣。天津杨柳青、苏州桃花坞、山东潍坊杨家埠和四川绵竹，是我国著名的四大木刻年画产地。中国国家图书馆收藏了杨柳青、朱仙镇等地制作的 4000 余幅年画作品，这些作品对风景人物、故事戏曲、花鸟虫鱼、装饰图案等都有所涉及，其中以神像居多。中国国家图书馆推出了用一部分精选的年画影像资源制作的“馆藏年画数字化资源库”，并为每种年画编写了内容说明，重点介绍了该年画的故事梗概、历史背景、制作特色和相关知识。

“馆藏年画数字化资源库”为互联网公开访问资源。2007 年数据库更新元数据 121 条，影像 148 张。该数据库提供简单检索、高级检索、二次检索、关联检索，检索字段包括：题名、责任者、出版者、制作时间、分类号、索书号。

#### 3.4.1.14　馆藏石刻拓片数字化资源库

拓片是记录中华民族文献的重要载体之一。“馆藏石刻拓片数字化资源库”是以中国国家图书馆藏有的历代甲骨、青铜器、石刻等类拓片23万余件为基础建设的数据库，内容涉及历史、地理、政治、经济、军事、民族、民俗、文学、艺术、科技、建筑等方面，现有元数据23000余条，图片29000余幅。

“馆藏石刻拓片数字化资源库”为互联网公开访问资源。该资源库内容以刻立石年月排序，提供单一字段的简单检索、多条件限定组合的高级检索和元数据内容关联检索等查询方式，检索字段包括：拓片题名、责任者、年代、地点、关键词、索书号。

3.4.1.15 馆藏西夏文献与西夏论著数字化资源库

中国国家图书馆馆藏西夏文献大多为西夏、元代孤本，距今有七八百年的历史，与宋、元时期的善本属于同一时代。馆藏西夏文献的纸张、封面和题签的绢绸，分别是研究古代西夏、元代纸张、丝绸质料、制作的珍贵实物资料。“馆藏西夏文献与西夏论著数字化资源库”是以中国国家图书馆保存的西夏、元代孤本及各种西夏的珍贵实物资料为基础建设的数据库。包括西夏古籍书目数据124条，西夏古籍原件影像近5000部，西夏研究论文篇名数据1200余条。

“馆藏西夏文献与西夏论著数字化资源库”为互联网公开访问资源。该资源库提供简单检索、高级检索、关联检索，检索字段包括：篇名、主题词、责任者、出版时间、ISSN号、刊名。

3.4.1.16 中华古籍善本国际联合书目系统

中华古籍善本国际联合书目系统是由中文善本书国

际联合目录项目发展而来的新数据库。中文善本书国际联合目录项目由美国研究图书馆组织（Research Libraries Group，RLG）建立。中文善本书国际联合目录数据库著录了北美图书馆几乎全部的藏书以及中国图书馆的部分藏书，数据达到 20000 多条。2006 年，美国研究图书馆组织宣布与联机计算机图书馆中心（Online Computer Library Center，OCLC）合并，并将全部数据转入 OCLC 的 WorldCat 数据库。近几年来，中文善本书国际联合目录项目已将其著录中约 75% 的首页书影进行了数字化扫描，并与数据库中的对应著录链接。

项目初始阶段，因缺乏著录中国古籍的经验，RLG 曾邀请了北京大学图书馆和中国科学院图书馆共同进行为期六个月的项目试验。其后，天津图书馆、辽宁省图书馆、湖北省图书馆、复旦大学图书馆及中国人民大学图书馆也参加了中文善本书国际联合目录项目。鉴于中国同仁们对项目所做的贡献，同时也为方便中国学者使用数据库，中文善本书国际联合目录项目建议将其项目中心由美国普林斯顿转移至中国国家图书馆，2009 年 9 月至本书完稿时，新数据库“中华古籍善本国际联合书目系统”已初步建成，它在内容方面将尽可能地借鉴原数据库，但是在形式上会更贴近中国的学术传统和需求。通过该数据库可以了解中文古籍善本的存藏状况，尤其是海外的收藏情况。

“中华古籍善本国际联合书目系统”为互联网公开访问资源，对所有用户免费开放。所有用户均可检索、浏览、打印、下载该系统书目数据及书影。系统支持简体中文、繁体中文、汉语拼音检索，设置了题名、人名、机构名称、版本类型、出版地、版本年代、装帧形式、钤印文字、四部分类、典藏号、收藏单位 11 个检索字段。检索结果列表页面分页显示所有检中记录的简要信息，每条记录包括正题名、责任者和图标。

3.4.1.17　东京大学东洋文化研究所汉籍全文影像数据库

东京大学东洋文化研究所创办于 1941 年，时为“东京帝国大学”的附属研究所，创办至今已近七十五年。在此期间，研究所陆续积累了不少中国古籍。其中包括东方文化学院东京研究所的旧藏及大木幹一、长泽规矩也、仓石武四郎等人各具特色的个人收藏。这些藏书绝大部分都是在 20 世纪二三十年代在中国购买的。

20 世纪九十年代，东京大学东洋文化研究所开始建立古籍目录数据库，从 2002 年开始建立古籍全文影像数据库，在互联网上免费提供开放性服务。在保护古籍的同时，也着力保证研究者的使用需要。由于研究所的人力、资金都十分薄弱，无论在质量上还是数量上，目前的成果非常有限，如因技术条件限制造成图像质量不是很高，大木文库、仓石文库中的清代珍本尚待复制等。因此研究所一直希望能够与各地图书馆共同努力，形成联合性的全文图像数据库。

在日本东京大学东洋文化研究所丘山新教授和北京大学历史系桥本秀美教授的积极推动下，2009 年 11 月，在中国国家图书馆詹福瑞馆长访日期间，双方签署合作意向书。东洋文化研究所将所藏 4000 余种中文古籍以数字化方式无偿提供给中国国家图书馆，在国内网站上面向读者提供服务。

“汉籍全文影像数据库”为互联网公开访问资源，仅供学术研究参考之用，有利于促进海内外中文古籍文献的整理与编目、研究与利用。该资源库提供简单检索、组合检索，检索字段包括：题名、责任者、出版项、索书号、内容分类、附注。

3.4.1.18　哈佛大学哈佛燕京图书馆善本特藏资源

哈佛大学哈佛燕京图书馆藏中文善本古籍特藏，以其质量之高、数量之大著称于世。为了方便海内外学人便捷地利用这些资料进行研究，同时以数字化形式保存这些中华古籍精品，中国国家图书馆与美国哈佛大学图书馆协议共同开发这批资源，将在六年时间内，完成中文善本古籍 4210 种 51889 卷的数字化拍照。

“哈佛大学哈佛燕京图书馆善本特藏资源”为互联网公开访问资源。该系统可按照书名、著者、出版信息、分类等多维度进行检索和分类浏览，检索字段包括：题名、责任者、出版者、出版年代、出版地、附注。书目信息为中英文对照，更方便海外读者使用，同时提供全部书影的阅览，以便于用户的全面阅读和深入研究。

3.4.1.19　海外中国学导航

“国外中国学家数据库”本着尽可能地为读者提供专业化数字信息资源的初衷，在参照、借鉴大量相关研究文献的基础上，专注于对国外中国学家及其文献的介绍，其中包括国外中国学家研究领域、学术研究简介、大事年表、主要学术成果等部分，一期数据涵盖了美国、法国、

英国、德国、比利时、西班牙、意大利、瑞典、荷兰、捷克、斯洛伐克、波兰、以色列、日本、韩国、俄罗斯等国家不同时期的中国学家。

“国外中国学家数据库”在Internet海量的中国学研究站点中，通过比较、筛选，最终遴选出英、日、俄、法、西、中等不同文种、不同国家的310个中国学网站，并将其分属于学术研究机构、社会团体、社会组织、哲学、宗教、经济、历史、地理、社会、文化、资源等类目中。“海外中国学导航”从网站名称、语言、分类、创办人、机构简介、网站内容简介、栏目设置、特色资源等方面对所选网站进行了较为详尽的介绍，意在对海外中国学感兴趣的人士提供导航和桥梁。截至2015年5月，数据库包括中国学网站元数据308条，图片308幅。

“海外中国学导航”为互联网公开访问资源。该数据库提供简单检索、高级检索、二次检索、关联检索，检索字段包括：中文名称、网站名称、分类网址、内容简介、栏目设置、特色资源。

3.4.1.20　文津讲坛在线讲座视频库

国图讲座是国家图书馆面向社会，面向大众推出的双休日学术文化系列讲座。早在20世纪50年代，在文津街七号，一流学者的公益性学术讲座，启迪众多年轻学子，使他们走上学术研究道路。今天，身处全球信息化时代，中华民族古老文明作为现代文明的源头越来越受到重视，也吸引了更多的人从中寻找现代文明发展的动力。以国图宏富的馆藏为基础，加上学术界的广泛支持，主讲人或为德高望重、岳峙渊清的学界前辈，或为风华正茂、学术精到的学术中坚，国内外著名专家学者莅馆开讲，深入浅出地讲授他们毕生研究的菁华。中国国家图书馆将专家学者的讲座资料建成“文津讲坛在线讲座视频库”，供读者查阅。讲座内容涉及文学、历史、哲学、艺术、建筑等各领域，视频记录近400条。

“文津讲坛在线讲座视频库”为互联网公开访问资源。该数据库提供简单检索及浏览功能，检索字段包括：讲座名称、主讲人、讲座地点、讲座时间、讲座类别、主讲人简介、关键词、组织单位、讲座摘要。

3.4.1.21　音视频数字化资源库

音视频资源是国家图书馆馆藏中的重要组成部分。自1987年以来音视频资源收藏已达165000余种，其中音频资料57000余种，视频资料108000余种。载体形式包括录音带、CD、MP3等音频资料及录像带、LD、VCD、DVD等视频资料，目前音视频资料每年还以7000至8000种的入藏速度不断丰富着馆藏。这些音视频资源内容涵盖政治、经济、文化、教育、工业、农业、医学等各个学科领域，内有很多优秀的国内外影视资料及音乐资料为收藏珍品，可为来自不同领域的读者提供不同的音视频服务。为保存这些珍贵资料，国家图书馆已开展多年音视频资源的数字化工作，截至2007年底，已完成数字化音频资源515889首，数字化视频资源53305小时，内容涵盖政治经济文化等各个学科领域。

“音视频数字化资源库”为局域网访问资源、本地光盘访问资源。该数据库提供简单检索、高级检索、二次检索、关联检索，检索字段包括：题名、著者、出版卷、主

题词。观赏音视频资料的读者可在中国国家图书馆书目检索系统检索后到阅览室进行观赏，也可直接通过局域网VOD系统点播节目，选择自己所喜爱的电影、音乐及其他音视频资料进行观赏。

3.4.1.22　馆藏中文图书数字化资源库

“馆藏中文图书数字化资源库”是中国国家图书馆依托其馆藏的中文图书，经加工、整理建成的数据库。该库包含图书170000余种，涉及各个学科。

“馆藏中文图书数字化资源”为互联网公开访问资源。该数据库提供简单检索、高级检索、二次检索、关联检索及浏览功能，可以在线阅读，检索字段包括：题名、作者、出版社、出版时间。

## 3.4.2 首都图书馆特色资源库

首都图书馆建有8个特色资源数据库，包括：北京记忆、古籍插图库、中国共产党北京党史资源库、北京地方文献报刊索引数据库、明清北京城垣资源库、视听资料子目数据库、奥林匹克运动会与艺术多媒体资源库、中国人民解放军将帅多媒体资源库。

3.4.2.1　北京记忆

“北京记忆”是首都图书馆推出的历史文化网站。该网站是一个提供北京建城3000年、建都800年以来独特历史文化发展轨迹的资源站点。内容包括“北京文汇”“旧京图典”“燕都金石”“京城舆图”“昨日报章”“京华舞台”“专题荟萃”“乡土课堂”等板块，以数字文献的形式提供北京经典文献的全文资源、北京历史照片资源、北京地方艺术多媒体资源，以及舆图、金石拓片和艺术档案等地方文献资源。“北京文汇”板块收录地方文献 1200 余种；“旧京图典”板块包括反映老北京方方面面的珍贵老照片数百幅；“燕都金石”板块包括拓片种类 1400 多种；“京城舆图”板块收录了首都图书馆专藏的单幅或图集形式的地图集馆藏古籍文献，特别是地方志中以插图形式存在的地图等；“昨日报章”板块提供 20 世纪前半叶发表在报刊上的数万条北京信息全文；“京华舞台”板块包括戏剧、曲艺、舞蹈和音乐等类别的内容；“专题荟萃”板块包括“春节专题”“北京城市生活百年回顾”“往日京华”等专题，各专题采用图文结合的方式展示内容；“乡土课堂”板块以图文并茂的形式向公众发布北京历史文化的科普性内容，包括北京的自然与人环境、历史、语言风俗、艺术等方面。“北京文汇”“旧京图典”“燕都金石”“京城舆图”“京华舞芒”乡土课堂”等板块提供检索或浏览功能，“昨日报章”“专题荟萃”等板块只提供浏览功能。

3.4.2.2 古籍插图库

“古籍插图库”是古籍插图图像数据库，包含古籍插图数据 10000 条。这些插图是从首都图书馆馆藏古籍文献中拣选制作的。每条数据包括插图全文影像和内容标引。插图内容包括人物、小说、戏曲、军事、宗教（佛教、道教）、动物、植物、风景、建筑、历史故事等几大类。读者可以通过插图题名、绘图者、刻印者、图像内容类别（前述各类）、图中人物、地点、成图方式（木板画、石印、影印）、绘制年代、插图选取文献题名等多种途径使用关键词进行检索，也可以分类浏览，选图赏鉴。

3.4.2.3　中国共产党北京党史资源库

“中国共产党北京党史资源库”一期为1919年至1949年部分，共319张，其中收录中国共产党在北京不同历史时期的党史资料，内容包括主要代表人物、重要历史事件及革命遗址、遗迹等，自1919年“五四”运动起至1949年中华人民共和国成立，跨度30年。其中包含大量鲜为人知的图片及珍贵照片，每幅照片均附有详细的说明注释文字。读者可以通过题名、分类号、著者、团体著者、个人主题、团体主题、地名主题、普通主题、年代范围主题、检索词、图片颜色、照片拍摄日期等多种途径进行检索。

3.4.2.4　北京地方文献报刊索引数据库

“北京地方文献报刊索引数据库”是首都图书馆组织开发建设，并经多年积累完成的一个关于北京地方信息的报刊题录数据库。收录了20世纪初至今百年来，各类报刊中所刊载的北京信息近40万条数据。内容包括历史、地理、人物、社会生活、政治、经济、文化教育。文学艺术等诸多方面的信息，涉及报刊品种约2800种。读者可以通过题名、年代范围主题、非控主题、个人主题、团体主题、地名主题、分类号、第二分类号、著者、译者、团体著者等多种途径进行检索。

3.4.2.5　明清北京城垣资源库

“明清北京城垣资源库”由图片及文字两部分组成。图片部分共收录358幅，内容反映明清两代内、外城及皇城的城垣建筑，包括城楼、箭楼、城门、城墙、瓮城、护城河以及附属设施等。文字部分共引自 59 种文献的 202 条文字段落，包括明清时期的北京地方文献经典著作及近代研究成果的相关论述。读者可以通过题名、分类号、著者、团体著者、地名主题、普通主题、年代范围主题、检索词、图片颜色、照片拍摄日期等多种途径进行检索。

3.4.2.6 视听资料子目数据库

“视听资料子目数据库”的数据近 30000 条，内容包括约 1800 盘 CD 激光唱片的全部曲目，内容主要涉及歌曲和音乐两大门类。歌曲类的主要包括：流行歌曲、艺术歌曲、儿童歌曲、戏曲选段、电视歌曲、歌剧、舞剧、男声、女声、独唱、合唱等；音乐类的主要包括：轻音乐、电影音乐、电视音乐、管弦乐、小夜曲、交谊舞曲、芭蕾舞选曲、歌（舞）剧选曲、打击乐曲、江南丝竹、广东音乐、电子音响合成器乐曲等。演奏乐器包括钢琴、萨克管、笛子、小号、小提琴、二胡、古筝、箫、鼓、琵琶等多种类型。读者可以通过曲名、演唱者 / 演奏者、主题词等多种途径使用关键词进行检索。

3.4.2.7 奥林匹克运动会与艺术多媒体资源库

“奥林匹克运动会与艺术多媒体资源库”是自申奥成功后，首都图书馆开发和建设的“都市文献多媒体数据库”的子库，其内容包括历届奥运吉祥物、奥运火炬、开闭幕式演出、奥运宣传画、邮票、纪念币和各种纪念品，以及以奥运为题材的商品广告和赞助商广告等。文献主要来自该馆外文馆藏和网络资源。目前，已制作完成约 600 条。读者可以通过题名、城市名称、奥运会届次、举办时间、艺术品名称、艺术品位置、地名主题，普通主题、年代范围主题、检索词、著者、团体著者等多种途径使用关键词进行检索。

3.4.2.8　中国人民解放军将帅多媒体资源库

1955 年 9 月 27 日，即中华人民共和国成立 6 周年国庆前夕，中国人民解放军首次授衔在北京中南海隆重举行。共 10 名元帅，10 名大将，55 名上将、175 名中将，802 名少将。这是中国共产党领导下的人民军队自 1927 年诞生以来首次实行军衔制。“中国人民解放军将帅多媒体资源库”提供了大量详尽的图片、文字和多媒体资料。读者可以通过题名、原名或别名、字号、性别、民族、军衔、军兵种、籍贯、出生日期、逝世日期、首次授衔时间等多种途径使用关键词进行检索。

## 3.4.3 浙江图书馆特色资源库

浙江图书馆主要有 16 个自建特色资源数据库，包括：风景浙江、民国期刊、外国名人图像数据库、越剧资料库、浙江图书馆馆藏建国后县报（1949—1972）、浙江图书馆家谱全文数据库、浙江图书馆馆藏拓片数据库、浙江新农村文化建设、浙江藏书史、浙江海洋经济数据库、浙江家谱总目提要、浙江省新编地方志全文版、中国历代人物印鉴数据库、中国历代人物图像数据库、中国名人图像数据库、中国寺庙祠观造像数据库。

3.4.3.1　风景浙江

江南自古佳丽地，吴越山水镜中看。浙江是举世闻名的旅游胜地，自然风光得天独厚，人文景观异彩纷呈。浙江图书馆从 2002 年起就着手收集、整理浙江旅游方面的资料，收集的资料不仅仅限于各旅游景点的介绍，更有众多和浙江山水紧密依存的人文地理信息。“风景浙江”数据库的内容几乎囊括了浙江每个市县（区）的旅游景点、当地最有特色的民风民俗、名优特产及不胜枚举的名人名家。

3.4.3.2　民国期刊

民国时期是中国社会发展过程中一个重要的历史时期，历史的长河流到这里变得波涛汹涌，跌宕起伏，中国社会在这个时期发生了急遽变化。作为当时历史的真实记录和特殊社会转型期思想文化的主要载体，民国期刊的研究价值不言而喻。

为更好地保存这些珍贵的历史资料，同时也为研究民国时期的浙江社会经济文化提供更便捷的方式，浙江图书馆将收藏的部分民国期刊进行数字化加工，建成“民国期刊数据库”，内容涉及哲学、政治、经济、军事、法律、文学、历史、教育等大类，共 206 种期刊，出版时间从 20 世纪初直至 20 世纪四十年代，跨度达四十多年。该数据库为馆内访问资源。

3.4.3.3　外国名人图像数据库

“外国名人图像数据库”建于 2003 年 4 月，收录揭示遍及亚洲、欧洲、北美洲、南美州、非洲、大洋州的外国名人图像资料，已收录名人 1500 余位，图像 39000 余幅，人均 20 余幅，正在逐日扩展之中。数据库包括名人中文译名、英文姓名、生卒年代、生平事迹（含身份职业）、所属大洲、国籍、备注简介等款目，并同时设置为检索

点，查检便捷。数据库力求全景式反映各类名人风貌，例如已经或正在荟集马列主义的主要创建人、诺贝尔奖所有得主、美国列届总统、英国全部国王及女王、第一次和第二次世界大战重要人物等的图像。此外，对每位名人的有关图像资料亦进行多方位搜集，例如，科学家的发明实物图示，思想家、学者、作家著作的书影、封面和插图，画家、雕塑家、建筑师的主要作品，歌唱家、戏剧表演家、电影明星的演出剧照，将军指挥作战场面，等等。数据库提供了学习世界历史，了解人类智慧的平台。

3.4.3.4　越剧资料库

越剧，是江南第一大剧种，也是中国流传分布范围最广的地方戏曲剧种之一，十九世纪末诞生在山清水秀的浙江嵊县。经过几代人的吸纳、传承和创新，越剧艺术的长河得以延绵不断，并且流向全国和世界。

浙江图书馆根据现有馆藏，精心收集、整理了“越剧”资料库，内容涵盖越剧发展史、越剧剧目、流派唱腔、越剧表演、越剧演员、越剧舞美等，并有部分视频、音频、图片，以通过此库，对越剧做一次比较全面、系统的解读。该数据库为馆内访问资源。

3.4.3.5　浙江图书馆馆藏在中华人民共和国成立后县报（1949—1972）

浙江图书馆馆藏在中华人民共和国成立后县报全文版，报纸数量为 148 种，80000 份，包括 1949 至 1972 年间浙江省内出版的县级报纸。该数据库为馆内访问资源。

3.4.3.6　浙江图书馆家谱全文数据库

“浙江图书馆家谱全文数据库”项目的建设目标是以

创新开拓的思路，从保存、利用和应用的角度考虑定位，既要保存资料，注重学术性，为读者查阅和学者研究提供方便，也强调实用性，适合广大普通用户的实际需求，方便用户查询和续修家谱。

该数据库提供多项检索、阅读手段，力图展现谱籍特点，方便地实现谱籍的在线应用。主要功能有：

（1）检索功能：实现人名查询、谱籍书目检索、站内数据全文检索，用户既可在首页通过快捷检索方式，查询需要的内容，也可进入高级检索，精确查询研究内容。提供关联字检索设置，方便海内外人士输入、检索简繁体字信息，同时提高信息的查全率。

（2）阅读功能：用户可通过书目检索导航，通过姓氏或地域分类查找书目，分项显示书目基本信息。谱籍阅读采用图（原书扫描图像）/ 文（谱籍内容数字化全文）对照方式，世系图表通过深度编辑还原为完整、直观的谱系结构树，同时提供了一系列辅助阅读工具。

（3）家谱制作：提供用户建谱、续谱功能。通过互联网，依托浙图丰富的家谱信息资源，完成用户延续血脉亲情的愿望。

（4）辅助工具：提供多项用户阅读研究的辅助工具，目前有古今纪年换算、干支纪年查询等功能，对研读家谱很有帮助。

3.4.3.7　浙江图书馆馆藏拓片数据库

浙江图书馆收藏拓片历史悠久，内容丰富，馆藏达三万多件，珍藏有如宋刻苏东坡的《表忠观碑》，有岳庙、西泠印社、钱王祠等石刻拓片。以传统纸张为载体的保存

方式，不方便研究者和读者查询使用，也不利于拓片文献的保存。为了更好地保存和利用馆藏拓片文献，向读者展示丰富的拓片收藏，浙江图书馆于2011年启动拓片数据库建设项目，对馆藏拓片进行了系统、深度的数字化加工，经过两年多时间的努力，拓片数据库（第一期）已完成数字化加工的数据存储量达到了2.5TB，可供查阅的拓片记录共2006条，142362（幅）页，形成了展示多样、利用便捷的拓片数据库。该数据库为馆内访问资源。

3.4.3.8　浙江新农村文化建设

自党的十七大明确提出加强社会主义文化建设以来，文化产业已上升到国家战略的层面，各级地方政府，纷纷出台相关文化建设措施，掀起了一股文化建设的热潮。在这股热潮中，农村文化成为建设的重点。“浙江新农村建设”数据库从民间文化发展、浙江戏曲、“非遗”保护、文物保护、文化建设五个方面反映了浙江省新农村文化建设的最新成果。

3.4.3.9　浙江藏书史

自宋以来，浙江就被誉为文物之邦。浙江文化的质量和大量文献典籍的积淀息息相关，一代又一代的藏书家和遍布全省城乡的藏书机构通过文献的储藏、传承及雕印出版增加了浙江的文化底蕴，而对文献的保存、利用及传播又促进了浙江经济与社会的健康发展。

“浙江藏书史”可以在线阅读和关键字检索，共有四章。有浙江藏书史概述：私家藏书、官府藏书、寺观藏书、书院藏书；浙江藏书发展的特点；浙江历代藏书家名录：杭州、宁波、温州、嘉兴、湖州、绍兴、金华、衢州、台州、丽水；现存藏书楼简介，等等。

3.4.3.10　浙江海洋经济数据库

浙江海洋资源具有组合优势。调查表明，浙江拥有6696公里海岸线，全国最长，其中规划可建万吨以上泊位的深水岸线506公里，占全国30 .7%，大多数集中在宁波—舟山港域，是我国建设世界级深水港群的最佳选址。此外，浙江面积500平方米以上的海岛有2878个，约占全国的40%，在东海海域星罗棋布，是维护国家海洋权益和实施生态系统保护的重要载体。此外，浙江还有近400万亩滩涂资源，约占全国的13%。这些滩涂资源目前与浙江沿海城市及产业园区紧密相连，形成了较好的组合条件，是沿海经济带建设的新空间。同时浙江海域岛屿还蕴藏着丰富的海洋新能源，海岛风能、潮汐能、波浪能等蕴藏量均居全国前列，浙江有条件成为海洋清洁新能源大省。

浙江图书馆精心收集、整理了“浙江海洋经济数据库”，内容涵盖国内外海洋新闻、海洋法律法规、海洋资源、发展规划、各地海洋开发成功案例等，通过此库，读者能够方便快捷地查阅海洋经济相关信息。

3.4.3.11　浙江家谱总目提要

浙江图书馆组织了数十名专家学者，调动了省内藏有家谱的102家市县图书馆、博物馆和私家藏有家谱者，历时4年，编纂了《浙江家谱总目提要》一书，并同步推出该书的数据库版本。该数据库版本收录浙江家谱13287种，其中浙江省12775种，外省512种，总目提要本省6094种，外省512种，存目本省6681种。提供全文、题

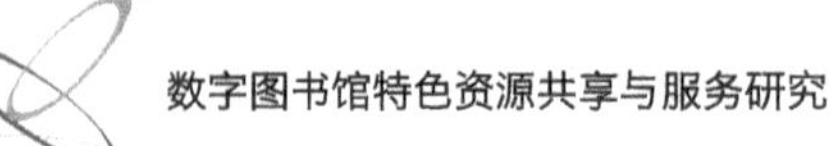


名、姓氏、谱籍、出版堂号、宗族堂号、责任者、版本、名人共九种途径的检索点。对每一姓氏家谱的谱主，系统地介绍了始祖、始迁祖、始修时间、卷目内容、支派排行、字号、序、例、珍贵史料、本支名人、家谱保存者姓名、地址、迁出和迁居地等资料。

3.4.3.12　浙江省新编地方志全文版

浙江省素以文献名邦、方志大省著称，历代编印的各类方志数量之多、存世方志之多均位居全国前茅，留存的方志名著如宋《临安三志》、宋元《四明六志》等享誉中外。盛世修志，20 世纪 80 年代以来新编方志潮兴起，迄今硕果累累，仅浙江图书馆收藏的浙江省各级各类新编方志就已达 1600 余种。

为充分反映馆藏方志信息，更好地发掘、利用方志资源，为广大读者提供便利的利用条件，浙江图书馆创建了馆藏“新编方志全文数据库”，现已完成馆藏 1518 册新编方志的加工，总加工页数约 55 万余页，内容全部为已出的省级志、市县综合志和部分山水志，已基本包含了浙江图书馆收藏的浙江省各级各类新编方志。该数据库为馆内访问资源。

3.4.3.13　中国历代人物印鉴数据库

中华治印，历史悠久，雪泥鸿爪，意境恣逸，极富艺术感染力和鉴赏价值。篆刻艺术已列入世界人类非物质文化遗产代表作名录。我国历代文人雅士、书画贤达、鉴藏诸家无不好古敏求，钤印书籍字画，取以征信，蔚然成为习尚。后世亦可赖此辨别藏品真伪，溯其传绪。

“中国历代人物印鉴数据库”建于 2011 年 2 月，旨在尽全收录我国历代知名人物印鉴，弘扬中华优秀传统文化，取精用弘，含英咀华，为使用者搭建一个便捷观赏借鉴的平台。该数据库涵盖人物姓名及汉语拼音、字号别称、生卒年、籍贯、所属时代、藏书楼（室）名或斋号、印主肖像、简介、印鉴图形、印鉴释文、印鉴出处等内容。印鉴图形按原尺寸以 600 像素扫描而成，分大小图两种款式，每方印鉴均标明出处。该数据库采用自行设计软件编程，设立单项与全文智能检索，并实施动态增补修订。目前已收录人物 2000 余位，印鉴 30000 余方。

3.4.3.14　中国历代人物图像数据库

“中国历代人物图像数据库”始建于 2002 年 4 月，旨在传承中华文明左图右史、图书并称、图文并重之优良传统，弘扬图像资料直观、证言、写实、易明之功用。收录范围上自远古，历夏、商、周、春秋战国、秦、汉、三国、两晋及十六国、南北朝、隋、唐、五代十国、宋（辽、金）、元、明、清，下迄近现代。截至 2008 年 8 月，已收录人物 10308 位，图像 50590 幅。广搜博采自古籍插图、古代绘画、石刻、家谱、壁画塑像、照片等载体。

本数据库具备智能检索功能，可按人名汉字及汉语拼音、所属朝代、生卒年、字号、籍贯、身份、功名、业绩、著述等进行多角度查检。

3.4.3.15　中国名人图像数据库

“中国历代名人图像数据库”始建于 2002 年 4 月，收录揭示涵盖自远古、夏、商、周、春秋战国、秦、汉、三国、两晋、南北朝、隋、唐、五代、宋（辽、金）、元、明、清、民国、直至现代，中华 5000 年文明史中有文字

记载的名人图像资料（包括版刻、绘画、摄影、雕塑等）。每位名人肖像少则 1 幅，多则 100 余幅，配有生平简介，截至到 2004 年 6 月，已收录名人 5600 余位，图像 16000 余幅，数据库可无限动态扩充、修正。

数据库包括名人姓名（汉字和汉语拼音）、生卒时间、身份功名（例如皇帝、大臣、发明家、文学家、学者，举人、进士、状元等）、字号别称、出生籍贯（含古今地名）、所属时代、图片说明备注等款目内容，并同时设置为检索点。数据库具备史料、益智、观赏、统计等功能。

3.4.3.16　中国寺庙祠观造像数据库

两千余年前佛教传入中国，与源自本土的儒教、道教交融共存，成鼎足之势。遍布神州大地的古刹、庙宇、道观、祠堂、石窟所供奉的造像，彰显了不同时代、不同地域、不同流派、不同材质的风格特征。传承见证着源远流长的中华文脉，生动体现着传统文化的博大、精深、厚重，具备较高的文明解读、学术研究、历史探索、增知益智和艺术审美价值。

该数据库旨在尽全搜集荟萃星罗棋布于祖国各地寺庙祠观内造像（含已毁或流落海外者），涵盖神、佛、道、儒各等人物及中华始祖、历史名人。该数据库条目设置包括造像人物称谓、别称、简介、造像图片、供奉处（含地名与寺庙祠观名）、时代、品质描述、制材（如泥塑、金属、石、玉、木雕、夹紵、脱胎漆塑等）、尺寸、图像来源。采用自制编程软件，具有多点智能检索功能，并动态增补修订。

# 第 4 章 数字图书馆特色资源共建共享

20 世纪图书馆界最伟大的实践之一就是实现图书馆馆际合作和文献资源的共建共享，21 世纪迎来了知识经济时代，知识的传播和知识的创新，加快了知识信息的流通和利用，为了最大限度地发挥知识信息的作用和价值，就要实现知识信息的充分共享。随着计算机技术、网络技术的发展，特别是 Web 2.0 的诞生使得信息资源的共建共享已不再是图书馆之间的障碍。同时，随着社会各群体对知识信息的需求激增，迫使图书馆要不断开发各种文献信息资源以满足服务群体的需求，图书馆要在激烈的社会竞争中求生存、谋发展，就必须形成自己的鲜明特色，发挥自己的特点和优势。只有形成特色，才能在信息资源的建设中体现自己的优势和竞争力。在文献信息资源开发与利用的过程中，图书馆也面临着购书经费削减、数据库购买不均衡、学科融合及快速发展带来的馆藏资源不足等问题。因此，在当前形势下，如何规划好各图书馆间的资源建设与利用并达到各馆间的资源共建共享，是当今图书馆界面临的紧迫任务。

## 4.1 特色资源共建共享概述

### 4.1.1 特色资源共建共享的现状

网络环境为文献信息资源共建共享创造了良好的条

件，网络信息资源生产与使用的社会化，对图书馆文献资源的建设产生了重大的影响。当前，大多数图书馆结合自身的馆藏特色、资源优势和区域文化特点，对此进行发掘和深加工，以便为广大读者提供更多的特色资源。

特色资源主要包括地方特色资源和学科特色资源，前者主要是指某一地区特有的且又有一定影响和较大价值的文化资源，包括该地方的历史文化、风土人情、宗教信仰、风景名胜等领域；后者是指高校图书馆根据各校长期以来文献信息收集的实际情况和特定学科信息用户的需求，结合本校重点学科建设、专业设置和教学科研发展方向，搜集和整合的具有鲜明学科专业特色的文献信息资源。特色资源具有鲜明的专业学科特色、区域经济特色、地方文化特色和馆藏特色。

在中文期刊数据库中，以“特色资源”和“特色数据库”为检索范围进行检索，符合检索条件的结果有数千条，这说明图书馆或其他科研机构对特色资源建设的研究和实践是比较重视的。然而，进一步限定“共建共享”检索范围时则发现文献数量降至几十篇，对这些文献进行研读可发现，当前图书馆在特色资源共建共享上存在一定障碍，且范围仅限于高校，而公共图书馆或者基层图书馆，很少有相关的研究文献。

#### 4.1.1.1 基于某一区域的特色资源共建共享

从相关的文献中可以看出，主要以省域为范围进行调查统计的较多，如浙江省、江苏省、山西省、安徽省、海南省等，其中只有安徽省调查的是省图书馆、各地市公共图书馆和本科高校图书馆，其他的省份调查都是以高校图书馆为主。文献中对各省的特色资源调查类型主要分为：地方特色、学校特色、学科特色和专题特色，其中地方特色是指某一地理区位具有的地方文化或者历史文化而形成的地方文献资源，如安徽省黄山学院图书馆的“徽州文化资源库”、合肥工业大学图书馆的“李鸿章数据库”、浙江理工大学的“浙江丝绸文化数据库”、海南大学的“海南名胜古迹游数据库”等；学校特色主要是指各高校图书馆针对本校或本馆收藏资源进行特色数据库建设，如各高校图书馆建设的硕博士论文库、高校精品课程数据库等；学科特色是指某一高校针对本校的优势学科或特有学科进行学术资源收藏建设，如中国科技大学图书馆的“火灾科学学术资源库”、中国矿业大学的“矿业工程数据库”、江苏警官学院的“公安文献全文数据库”等；专题特色是指针对某一类具有收藏和开发利用价值的资源进行建库保存，如池州学院图书馆的“佛文化文献”、宿州学院图书馆的“赛珍珠研究”、苏州大学图书馆的“清代图像人物研究资料数据库”等。上述文献在调查基础上，提出特色资源建设存在人才、资金和资源条件等问题，因此建议走联合协作共建共享之路，其中部分省份已经在省政府、省教育厅和各有关单位的牵头下在全省范围内进行特色资源数据库项目共建，并设立专项资金进行资助，如浙江省、江苏省、海南省。

4.1.1.2　基于同专业院校的特色资源共建共享

关于同专业院校特色资源共建共享的文献不是很多，主要是专业性较强的中小院校。由于经费、资源和人力等方面的限制，它们在自愿互利的前提下，达成资源的共建共享，如医学院校图书馆、军队院校图书馆、农业院校图书馆等。这些院校馆藏资源特点是专业性强、集中度高，数字化低，多数专业性院校图书馆由于办学规模限制而采购经费较少，因此馆藏资源建设多偏重于纸质资源建设，而纸质资源建设又偏重学科专业建设，这样购书种类不够丰富，这对于院校图书馆资源建设是不合理的，也不利于在校学生的信息素养的提高。随着全国范围内高校图书馆的信息资源共建共享的开展，同专业院校的图书馆也开始探索本馆馆藏资源的共建共享，改善在资源建设方面的不足，进而不断满足广大师生日益增长的信息需求。为此，各馆在现有资源条件下，不断进行资源整合，并与地方同专业机构图书馆进行合作，将专业文献与实践研究相结合构建数据库，如医学院校图书馆的基于历代医案数据库、中文循证医学数据库等；军队院校图书馆的军事装备保障综合信息数据库、外国军事基本情况数据库、兵器综合信息数据库等；建筑院校图书馆的建筑艺术与土木工程资料数据库等。这类特色资源的特点是实用性、目的性较强，但适用范围偏窄，所以此类特色资源共建共享只适合对此类专业信息有需求的院校或科研机构。

4.1.1.3 基于 CALIS 的特色资源共建共享

近年来，CALIS（China Academic Digital Library & Information System, 中国高等教育文献保障体系）地区中心特色数据库的共建共享成为地区中心服务的重要内容。CALIS 地区中心的特色数据库分布情况如下：

（1）来自一个地区范围内的高校图书馆，如东北地区中心和华东南地区中心的特色数据库。其中东北地区有 22 个特色数据库，涉及该地区的 11 所高校图书馆，包括吉林大学图书馆、哈尔滨工业大学图书馆等；华东南地区中心有 11 个特色数据库，涉及该地区 5 所高校图书馆，分别是上海交通大学图书馆、复旦大学图书馆、浙江大学图书馆、厦门大学图书馆、福州大学图书馆。

（2）来自一个地区的某一个省内的高校图书馆，如华南地区中心和华东北地区中心的特色数据库。其中，华南地区中心有 11 个特色数据库，涉及广东省的 9 所高校图书馆包括中山大学图书馆、华南理工大学图书馆等；华东北地区中心有 11 个特色数据库，涉及江苏省的 11 所高校图书馆，包括中国矿业大学图书馆、江苏大学图书馆等。

（3）来自一个地区中心的所在图书馆，如西北地区中心的特色数据库是由西安交通大学图书馆建设的，共建有 7 个特色数据库；华中地区中心的特色数据库未标注建设单位，只列出了 3 个特色数据库。

### 4.1.2 特色资源共建共享存在的问题

在知识经济时代，建立一个能够实现省域内高校纵向贯通和横向联合的特色信息资源共建共享体系，除了面临许多政策、措施、理念、技术及相关理论支持等问题外，还存在以下问题。

#### 4.1.2.1 知识产权和版权问题

特色数据库建设在信息资源的收集、传播和为用户提供信息服务的过程中，会面临版权问题及知识产权保护问题。从版权保护的角度来讲，对于在版权保护期内的特色信息资源，要尽量和版权人进行必要的协调，既不侵犯版权人的权益，又要进行不乏特色信息资源的搜集和利用。对于知识产权问题，图书馆应在遵从国际知识产权秩序的基础上，调整和解决好特色数据库建设与知识产权保护的关系。

4.1.2.2　特色资源数据库种类繁杂甚至重复

各图书馆对其所建特色资源数据库命名不一，有特色数据库、自建数据库、自建特色数据库等。不仅如此，各图书馆无论是特色数据库还是自建数据库看起来都是内容繁杂，各成体系，没有统一的标准，甚至图书馆之间有特色数据库内容重复现象。混乱的内容和命名系统给特色信息资源共建共享和读者检索利用带来麻烦，重复的数据库内容造成了图书馆资金投入的浪费。图书馆需要利用国际统一标准来构建特色资源数据库，为特色资源共建共享工作节省人力、物力和财力，为用户提供简便、快捷、高效的文献检索系统。

4.1.2.3　特色资源建设水平参差不齐

特色馆藏是各图书馆的资源品牌，是图书馆开展特色服务的资源基础，也是网络时代数字图书馆共建共享的资源依托。目前，多数图书馆都比较重视特色资源的建设，但各图书馆特色资源建设的水平却参差不齐。首先，一些图书馆还没有自己的特色资源，或者是一些图书馆已经开始从事这方面的建设工作，但读者现在还无法利用到本馆的特色资源。其次，在已经进行特色资源建设的图书馆中，还有一部分图书馆收藏有特色资源但没有进行建库保存，甚至有的建有特色数据库却利用率过低。再次，各馆特色资源建设的系统性和全面性方面还存在一定的差距，只是简单地就现有特色资源进行建设，而没有意识到特色资源跟其他馆藏资源一样具有保存和利用价值。因此，在特色资源建设过程中就需要尽可能多地、全面地、系统地收集此类资源，这样才有利于形成特色。

4.1.2.4 特色资源共享范围受限

在对特色资源数据库调查过程中，特色资源共享只是在已达成共享范围内的图书馆之间进行共享，但同是成员馆访问特色数据库也会受到限制。以 CALIS 地区中心特色数据库调查为例，不是一个地区中心的不可以互相访问，同是一个地区中心的也存在部分成员馆不能访问该地区特色数据库的现象，如广东工业大学图书馆无法访问华南地区中心的特色数据库，上海海事大学图书馆无法访问华东南地区中心的特色数据库，大连理工大学图书馆只能访问一部分东北地区中心的特色数据库。

4.1.2.5 特色资源数据库导航效果一般

调查发现，只有少数图书馆将特色资源以“特色馆藏”或“特色收藏”置于图书馆主页上，如北京大学、清华大学等。多数图书馆均把特色资源数据库置于二级类目——“资源导航”“馆藏与资源”“数字资源”等栏目下。如果是初次访问图书馆网站的读者需要凭经验才能找到特色数据库，这对没有经验的读者来说，准确地查找到所需的特色资源需要一定的时间。这不仅浪费读者的时间，也不利于特色数据库的推广，还可能导致特色资源的利用率过低。

### 4.1.3 特色资源共建共享的现实意义

图书馆充分利用资源优势共建特色数据，将分散的信息资源系统化、集中化呈现在广大读者面前，从而增加特色信息资源的价值和利用率，最大限度地发挥特色资源的经济效益和社会效益。实现各馆之间，不论是同区域，还是同专业院校的特色资源共建共享，在一定程度上不仅可以弥补资源保障的不足，还可以促进地区之间的协同建设与发展。

#### 4.1.3.1 特色资源共建共享是图书馆与时俱进的需要

21 世纪是知识创新的时代，知识信息的骤增导致信息承载体的扩大，作为知识载体之一的图书馆，更是面对大量冗余信息的采集、加工和整合，并以此为广大读者提供有价值的信息。同时，科学技术更新速度的加快，使得图书馆不得不紧追时代发展的步伐，不断创新服务方式，以最大限度满足读者日益增长的信息需求。但是，由于经费、人力和馆舍条件的限制，任何一个图书馆都不可能把所有文献收集齐全，加工整理并迅速传递。因此，图书馆间的合作带来的相互依赖性逐渐提高，图书馆之间走联盟合作发展的道路成为一种新的发展形势，资源的共建共享更是成为未来数字图书馆的发展趋势。

#### 4.1.3.2 特色资源共建共享为科研活动提供信息保障

对于从事地域文化研究的专家学者来说，在其科研活动中，需要对特定时期该地域的历史人物、文化遗产、文学艺术等进行了解，需要图书馆给予他们充足的地方文献信息资源帮助。各地图书馆将分散的地方文化特色资源进行搜集整理，进行区域内特色文献信息资源的整合，大大满足了研究地方文化的专家学者的需求，使他们在足不出户的情况下，借助网络就可以完成对地方文化历史的研究和利用。不同地区的特色文献资源的共建共享更是为此类科研活动提供了信息保障。

4.1.3.3　特色资源共建共享间接促进地方经济与文化建设

图书馆是人类知识的宝库和人类文献信息资源的中心，担负着为区域经济发展和文化建设服务的伟大使命。没有地方文化的支持，地方经济的发展就缺乏后劲和推动力。地方特色资源反映了该地区政治变革、经济发展、人文文化等发展情况，它在为当地政治、经济服务的同时，通过区域内图书馆特色资源数据库的共建共享，成为宣传本地的一扇窗口，使更多读者方便快捷地了解该区域各种文化资源情况，加强文化资源对外宣传，从而吸引外商进行商业投资和旅游资源的开发，促进区域经济的发展。

4.1.3.4　特色资源共建共享实现了知识增值

区域内特色信息资源的共建共享克服了长期以来地方文献资源只为当地政府、学者和企业服务的局限，通过共建共享体系地方特色信息资源可以走出当地，被更多的学者和科研人员了解、熟知并加以利用。在这样一个知识相互传播、相互利用的过程中，知识的价值也随之增加。

综上所述，特色资源建设对图书馆馆藏资源及网络环境下信息资源的共建共享起着积极的作用。要在局部与整体，大系统与小系统合作协调的基础上，在资源共建共享的思想指导下，从各馆实际出发，制定本馆可行的具体规划，明确哪些文献是本馆的重点建设，同时也要明确网络资源开发中所起的作用和担负的任务，通过网络信息咨询员弥补本馆信息资源不足的缺陷，建立各馆各具特色的馆藏体系，发挥特色优势。

## 4.2 特色资源共建共享的原则

在特色文献资源数据库共建共享过程中，存在建设单位众多，涉及的学科面广、主题丰富、人物与地域文化浓厚等特点，使得数据库建设体现着不同地域或者不同专业的特色。因此，要严格遵循一定的建设原则和要求。

### 4.2.1 参建馆遵循的原则

共享体系中各成员馆之间相对平衡的利益分配，以利益调节、调动各方面的积极性，促进图书馆特色资源共享体系的共建，主要包括参建馆与读者个体等社会用户群的利益、参建馆自身利益与其他参建馆之间的利益、参建馆内部人员的利益等。

#### 4.2.1.1 读者满意，服务读者的原则

遵循读者满意，服务读者的原则，协调图书馆与读者用户群之间的利益。信息资源共享由国家政府投资，最终是使读者受益，其定位应是教育与科研的服务系统，对用户免费是其本质性要求，也是使其发挥最大作用的根本保障。因此，各馆要在条件许可的范围内使读者满意。对于自行投资建设的单位，可以由有偿服务逐渐向无偿方式转变，为读者提供现实的、可靠的信息服务，这必会使图书馆工作得到领导的肯定和群众的支持，使资源共享具备坚

实的群众基础。

4.2.1.2 平等自愿、互惠互利的原则

遵循平等自愿、互惠互利的原则，协调参建馆自身利益与其他参建馆之间的利益。信息资源共享不是一个单纯的公益行为，信息资源共建共享中的成本和利益是需要考虑的重要因素。信息共享的哲学不是利他主义，而是互惠互利，按照效率优先，兼顾公平的原则，确立各馆是权利与义务均衡的行为主体，激发其参与共建共享的积极性。同时，互惠互利与平等自愿是互为基础、密不可分的。因此，每个参建馆都必须承担向其他参建馆提供资源的义务，也必须分担网络运行和管理的费用，要使特色资源共享得以持续发展，还必须对享受共享服务的用户适当地收取费用。这一方面是对资源提供者的一种资金补偿；另一方面可以通过费用的高低来调控资源的利用，同时也对资源使用者起到约束作用。

4.2.1.3 维护图书馆内部人员利益的原则

在现代化进程中，业务能力将成为从业者的核心竞争力，支持从业者学习是对其最大的关心，提高其业务能力正是维护他们的根本利益。设立负责特色资源共享的小组来规划、考核这项特色资源共建共享工作，并将图书馆员工在这项工作中的态度与贡献列为其业绩考核的重要指标之一，发挥激励、约束功能，促使全员投入。

## 4.2.2 资源选择的原则

图书馆数字特色资源选择要依据确定的标准进行相符性判断，将符合建设原则和条件的原始特色资源遴选出

来，进行数字化加工后发布到特定平台实现共享。良好的选择原则有助于确保以尽可能低的成本将最重要和最有用的信息资源进行数字化，避免知识产权纠纷，产生良好的社会效益和尽可能高的投资回报。

4.2.2.1　知识产权保证原则

必须根据相应的法律对特色资源的知识产权进行管理，任何对其存取的可能限制必须通过本单位的现行机制进行有效管理。目前，图书馆数字特色资源建设主要是针对已有的特色馆藏资源和收集地方特色资源为主，其资源的产权归属有三种情况：一是不存在产权纠纷的资源，这类资源可以自由进行开发建设，如已购买的纸本资源；二是产权归实施数字化机构所有，这类资源在进行数字化之前需要单位内部许可，如购买的数据库资源；三是产权归他人所有，这类资源在数字化之前必须得到产权所有者的书面许可，如收集的地方人物志、家谱等。因此，针对保护共建共享的特色资源应采取相应的数字技术，以保证特色资源建设过程中的知识产权保护。

4.2.2.2　知识增值原则

特色资源的建设，首先要从原始资源着手，特色资源不仅仅是原始资源的再现，还应该具有价值的增值。影响特色资源的知识价值因素有很多，但主要包括资源的唯一性、相关价值，对相关主题领域理解的重要性，对相关主题领域覆盖的广度和深度、实用性和准确度，特定主题领域中其他载体记录质量差的信息内容，具有强化项目实施的历史价值以及资源数字化后潜在的长期价值等。另外，特色文献知识价值也可能包括管理价值、艺术价值、市场价值。但是，特色资源价值增值性判断在很大程度上具有主观性，其结果可能因人而异。

4.2.2.3 用户保障原则

用户保障的本质就是特色资源利用率，从理论上讲，图书馆特色资源数字化项目应把有限的资金用在利用率高的资源数字化上。首先，要对特色资源利用率高的原因进行分析，如果主要用户群体分布在本地，且类似文献又不存在，这类文献的利用率自然可能高，但进行数字化后发布在网络上，其利用率将会如何就比较难以判断；其次，文献利用率有时与文献的知识价值并不一致，有些具有高知识价值的文献由于存放地点和图书馆存取方针的限制或目录的不完整等因素，可能导致利用率偏低；再次，利用率与文献的物理状态也有关系，一些文献的物理状态限制了用户对其访问，如易碎载体的文献、古旧的书稿等；最后，在多馆合作进行特色资源共建中，一些大部头的系列文献分散在各成员单位，对这些文献的访问率可能较低，但进行数字化后可能形成完整的虚拟馆藏，其访问率就可能提高。

4.2.2.4 数字保存原则

为了保存需要，特色资源选择时要充分考虑资源的安全数字化，包括原始信息资源的状态允许被完全数字化；特色资源数字化实施过程需要搬运原始资料时，其状态适合于搬运；尽可能扫描原始资源的替代品（如照片），从而减少对原始资源的损伤；被数字化特色资源产品必须建档，并制定由于时间和技术变化等因素导致的长期维护策略。数字保存的另一层含义是保护易碎载体的原始资源。数字资源的本身就是原始资源的新版本，可以代替原始资源供用户访问，并由此减少对原始文献的操作从而使其得到保护。

4.2.2.5　避免重复原则

在特色馆藏建设过程中，要摒弃大而全、小而全的思想，根据图书馆的发展目标、充分考虑特色资源的特点，以各馆对特色资源需求为建设重点，结合当地地方发展形势，有针对性、有步骤地构建及开发特色馆藏资源。对于已有的特色馆藏资源，要考虑其质量、保存状况及内容能否满足用户需要，以及对选取的特色资源进行评估。一般来讲，在进行特色资源建设初期，必须要集合参建馆对所建设的特色资源进行考察，以便了解特色资源馆藏现状和其进行共享建设的成本效益，尽可能地减少在财力、人力、物力方面的重复浪费。

## 4.2.3 数据库构建原则

4.2.3.1　标准化原则

标准化是信息组织的生命，是资源共享的基石。数字资源的加工和数据库的建设存在一系列的数据格式标准和元数据规范。为了实现资源有效共享，特色资源建设单位应按照“统一平台、统一标准、统一发布”的管理思路，“统筹规划、分别承担、分散建设”的要求，由特色资源建设总中心对分散在各地的图书馆的特色资源进行统一发布。因此，各承建单位在项目建设中必须遵循通用性与标准化原则，包括统一元数据标准、遵守软件设计规范和有关文献分类标引著录规则等要求，采用具有规范化的特色库援建模式和标准化的数据格式、库结构及检索算法。同时充分考虑与 CALIS、NSTL（National Science and Technology Library，国家科技图书馆文献中心）、CSDL（Chinese Science Digital Library，国家科学数字图书馆）等标准和系统的兼容，采用与国家标准相一致的产品。

4.2.3.2 实用性原则

特色资源项目的选择应注重满足社会经济和教学科研发展的实际需要，既重视资源数字化过程中文献信息资源的系统完整和各类信息资源之间的相互联系，同时也从读者使用、读者数量和资源质量的角度，优先保障重点学科，兼顾普通学科，逐步完善学科覆盖面的思路出发，最终形成合理的信息资源建设体系。同时，结合省域人员、资源、技术的实际情况，根据需求采取量力而行的方案与举措。已建成的特色资源数据库应该对教学科研工作和社会文化建设、经济建设等具有一定的推动作用。

4.2.3.3 安全性原则

目前，网络环境和信息技术还存在诸多不安全的因素，给信息组织和资源存储带来一系列的隐患。特色资源数据库的建设过程中，要对大量的文献进行数字化加工、存储、发布和管理，并利用网络为众多的终端用户提供各种信息服务，因此系统的安全性十分重要。在建设过程中既要选择技术成熟、性能安全可靠的信息存储设备，又要采用技术先进的网络管理系统，确保网络系统的安全性和数据的可靠性。要将特色资源数据库的大量数据分为在线存储区和近线存储区，并实现所有数据的统一归档、

备份。

4.2.3.4　核心性原则

特色资源数据库的建设涉及规划设计、项目评估、资源加工、资源组织、平台建设、网络服务等诸多方面，只有把握重点，从关键性、核心性、全局性出发，统筹规划、合理布局、分工合作，有重点地进行分期分批建设，侧重支持特色鲜明、资源优势明显的项目建设，才能形成具有较强整体功能的信息资源体系。

4.2.3.5　合法性原则

数据库的建设是一项系统工程，知识产权保护是其核心内容之一。知识产权保护贯穿于数字资源加工、组织、管理、传播和使用的各个环节。特色文献数据库的建设应根据不同类型文献存在的法律形态，充分尊重不同著作权人的授权意愿，采取区别对待的原则，为信息资源的有效共享与利用奠定基础。特色资源共建共享建设必须遵守国家知识产权保护法，所有数据来源要产权清晰，发布的一切信息必须符合知识产权保护的要求。这样才能保证数据库的可持续发展。

综上所述，特色资源共享体系作为一个系统性建设工程，无论是规划设计还是具体过程的实施都应该遵循一定的原则，在上述各方面的原则基础上，提高图书馆核心竞争力。图书馆竞争力的提高必须在文献资源建设上下功夫，即提高资源的竞争力。因此，在特色资源共建共享指导原则下，结合共享体系建设自身特有的一些基本原则，根据单位所在地区的历史、地理、政治、经济和科学文化发展的显著特点与优势，根据读者的需求及本单位原有的馆藏基础，根据文献资源保障中心的分工安排等实际情况，围绕某一领域或学科，集中本馆的人、财、物等有利条件，加强精品资源建设，打造特色品牌资源，建设具有鲜明特色的馆藏资源体系。

## 4.3 特色资源共建共享的策略

特色馆藏不仅是传统图书馆的精华，而且也是数字图书馆内容建设的基础，目前处在一个全新的数字环境中，网络使人们学习和获取信息的方式发生了改变，面对海量的文献资源，用户越来越缺乏耐心，读者的需求也越来越不容易把握，这就迫使图书馆要提供差别化服务，其资源也要具备特色。随着现代网络技术的发展，为了避免资源的重复建设，也为了提高资源的利用率，图书馆需要对特色资源共建共享做出周密的规划方案，进而为教育和科研提供完整的文献保障，促进当地文化和经济的发展

### 4.3.1 共建共享特色资源的选择策略

图书馆随着社会的发展，不再仅仅是一座“藏书楼”，面对新的挑战，不同区域、不同类型的图书馆建设特色资源时，需突出地方、学科、历史等特色，这样才能更好地实现特色资源的共建共享。

#### 4.3.1.1 构建具有地方特色的特色资源

地方特色资源就是以本地区经济、文化、历史、地域特点为基础，以本地区、本单位的优势学科为依托，建立起来的馆藏资源，如云南、西藏、内蒙古、新疆等少数民族地区的民族文化、民俗传统和特殊的地理、地貌。在漫

长的发展过程中，各少数民族创造了自己独有的、丰富的民族文化，这些独有的文化资源是研究当地少数民族问题的特色资源，是其他地方所没有的。各图书馆可结合当地的民风、民情，大力挖掘物质和非物质的民俗内容，形成具有特色的民俗文化馆藏。民俗是人类所创造的物质与精神文明的历史积淀，民俗文化是社会生活的一种模式，具有世代相袭的稳定性，是一个民族深层文化积淀的产物，是中华民族先进文化的重要组成部分。同时，各图书馆也可根据本地区的政治、经济、社会和文化等方面的特色，收集反映本地区的研究课题、出版物、地方专题等具有一定地域的文献或与地方政治、经济和文化发展密切相关的资源，建立具有研究级水平的藏书体系和突出地方特色的地方文献部。这样既突出了独一无二的地方特色，又为学者研究本地区的民俗风情、编纂新修方志、开发特色旅游资源、发掘传统经济等科学研究和社会发展服务，促进本区域经济文化的发展。

4.3.1.2　收集具有历史特色的特色资源

图书馆要保存和梳理地方的史前文化、家谱、历史人物、地方史料等具有历史文化积淀的非物质文化遗产。图书馆可逐步搜集和完善当地龙头姓氏的族谱、家谱及历史名人贤达的著作、手稿、传记等文史资料，并纳入自己的特色馆藏体系。通过其中蕴藏的内涵，可了解社会结构、宗教制度、民族史、家族史等具有重要价值的历史文化，为社会学、人口学、民族学、经济史的研究和文艺创作等方面提供宝贵的资料，从中可以寻找文化资源与地方社会经济发展的联系、规律，从而促进经济发展和弘扬地方文化特色。同时，也可以作为教学、科研的第一手资料，为阅读、教学、研究提供便利的服务。目前，不少学者认识到历史资料的重要价值并利用其取得了丰硕的成果。例如，从孔府家谱中可以考证曲阜孔府的世系、世表、墓记、祠堂记、家规家训等内容；从裴氏家谱中可以了解裴氏世袭子孙的来龙去脉；而吴仁安利用家谱、方志等撰成《明清时期上海地区的著姓望族》、刘志伟运用家谱和其他人口资料撰成《明清广东里甲赋役制度研究》、钱杭则通过家谱及深入调查撰成《江西泰和农村宗族形成》、葛剑雄运用家谱和其他史料撰成《中国移民史》，等等。

4.3.1.3 挖掘具有馆藏特色的特色资源

馆藏特色资源是指其他图书馆所不具备或只有少数图书馆具备的特色馆藏，或因散在各处而难以被利用的资源，具有稀缺性、不可再生性、文化或学术独特性、系统积累和传承性等特点。信息技术的广泛应用带来的新环境和新需求是图书馆发展的驱动力。例如，高校图书馆具有明确的教育性、专业性和学术性等特性，结合本校的专业设置、办学风格、培养目标等特点，通过纸质文献与电子文献、实体馆藏与虚拟馆藏、馆际互借与资源开发的结合，逐步建立各具特色的馆藏资源体系，使馆藏信息资源配置合理化、数量最大化、质量最优化和利用高效化，从而满足读者对特定知识的需求或实现某些特定的目标。如北京大学图书馆设置了古文献资源库、北京历史地理数据库、北京大学学位论文数据库、北大名师数据库、热点话题数据库、视频点播多媒体数据库等特色的馆藏资源。

此外，高校教师所著、所编、所译的学术著作，发表的学术论文、科研成果报告、改革方案，本校召开的学术会议文献，教师外出参加学术会议带回的文献，出国人员带回的文献资料，以及有价值的赠送资料和教授、研究馆员、博导、硕导、博士生的国家、省级科研基金项目，特色学科师生互动的多媒体教学课件，聘请相关专业专家和研究生搜集到的最前沿的学科信息资源，本校学报发表的论文等都是具有自身特色的文献和信息资源，把这些极富特色的资源积极数字化并建成本校特色资源数据库供用户使用，将具有重要的意义和利用价值。

4.3.1.4　建设具有学科特色的特色资源

学科特色资源主要体现在以高校为主的图书馆，高校图书馆作为高等教育事业的重要组成部分，与教学、科研是密不可分的，其主要的服务对象是教师、大学生。因此，高校图书馆应当有计划、有目的地围绕学校专业、学科特点及自身的服务指向，从所在学校的发展规划和学科队伍现状出发，分清主次、突出学术性特色，为某重点学科或某特定专题交叉学科和前沿学科提供能体现高等教育特色的资源，为特定用户、重点学科提供全面、实用的特定信息服务。同时，高校图书馆还应注重服务信息的多向性开发，不断对特色数据库进行深加工，有计划、有重点、有步骤地拓展学科特色化的馆藏文献资料信息空间，将及时而实用的电子信息资源送上校园网，最大限度地满足各种类型的读者需求，发挥图书馆的功能，使高校图书馆成为真正意义上的文献信息中心、学术交流中心、文化教育中心、科研成果中心，全力推进高校图书馆的可持续发展，如北京大学图书馆建立了科研成果在线（机构库），而清华大学图书馆则建立了收藏中外文法律图书、国内外法律期刊、电子出版物等富有专业特色的法律图书馆，为法学院的教学、科研工作提供具有专业性、学术性的特色服务。

## 4.3.2 实现特色资源共建共享的策略

### 4.3.2.1 提高特色资源共建共享的认识

随着信息时代的快速发展，人类必将迎来全球信息网络化的新时代，科技文献信息资源是国家科技创新体系的重要支撑和基本保障条件。诚如诺贝尔奖获得者、美国耶鲁大学教授莱德博格所说，“科学的繁荣需要很多条件，但与同行的有效学术沟通显得尤其重要，阅读科学文献正是帮助科学家达到目的的最好途径”。由此可见，让更多的人能够看到更多的文献信息资源对于科学的发展具有多么重要的作用。同样，实现特色资源共建共享也是图书情报事业发展的需求，更是人类能够最大限度地利用文献信息的需要。因此，图书管理工作者要从根本上改变过去那种“等、靠、要”和无所作为的工作观念，克服求稳怕乱、封闭保守的落后思想，改变重藏轻用以及满足于自给自足的工作作风，在思想上彻底扭转“大而全”“小而全”的保守主义和本位主义观念，由小到大，由点及面，由浅入深，逐步探索，从而尽快建立网络环境下的特色资源共建共享保障体系。

### 4.3.2.2 加强共建共享工作的组织保障

数字图书馆特色资源共建共享与文献信息资源共建共享一样，是一项庞大繁杂、有一定难度的社会系统工程，具有覆盖面大、渗透性强的特点，要做好此项工作，必须打破“条块分割、各自为政”的格局，为共建共享扫除体制上的障碍。加强信息资源建设的宏观调控，建立各级权威管理机构或协调工作领导小组，明确目标，制定正确可行的政策标准，领导和协调特色资源建设的规划和实施。当前我国在创建自主知识产权、强调自主科技创新的进程中，已深刻地认识到了信息资源共建共享的重要意义。因此，在特色资源建设过程中，组织机构上是虚拟的，但在共建共享业务上的领导、组织、协调、管理方面却是现实的，在组织形式上打破了我国现行的行政管理体系，特别是科技文献信息系统内条块分割的局面，淡化了行政隶属色彩，推进了不同系统、不同部门的文献服务机构的联合，使特色信息资源共建共享能够发挥巨大的作用。

4.3.2.3　完善特色资源共建共享的建设体系

首先，各图书馆应开展馆藏特色资源的调查工作，对本馆收藏的特色资源的类型、数量、学科等做到心中有数，了解本馆的任务和目标，对重点学科、读者群体参与共建共享的环境进行分析，根据现实和潜在的特色资源利用需求，大力加强特色资源的可持续性建设，以提高特色资源收藏的相对完备程度。只有在不断提高本馆馆藏特色资源保障程度的基础上，才能够形成本地区、本系统乃至更大范围的保障体系。其次，各馆之间应加强沟通与协调，统筹规划，通过分工协作，互通有无，减少重复和遗漏收藏，扩大学科覆盖面，坚决走馆际联合和资源共建共享的道路，利用馆际互借、网上信息传递等手段来扩大充实特色资源。

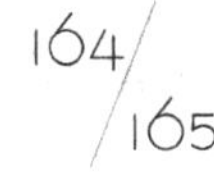

#### 4.3.2.4 建立特色资源工作的标准化体系

标准化是网络化的必要条件，数据格式、描述语言、标引语言只有符合公认的统一标准，才能实现用户与系统、系统与系统之间的有效沟通，共建共享体系的建设必须建立在较高的标准化基础之上。无论是文献的采集、分编、加工和组织，还是文献的整合、开发、揭示和共享，各馆都必须建立一套科学合理的规范标准，同时加以自觉遵守。文献资源共享的前提是共建，使各个图书馆馆藏文献数据上网并能够交换，是信息时代文献资源共享的最有效途径。编目规则的统一有利于图书馆数据的交流与传输，有利于资源的节约和充分利用。因此，应加强图书馆业务工作的集中化、标准化、规范化建设，健全各图书馆统一文献检索体系，为开展集中采购、联机编目、联机检索奠定良好的基础。在统一标准的前提下，加快建立一批国家级的大型标准馆藏特色资源数据库，以形成支持特色资源共建共享网络体系的基础设施资源。目前，图书馆中还存在着分类标准不统一、不能严格按照 MARK 格式进行著录、检索软件缺乏兼容性等问题。因此，各图书馆要强化自身馆藏数据库的标准化、规范化建设，要加强书目资源数据库的建设，必须强调坚持数据标准和数据共享原则，只有格式化、标准化，才能实现数据的转换、交换、兼容和不同系统之间的资源共享，从而搭起本馆与其他图书馆乃至国外图书馆的沟通桥梁。

#### 4.3.2.5 提高人才素质，发展各种网络化信息服务

特色资源的共建共享归根结底是为了方便广大读者，离开了用户就失去了共建共享的必要。由于共建共享网络

采用了先进的电子技术和通信技术，这就要不断提高读者的文献检索能力与应用能力，培养用户的信息意识，使他们尽快掌握网络的数据信息，提高检索效率，而这一切全部取决于现有图书管理人员的事业心及业务技能的强弱。因此，要多途径、多层次大力培养懂外语、懂专业、懂计算机的复合型人才。图书管理人员不仅要谙熟本专业知识，还要有一定的计算机及网络技术的运用技能，能够开发、储存和传递深层次的文献信息，使他们能够了解本专业发展的最新动态，掌握各种新技术、新方法，拓展知识面，全面提高内在素质，建设一支与文献信息资源共建共享网络相适应的专业队伍，这是图书馆做好共建共享工作的基本保障。

图书馆间的合作交流，共知是前提，共建是保障，共享是目标。共建共享机制是推动文献资源建设的重要基础，是加快图书馆事业发展的一项重要举措，完全符合网络环境下文献资源建设的发展潮流，开拓了全新的图书文献服务模式。当前，各图书馆应当努力解决所面临的各种问题，增强“大图书馆”“大服务”的观念，认真做好“为人找书、为书找人”的工作，协作采购、规范加工、联合上网、共建共享，大力倡导资源的共建，在共建资源的基础上致力于共享资源目标的实现。资源共建是通向资源共享的必由之路，通过资源共建，必将促使图书馆整体服务功能的增强，为最终实现真正的、彻底的资源共享打下坚实的基础。

# 4.4 特色资源共建共享的实证分析

## 4.4.1 CALIS 专题特色数据库

1998 年 11 月，国家发展计划委员会批复了“中国高等教育文献保障体系”建设项目的可行性研究报告，要求在“九五”期间“初步建成中国高等教育文献保障体系的基本框架，实现信息资源共建、共知、共享，深化资源的有效开发和利用，提高高等学校教育和科研的文献保障水平”。这个项目作为发展中国高等教育“211 工程”的公共服务体系之一，后来迅速以其英文简称 CALIS 著称于世。

CALIS 以中国教育和科研计算机网（CERNET）为依托，以文献信息资源共享为目标，采取“整体规划、合理布局、相对集中、联合保障”的建设方针。该项目由 CALIS 管理中心组织实施，建有 4 个全国学科中心，7 个地区中心（东北地区、华东北地区、华东南地区、华中地区、华南地区、西南地区和西北地区）。CALIS 一直将建设全国专题特色数据库作为其重要的子项目之一。经过一期、二期、三期的建设，全国专题特色数据库从无到有，从以简单、粗糙的二次文献为主发展成为内容丰富、类型多样并积累了一定规模数据的数据库群，为我国图书馆文献资源数据化建设探索出一条新的发展之路。

### 4.4.1.1 CALIS 一期、二期特色数据库建设情况

CALIS 一期特色库子项目由上海交通大学图书馆牵头组织，于 1999 年 1 月正式启动，并在当年 4 月确定了

建设25个特色库的目标。CALIS一期项目建设之初，将“具有中国特色、地区特色和高等教育特色；与‘211工程’重点学科建设有较密切的关系，有利于推进学校教学、科研的发展和国民经济建设；特色库建设需有一定的工作基础，一定量的数据，数据库建成须具有一定规模等”作为立项原则。2000年11月，项目评审验收时，25个特色库初具规模，可提供网上服务。

一期特色库的建设中，虽然存在没有统一建库平台、没有制定数据标准、未明确规定数据库的规模和收录文献的类型等问题，但一期特色库一切都是从头做起，没有前期的相关方案和经验可以借鉴，通过摸索实践，建立了一些建设规范和技术标准，搭建了整个体系的初步框架和平台，奠定了特色数据库群的基础。在国内产生了较大的影响和示范作用，为在全国范围内开展数字资源建设进行了有益的探索，获得了很好的实践经验。

CALIS二期特色库子项目由武汉大学图书馆牵头组织，于2003年10月启动，2006年验收。项目遵循“分散建设、统一检索、资源共享”的原则，进一步统一特色库的建库标准和服务功能要求，构建统一的公共检索平台，采取重点支持和择优奖励相结合的资助方式，鼓励具有学科优势和文献资源特色的学校积极参加专题特色数据库的建设，建成一批具有中国特色、地方特色、高等教育特色和资源特色，服务于高校教学科研和国民经济建设的方便实用、技术先进的专题文献数据库。数据库群建立在可独立运行的各个特色库基础上，除了具备可分布式检索的基本功能外，还在CALIS管理中心的支持下，建立了一个基于集中式元数据库的特色数据库中心门户，形成分散对象数据和统一元数据集的构架。同时，各校图书馆的建库和发布系统开始进行市场化运作，商家开发，CALIS中心认证，图书馆自行选购成为主要模式。

CALIS 二期特色库主要建设成果是：共建成 63 个专题特色数据库；选用了 7 个经 CALIS 认证的本地建库系统（TRS、TPI、方正德赛、快威、义华、中数创新、杭州麦达）；制定了《特色库子项目本地系统基本技术规范》等特色库建设系列规范文件；以《中国数字图书馆标准规范建设》项目的 5 个系列、11 种元数据格式作为建库标准。

CALIS 二期特色库的建设特点可以概括为：参与面广、主题丰富、数据集中、标准统一、集成管理、多方合作。但也存在不少问题，如：本地建库系统认证工作费时费力，且认证了多个系统给参建馆选择造成困难，商家用户过少也没有积极性；特色库中心网站系统与参建馆本地系统联调及元数据收割等较为复杂，影响了整个子项目建设的进度；元数据 OAI 收割效果不理想；服务要求没有完全落实。

4.4.1.2　CALIS 三期特色数据库建设情况

通过十多年的建设，CALIS 项目作为高等教育的重要文献保障，已经成为国家重要的信息基础设施。在 CALIS 特色库建设的带动下，各高校图书馆建设特色资源数据库的积极性高涨，利用各种渠道的资金或本馆力量不断推进特色资源数据库建设，特色数据库的种类和数量还在不断扩大。据 CALIS 管理中心的问卷调查，106 所高校已建和在建的特色库共300个，其中最多的建有13个。已有的参建图书馆希望能在CALIS的框架下，继续改进和完善已建成的专题特色库，而原来没有参建的院校图书馆也希望能够加入CALIS的建设体系，因此有必要继续挖掘和发布国内一些未开发的、散在各处、难以被利用的独有资源。同时，经过十余年的建设，在建库的选题、技术路线、标准规范、组织管理等方面，各馆都积累了一定的经验，为继续开展CALIS三期特色库建设打下了比较好的基础。

三期特色库建设的指导思想是：①发掘资源，整合资源，收集资源。把在常规数据库里无法揭示的信息资源挖掘出来；强调多馆合作，联合建设；要注重对原生数字资源、非正式出版物等的收集整理。②发挥特色，深化服务，促进共享。不强调重点学科，强调资源特色；发挥资源本身的特色，把资源的拥有者、服务者和使用者结合起来，扩大服务的深度；目标是共建共享。③规范建设，培养人才，鼓励创新。建立一整套规范，在最基本的层面考虑规范的建设及异构系统的互操作；为高校培养一批人才，能及时应对资源建设的新变化；鼓励创新型服务，不仅仅把特色库建设看成是资源的建设，更在普遍服务思想的指导下，思考如何建设和如何服务。

2010年8月，CALIS管理中心组织北京大学、清华大学、武汉大学、中国农大、重庆大学的相关人员编制了《CALIS特色库建库与发布共享版系统需求书》，制订了项目建设方案。2011年1月14日，发布CALIS三期特色库子项目申报通知，参与申报单位198家，申报项目247

个，最终获批立项 220 个，建成并验收合格 162 个。2012 年 6 月，特色数据库三期建设圆满完成。

与一、二期相比，三期更强调需求和服务，重点资助独有或稀缺资源的数字化建设，网络原生数字资源的挖掘和整理；继续支持具有良好前期成果，学科特色、地方特色或民族特色鲜明的专题库建设。

鼓励多馆联合共建。各承建单位相互之间可免费共享资源；建立利益互惠的补偿机制，制订政策收取相应的成本费用；其中，成熟的项目可面向社会提供有偿服务。

带动特色数据库建设的标准化，形成集中式的特色资源元数据仓储和服务平台，面向全国用户提供特色资源服务。数字资源建设的重要目标是共享，但要能得到广泛共享就要遵循数字资源建设的共同规范。因此，CALIS 在建设之初就提出了各种标准，以规范数字资源的建设，保证各校建设的子资源能互相访问与调用。使用通过 CALIS 认证或符合标准的特色库软件，否则将无法被特色资源整合平台所整合，保证特色库建设的质量。

构架专题特色数据库运行平台，包括建设基于 CALIS 本地特色数据库系统共享版和建设 CALIS 特色库中心门户系统。成员馆可在无须高成本投入，无须担心系统高成本升级的情况下开展特色库建设。建库标准采用科技部科技基础条件平台工作重大项目——《中国数字图书馆标准规范建设》项目所推荐的相关标准。

升级 CALIS 全国高校专题特色数据库中心服务系统，完善管理和服务功能。从知识产权保护的角度考虑，各高校图书馆将特色资源库的访问权限设置在本校园网范围内，降低了特色数据库的使用率。但建立数据库的初衷是资源共建共享。因此，CALIS 管理中心应形成适合中国高校现阶段发展的专题特色库组织机构和运作模式，促使各高校图书馆完善信息服务手段，最大限度地将特色资源库的题录信息开放给全国的用户。

评估、督促特色数据库建设。通过整合平台对收割到的各馆特色资源数据的统计，可以得到各馆提交的资源数量、全文访问率与下载数，进而可以衡量、评价各馆特色数据库建设的规模、进度、质量、受读者欢迎的程度，并依次作为项目考评或是否继续资助的依据，进而可以督促、规范全国特色数据库的建设并形成良性循环。

通过 CALIS 三期特色数据库的建设，新增 300 万条特色资源的目录数据，通过收割汇集至 CALIS 联合仓储数据库，进一步完善描述元数据规范、对象数据加工规范等相关标准规范；制定特色资源组织规范、存储规范、发布规范等在内的一整套基于 SaaS 技术的 CALIS 特色数据库标准规范体系；在省中心部署共享版特色库系统平台，发挥省中心的技术支撑作用。在服务模式上，所有特色库均免费开放元数据并提供公开的元数据检索，所有特色库的元数据均被 CALIS 专题特色库中心系统收割并发布，所有立项特色库中不涉及知识产权的内容应能够直接提供全文；涉及知识产权的内容则提供文献传递服务。所有立项项目均承诺永久运行，持续服务；如果遇到特殊情况不能再继续运行，须移交 CALIS，允许 CALIS 进行维护或将该数据库委托其他单位进行维护。图 4-1 为 CALIS 专题特色数据库中心网站页面。

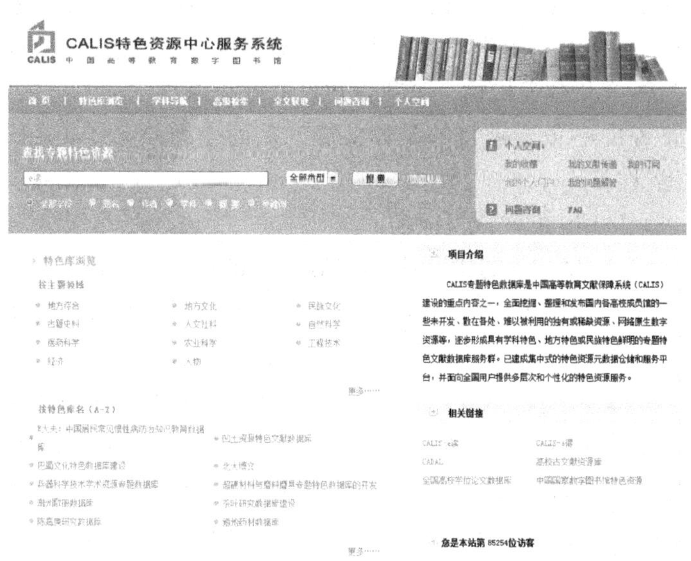


图 4-1 CALIS 专题特色数据库网站

## 4.4.2 JALIS 特色资源库共建共享

### 4.4.2.1 JALIS 简述

JALIS（Jiangsu Academic Library&Information System）指江苏省高等教育文献保障系统，是 1997 年江苏省实行的一种信息保障系统，是江苏省教育厅领导下的重点项目之一，是国内区域性文献资源联盟的成功案例。

1997 年 9 月 26 日，原江苏省教委下发苏教高（1997）50 号文件，正式成立“江苏省高等学校文献信息保障系统领导小组”，并举行了第一次工作会议。宣布了“领导小组”组成人员，批准成立“江苏省高校文献资源建设专家组”和“江苏省高校图书馆计算机网络应用专家组”，在南京大学设立“项目建设管理中心”，专家组作为咨询和监督机构，对项目建设的过程进行论证和评估，管理中心负责项目的具体实施，从而全面启动了 JALIS 建设。

JALIS 的建设目标是：

（1）JALIS 的建设是 CALIS 建设的一个组成部分，在全国 CALIS 管理中心的统一领导和组织下，积极开展项目的实施。

（2）通过 JALIS 的建设，使江苏省高校图书馆系统初步形成结构优化、布局合理、配置精当的文献收藏系统，建成江苏省高校联合目录数据库和一批具有特色的专题文献数据库，并与引进国内外光盘数据库相结合，初步建成全省较为完整的、多层次服务的体系框架，为进一步的发展打下良好的基础。

（3）依托 CERNET（中国教育科研计算机网，China Education and Research Network）、JSERNET（江苏教育科研计算机网，Jiangsu Education and Research Network），采用现代信息技术和手段，开发新一代的、面向网络化、面向未来信息社会的图书馆自动化管理软件，为提高江苏省高校图书馆信息管理工作的现代化水平，为实现文献资源的共知、共建、共享提供基础的技术平台。

（4）初步建设若干个文献和地区中心，以各个中心为依托辐射周边地区和相关的院校，并以此为骨干，实现文献资源的共知、共建、共享。

（5）借助于虚拟馆藏，获得世界范围内的最新信息，初步形成江苏高等教育文献信息的保障网络，从而保证江苏省高等教育现代化建设目标的顺利实现，并为江苏省的经济发展和社会进步作出积极的贡献。

JALIS 的管理中心设在南京大学，下设管理中心办公室，作为常设的管理机构，接受 JALIS 领导小组和省图情工委的双重领导。管理中心办公室负责日常的管理、协调工作，贯彻 JALIS 领导小组的部署，由此形成以领导小组、管理中心为核心的 JALIS 工程管理层。

JALIS 管理中心下设 8 个地区、学科中心和四个书刊采编中心，按照江苏省高校的地域布局和专业特色布局，依托各地区、学科的中心馆，各个学科、地区中心面向本地区和学科群的基层馆提供服务，各个中心按年度向上级的中心汇报工作，接受管理中心的统一部署，开展服务，从而形成“管理中心—学科、地区中心—基层图书馆”的三级服务网络体系。

4.4.2.2 JALIS 特色资源库共建共享

“特色资源库”是 JALIS 建设的标志性成果。目前 JALIS 已经建成了 17 个具有江苏特色、行业特色和高等教育特色的专题文献特色资源库，如南通大学图书馆承建的“张謇研究特色数据库”，徐州师范大学图书馆承建的“汉画像石、砖数字资源库”，南京中医药大学图书馆承建的“中医药古籍文献数据库”，苏州大学承建的“历代人物图像数据库”，南京农业大学承建的“特种经济动植物多媒体数据库”等等。此外还有学位论文数据库、学科导航数据库、教学参考书数据库、高职特色教材教参文献信息数据库、中医药古籍文献数据库、车辆工程特色文献数据库、海洋专业数据库、中外药品质量标准数据库、煤炭行业矿业工程数据库、食品科学与工程专题数据库等，其中多数项目已经开始提供服务。自建特色库的承建和参建高校图书馆达到30多个，充分发挥了各个高校已有的教学资源优势，在全省范围内形成了特色资源共享、优势资源互补的良好局面，成为江苏省高校图书馆联盟发展的一大特色。

（1）建设目标

JALIS建设总目标是坚持共建、共知和共享，着力提高全省高校文献资源的保障率和服务覆盖面，努力把JALIS建设成为一个拥有丰富文献信息资源、先进技术手段和便捷服务体系的高等教育数字图书馆系统，营造国内一流的图书文献信息网络环境。特色资源整合平台建设目标是整合JALIS特色学科资源、技术资源和人力资源，全力打造一个具有江苏特色，数字化程度高、信息集成性强、远程服务便捷、保障力度大、学科覆盖面广的JALIS特色资源整合平台。

（2）建设整合原则

特色资源库建设整合原则是梳理建库理念、整合已有成果、采用最新技术、加快平台应用、打造江苏品牌、吸纳最佳智慧、满足最高需求、达到最佳效果。组织架构分为：项目领导小组，由JALIS主任、副主任、秘书长、特色数据库建设馆馆长等组成，统筹JALIS建设规划，组织协调特色资源整合平台建设中相关政策、协议、方案等决策问题；项目技术小组，由JALIS管理中心技术专家、顾问，以及各特色数据库承建单位的技术开发人员组成，对整合平台选型、技术路线数据规划等进行科学论证；项目建设小组，由承建单位数字化项目建设部、技术部及参建成员等组成，对特色数据库资源、整合平台软件、服务技术等进行调研、软件测试、数据收割、有效发布、系统维护、通报建设进展、组织专家论证、业务培训等相关活动。

通过 JALIS 特色资源整合平台的建设，来统一展现江苏高校特色数字资源建设的成果，方便读者查找特色数据库、获取特色数字资源，提高并扩大江苏省自建特色数字资源的使用率与受益面。

通过 OAI、METS 收割将江苏省各高校自建的特色资源库的元数据（包括尽可能多的全文），构建“云存储”理念的中心库，建设 JALIS 特色资源中心仓储库。

制订全省高校特色数字资源共建共享制度，整合中心与各参建高校的权利与义务，确保特色数字资源的整合与对全省读者的开放服务，加快并促进江苏省特色数字资源的建设。

（3）技术路线

特色资源库项目技术路线是：尊重现有特色数据库建设单位的创建成果与知识产权保护；尊重现有数据库软件开发商产品质量、功能提升与升级推广；尊重现代 SaaS 技术服务理念和 CALIS 专题数据库建设成果；尊重 JALIS 特色资源建设原则与各子项目协调发展关系。具体技术实现是以 OAI（Open Archives Initiative, 开放档案计划）、METS（Medical English Test System, 全国医护英语水平考试）收割技术实现对全省高校特色数字资源元数据、全文

的收割、整合；以整合门户方式，提供统一检索、分类导航、RSS 订阅、BBS 等多种方式满足读者各种需求，并进行有效互动；以 JALIS 馆际协议、读者认证、统一计费等来保证数字资源的合法获取并保护各特色数字资源建设高校的权益。

（4）服务模式

特色资源库项目运行与服务模式采用“中心与本地模式”，未来实现与 CALIS 特色库建设接轨。中心负责全省高校特色数据库元数据（包括全文）的收割与整合，为全省高校读者提供特色数据库的综合使用服务，引导读者利用特色数据库，提高特色数据库的使用率。本地系统要向中心提供 OAI、METS 数据，并根据 JALIS 的要求向全省开放自建特色数据库，扩大自建特色资源的受益面，为全省高校的读者服务。本地平台提供三项功能：中心提供或接受 OAI、METS 数据收割；基于 OpenURL 方式全文显示，以利于中心平台链接调度；基于 SaaS 理念的数据加工或特色数据库托管服务。最终实现在软件上形成 JALIS 特色资源整合平台；在资源管理上，可以统一收割全省特色数据库的元数据与全文（部分）120 万条记录；在机制上，服务全省所有高校，60% 以上公共图书馆及科研院所图书馆；并且制订全省高校特色资源整合协议，规范中心馆与各馆特色资源建设中的权利与义务；规范特色资源建设的内容（元数据全文）、数量要求；规范读者利用、认证等统一管理办法。

## 4.4.3 ZADL 特色资源库建设与共享

### 4.4.3.1　ZADL 总体概况

浙江省既是经济大省，也是文化大省、教育大省。据浙江省高校图工委统计，仅 2004 年，浙江省内高校图书馆文献资源总经费投入达 1.65 亿元人民币，其中中文文献图书经费超过 9000 万元，外文图书 5000 多万元，其他媒体文献 2000 多万元。到 2004 年底文献累计达 3800 多万册（件），数据库包括了国内光盘数据库 134 种，国内网络数据库 18 种，国外网络数据库 52 种，自建二次文献数据库 26 种，全文数据库 15 种。根据不完全统计，浙江省高校图书馆文献资源年平均投入总经费达 2 亿元以上，但是由于没有一个统筹规划的体系，各图书馆缺乏共享、合作，导致互相隔绝，重复建设，使得如此丰富的文献资源大部分得不到有效利用，成为网络世界中的信息孤岛。为此，浙江省迫切需要建立一个能够合作共享的数字化图书馆——浙江省高校数字图书馆（Zhejiang Academic Digital Library，简称 ZADL）。

2004 年，浙江省教育厅宣布启动 ZADL 及特色资源建设，并在杭州、宁波、温州等地设立一个省中心和 5 个分中心。浙江省政府和各有关单位共同筹资 1.4 亿元作为一期工程的建设经费。ZADL 项目旨在统一揭示现有资源，挖掘潜在资源，整合 OA（Open Access, 开放存取）资源，为浙江的发展提供便捷、有效的信息服务。资源数字化是 ZADL 的建设重点，自建数字资源库是 ZADL 的特色体现，管理模式的变革是 ZADL 的创新探索。

ZADL 建设的总体思路是：依托“中国高等教育文献保障系统（CALIS）”和“中英文图书数字化国际合作计划（CADAL）”的建设成果，以系统化数字化的学术信息资源为基础，以先进的数字图书馆技术为手段，以国家教育科研网（CERNET）为依托，为浙江省高等学校教学、科研和重点学科建设提供高效率、全方位的文献信息保障与服务，成为经济和社会发展的重要基础设施。

ZADL 项目的总体建设目标是：构建面向全省高等院校的数字化文献信息保障服务体系，形成具有国内先进水平、功能齐全、资源丰富、覆盖面广的浙江省高校数字化图书馆。具体包括：建成全省高校共享的国内一流的数字化文献信息资源库；建立覆盖全省高校的数字图书馆服务体系，包括省级服务中心和五个分中心，向全省高校用户提供数字资源服务；培养一支数字图书馆管理与服务的优秀人才队伍，满足全省服务、资源建设、技术支撑需求；健全项目建设管理协调制度以及考核激励制度。

ZADL 通过一个省中心和滨江、宁波、温州、下沙、小和山五个分中心向全省高校提供数字图书馆服务，如图 4-2 所示。

ZADL项目建设目标——宏观蓝图

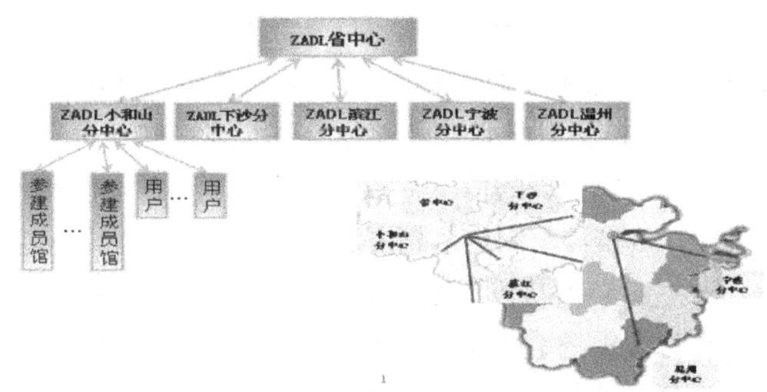


图 4-2 ZADL 服务体系架构与分布图

为确保项目建设顺利实施，浙江省教育厅发文成立了浙江省高校数字图书馆建设领导小组、浙江省高校数字图书馆建设委员会和浙江省高校数字图书馆项目服务中心。ZADL 项目服务中心下设三个专业工作组（服务组、资源组、技术组）和秘书处，分别承担项目建设工作的指导协调与日常管理工作。

4.4.3.2 ZADL 特色资源建设原则

特色是信息资源数字化建设的生命，没有特色就没有竞争优势，就会失去生存价值。ZADL 特色数字资源建设是在共建模型的基础上进行的，必须遵循以下原则：

（1）通用性与标准化原则。ZADL 特色资源建设，应注意通用性与标准化原则问题，即在开发建设中必须遵守网络传输协议、数据加工标准和有关文献分类标引著录规则等要求，尽量使用和国际标准、CALIS 标准一致的资源

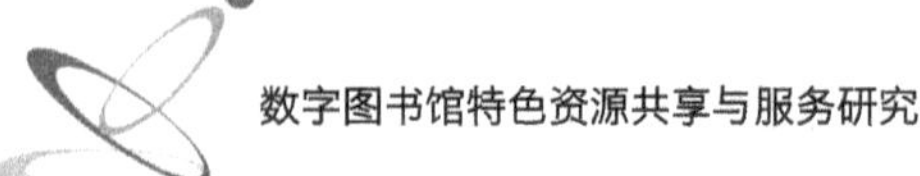


（包括购买和自建资源），确保数字化产品的通用性和标准化，从而为共建、共享创造条件。

（2）系统性实用性原则。信息资源建设过程中要注意文献信息资源的系统完整和各类信息资源之间的相互联系；保障重点学科，也兼顾其他学科，逐步完善学科覆盖面，从而形成合理的信息资源建设体系。同时，也要考虑实用性，根据需求制定信息资源建设体系。

（3）安全性与可靠性原则。图书馆在数字资源建设时，要对大量的数字资源进行加工、存储、传递和管理，并利用网络对众多的终端用户提供各种信息服务，因此系统的安全性十分重要，所以在建设过程中既要选择技术成熟、性能安全可靠的信息存储设备，又要采用先进的网络管理系统，确保网络系统的安全性和数据的可靠性。

（4）分工协调原则。从全局出发，统筹规划、分工合作、合理布局，有重点地进行资源建设，体现整体优势，以管理中心为基础构建二级联合保障体系，形成具有较强整体功能的信息资源体系。

（5）产权保护原则。建设一个数字图书馆必须尊重的信息资源知识产权系统，以避免麻烦。

4.4.3.3　ZADL 特色资源数据库建设情况实证分析

特色资源数据库是 ZADL 资源建设的三大组成部分之一。3 年多来，ZADL 分两批报请浙江省教育厅、财政厅批准立项了 33 个特色资源数据库建设项目，分别由 27 所不同类型的高校图书馆承担；建成了一批具有地方特色、学科特色和资源特色，方便实用、技术先进的特色资源数据库，服务于高校教学科研和浙江地方经济建设，推动了地方特色文献资源建设。ZADL 特色资源数据库访问地址：http://210.32.137.36，首页面如图 4-3 所示：

图 4-3 ZADL 特色数据库中心首页面

（1）建设内容凸显地方特色和本校学科特色

ZADL 特色资源数据库内容涉及浙江历史文化、本校特色学科资源、名人研究等诸多方面。33 个特色资源数据库中，18 个是关于本校特色学科的，6 个是关于地方历史文化的，6 个是关于名人研究的，3 个是关于其他内容的。将地方特色历史文化与本校特色学科结合构建特色资源数据库，是 ZADL 特色资源数据库的亮点之一。

以本校特色学科资源为基础建设特色资源数据库，图书馆在资源和人员方面具有很多优势。以浙江理工大学图书馆承建的“纺织服装信息资源服务平台”为例，浙江理工大学材料与纺织学院可以追溯到 1897 年杭州太守林启创立的蚕学馆，这是我国历史上第一所以养蚕、纺丝为特色的专业学校。100 多年来，纺织服装一直是该校的特色和重点专业，学校图书馆也收藏了大量的相关资料，因此完全可以在资源上保证特色资源数据库的建设。另外，很多该校的优秀毕业生成了行业的领军人物和专家，他们可以为特色资源数据库的建设提供高水平的学科指导。

以地方历史文化为主要题材建设特色资源数据库，要求数据库建设者在资源收集方面付出更多的努力。高校图书馆关于地方历史文化的馆藏都不是很完善，而这些材料大多被收藏于档案馆、博物馆、地方群众艺术馆等地。因此，数据库建设者在收集资源时需要相关单位的支持。另外，项目组还应该有熟悉当地历史文化的成员，在资源的整合、数字化加工和标引过程中，能够提出合适的建设方案，如“浙江丝绸文化特色数据库”就是由浙江理工大学、中国丝绸博物馆和《丝绸》杂志社共同合作完成的。将地方特色文化与本校特色学科结合起来构建特色数据库，不仅可以有效地梳理地方特色资源，还可以服务于地方经济建设和文化建设，同时也可以提高本校特色学科的文献保障力度。

（2）ZADL 特色资源数据库的数据构成

①文献类型。ZADL 特色资源数据库基本涵盖了所有

文献类型，包括图书、期刊、专利、标准、手稿、图片、视频、学位论文等。33 个特色资源数据库建设项目中有 31 个项目涵盖了 3 种以上的文献类型。由于各个项目的特色不同，其所建设的子库的类型也各有特色。例如，“吴语甬江片方言数据库”调查和采集吴语太湖片、甬江小片原汁原味的方言口语资源，其资源构成以方言字、词的读音为主，而美术特色资源数据库则以各种画派的图片为主。

②数据量。2012 年 10 月 31 日，ZADL 特色资源数据库全面通过了验收评审。截至项目结题时，特色资源数据库管理中心数据平台共收割元数据 1358458 条，其中全文数据 462 845 条，占元数据总量的 34.1%。从全文数据的分布来看，非常不平衡，全文数据量较多的均是建设经费较多的项目；有的特色资源数据库中 95% 以上的数据都是全文数据，而且是自有全文数据，如美术特色资源数据库；有些特色资源数据库完全是题录型数据库，没有全文。还有一些特色资源数据库，其中的资源都是从已有的电子资源和 OA 资源中获取的全文，没有自有全文，所以其特色性也大打折扣。

③数据质量。ZADL 特色资源数据库中自有资源的扫描和加工参照了 CALIS 特色资源数据库项目和 CADAL（China Academic Digital Associative Library，大学数字图书馆国际合作计划）推荐的精度和标准。项目的承建单位在扫描之前反复调研，设置好扫描参数，严格控制扫描的质量；同时还要兼顾文件的上传和发布情况，选择合适的文件类型和文件大小。例如，浙江理工大学“纺织服装信

息资源服务平台”的图片库主要收录国外最新流行服装的效果图，项目组按照 600dpi 的标准扫描切图。由于考虑到读者访问的速度和版权保护问题，其在检索结果页面只展示缩略图，当读者需要使用时，经授权可以点击图片查看大图。

④门户网站情况。高校数字图书馆特色资源数据库的门户网站既要具有一般商业数据库的检索功能，又要体现自有资源的特色。ZADL 特色资源数据库门户网站由中标的平台软件供应商提供统一的模板，各承建单位在此基础上进行个性化开发。33 个特色资源数据库全部根据各自资源的特色发布了个性化门户网站。

ZADL 特色资源数据库不仅资源丰富，在网站建设上也逐步探索新技术的应用，个别特色资源数据库可以实现资源之间的关联检索。例如，“湖州历史人物志特色资源数据库”由人物信息库、人物作品库和人物研究库组成。在人物信息库中，用户检索到人物信息后，可以通过链接查找到有关这个人物的本地资源、本馆资源和读秀数据库中的相关信息，如此便将特色资源数据库与本馆的其他资源及 OA 资源有效地关联起来，大大拓宽了用户的查找范围。同时，ZADL 特色资源数据库还积极采用国际领先、界面友好的显示方式。例如，在视频的展示上，采用流媒体在线播放的形式，有效地避免了网速对下载资源速度的限制；在 PDF 文件的显示上，借鉴 Google 图书的显示方式，增加了预览功能，这样用户无须下载，就可以在线预览检索到的部分 PDF 文件。

（3）ZADL 特色数据库资源管理平台建设

特色资源库采用规范化的特色资源加工工具来编目和管理特色资源，用极具个性化的门户页面和特色功能来展示特色资源，既突出特色资源的“特”性，又可以在管理上实现图书馆所需要的规范化的“共”性。特色库系统要不拘于资源的形式，只要是用户所搜集和拥有的资源，不论形式，都可以实现规范化管理与个性化发布。ZADL 特色库管理平台的资源加工工具采用 C# 编写标准，运行于 Framework2. 0 以上，个性化的门户页面则采用 Java 编写标准。门户程序构架基于 B/S 结构，用户可直接通过网络浏览器访问；资源加工程序构架基于 C/S 结构，可通过网络连接数据库及索引服务。

ZADL 特色资源数据库建设的鲜明特点

（1）始终把握特色意涵的选题理念

特色是信息资源数字化建设的生命，没有特色就没有竞争优势，使其失去生存价值。按照 ZADL 特色资源建设的规程要求，严格把握地域资源的特色属性，规范遴选数据库的独特内容，让具有浓郁江南地域特色的传统文化服务当代浙江现代化建设。

（2）江南地域经济文化是特色数据库的首选内容

浙江历史悠久，地处江南，环境优越、经济昌盛、文化繁荣、人才荟萃、社会相对安定，是中国古代文明的发祥地之一，沉淀的厚重文化底蕴以及当代（特别是改革开放以来）浙江人敢为天下先的创新精神，创造了一个又一个誉满全球的奇迹。这些独特的资源当为 ZADL 特色资源数据库首选的内容。ZADL 特色资源数据库因为江南地

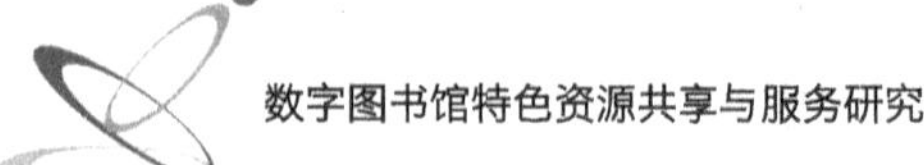


域经济文化的融入而显得生动，富有活力。

（3）鲜明的地域特色和深邃的传统文化使特色数据库内容丰富、类型多样

“浙商文化数据库”“吴语甬江片方言数据库”等，其建库方案的构思脉络上溯到明清时期。当时的江南是全国的经济、文化中心，先进生产关系的萌芽率先在此产生，商品发达，流通规模空前，各地商帮云集；另一方面，江南细软的语言和精细的生活也吸引了大批的商帮居留于此；与此同时，江南的对外交流居有地利之便，沿江沿海布列对外通商口岸，成为对外经济文化交流的窗口。这种具有“开眼看世界”的包容开放的特质，对今天浙江发展寓含的内在历史基础与文化传承是不言而喻的。

“陆游研究数据库”“湖州历史人物研究数据库”“嘉兴名人研究全文数据库”等，充分挖掘历史文献价值，为当前的文化大发展大繁荣提供历史借鉴。由于江南长期处于高度繁荣的经济和在全国独特的地位，加之杏花春雨孕育了一代代灵秀聪颖之士，使一些新的思想观念、新的文化艺术逐渐成长，涌现出大量的文学家、思想家、艺术家、藏书刻书家和各类学术大师，诗文、书画、戏曲成就独领风骚，流派众多，成就显赫。并且，他们将学术研究同当时的政治、经济和社会结合起来，提出了一系列变革思想，走在时代前列。

“南宋雅乐资源数据库”“丝绸文化数据库”“纺织服装数据库”等再现了古代宫廷艺术，传承了江南杭嘉湖平原经济文化发展的历史，透视出当代该领域发展的来龙去脉。

海洋是生命的摇篮，海域的自然资源是重要的国土资源，像陆地国土一样是人类赖以生存和发展基础，也是现代经济社会发展的战略资源。世界上许多国家和地区因海而兴，因海而强。随着社会的发展，人类对海洋资源的开发利用将更加重视，对海洋的发展战略将更加关注。浙江是海洋资源大省，拥有海域面积 26 万平方公里，是浙江陆上面积的 2.6 倍；面积大于 500 平方米以上的海岛 2878 个；拥有深水岸线 506 公里，占全国的三分之一。ZADL“海洋、水产数据库”旨在凭借江南厚重的人文底蕴和浙江沿海的区位优势，加快推进浙江乃至中国海洋发展战略。

# 第 5 章 数字特色资源建设的法律问题

数字图书馆特色资源库建设的信息主要来源于馆藏文献资源数字化、数据库资源的采集、网络资源的利用。大部分馆藏文献、数据库、网络信息都具有自己的版权，数字图书馆利用这些资源进行特色数据库建设的过程中，不可避免地会遇到版权方面的问题。图书馆特色数据库建设的法律问题主要是版权保护和隐私保护。建设特色数据库如何在不侵权、不侵犯隐私的前提下，充分利用这三种信息资源成了数字图书馆特色资源建设研究的一项重要内容。

## 5.1 版权保护

### 5.1.1 特色资源建设的信息来源

特色数据库是依托馆藏信息资源，针对用户的信息需求，对某一学科或某一专题有利用价值的信息进行收集、分析、评价、处理、存储，并按照一定的标准和规范将本馆特色资源数字化，以满足用户个性化需求的信息资源库。特色数据库建设的信息来源：一是馆藏文献资源，具体包括馆藏的图书、教师编著图书、学生学位论文等，将与所建特色数据库内容相关的馆藏文献进行收集、整理，然后通过录入、扫描、数字摄像、缩微、光学字符识别、压缩与格式转换、语音识别和人工智能等技术手段，实现

传统文献的数字化；二是电子全文数据库，即对已购买的电子全文数据库进行筛选，将其中与所建数据库相关的内容进行下载并加工、重组，充实到特色数据库中；三是网络信息资源，通过对网上与特色数据库内容相关的信息进行挖掘、筛选，并加工、整理，使之成为建立特色数据库有用的信息资源。

## 5.1.2 特色资源建设中的版权问题

版权是知识产权的一个法律范畴，是智力创作者权利的法律分支之一，是作者对其作品拥有的法定特权。版权是现代文化创造和文化传播的基石，可以说没有现代版权制度就不会有现代的知识与文化传播体系。在知识产权领域版权和著作权是同义语。版权是一种合法的有限垄断，保护权利人对其作品的独占，承认其智力劳动的价值，从而鼓励权利人创作更多的精神产品。版权问题主要是处理好版权限制的问题，保持个人利益和社会公共利益的平衡。馆藏文献、数据库和网络信息同样既是个人创造活动的产物，又是社会不断发展的产物。所以图书馆特色数据库建设版权问题解决的目的主要是在保证作品权利人利益的同时，使图书馆能合法获得更多信息资源。

### 5.1.2.1 馆藏文献资源数字化中的版权问题

馆藏文献资源的数字化是特色数据库建设的重要途径和方式。文献资源数字化是指通过计算机技术将传统载体形式的信息如文字、图形、图像、声音等转换成二进制编码的数字信息形态。《中华人民共和国著作权法》（以下简称《著作权法》）第十条第五款规定：复制权，即以印刷、复印、拓印、录音、录像、翻录、翻拍等方式将作品制作一份或多份的权利。这个定义没有把数字化包含在内，但是从复制行为的主观目的、特定方式和劳动特征来看，数字化符合这一界定。

首先，从主观目的来看，图书馆馆藏文献资源数字化是为了制作与原件相同或相近的复制件，使更多的用户更方便、更快捷地使用本馆收藏的文献，促进文献资源的共享，实现馆藏文献的增值，原作本身并没有改变；其次，从特定方式来看，文献资源数字化事实上是将传统文献的原有形式转换成二进制编码形式，并固定在某个载体上，如同将软件固定在有形物体上，只是形式发生了改变而已；再次，从劳动特征来看，数字化产生的复制品本身没有创造性，不是智力成果，只是对原文献的再现，虽然文献数字化需要智力劳动，但其不是为了改变原作的内容或进行某种程度的创新，而是为了保证复制品不失真，提高复制效率与质量。因此，数字化行为可确认为复制。这一观点在国内外学术界及立法实践中已基本达成共识。世界知识产权组织 1996 年提出的《关于保护文学和艺术作品若干问题的条约》和美国国家信息基础设施推进工作组发表的白皮书——《知识产权与国家信息基础设施》都明确认定作品数字化属于复制。

因此，文献数字化著作权的归属、行使与限制都应比照复制权中的有关规定来执行，纳入著作权的调整范畴，著作权人对作品数字化享有专有权利，其他人未经著作权人许可，不得对原作品进行数字化，否则容易造成侵权行为。

图书馆建设特色数据库应事先将馆藏文献数字化，参照复制权的保护方法进行权利处理。图书馆特色数据库建设中数字化的文献资源包括两个部分：一是公有领域的文献；二是非公有领域的文献。对这两种文献数字化所涉及的版权问题是不同的。公有领域文献的复制权不再受著作权人的支配。图书馆特色数据库建设可以根据需要对其进行数字化，但必须尊重作者的署名权、修改权和保护作品的完整权。因为作者的署名权、修改权、保护作品完整权的保护期不受限制。我国《著作权法》规定，公有领域的文献包括：超过保护期限的作品，如古籍、善本等；不在著作权保护的地域范围内的作品；不适用著作权保护的作品，如法律、法规、时事新闻等。非公有领域的文献，图书馆在对其进行数字化时须慎重处理，只有在“合理使用”的前提下才可以不经著作权人许可，不向其支付报酬，但应当指明作者姓名、作品名称，并且不得侵犯著作权人依照本法享有的其他权利，否则将造成侵权。

我国《著作权法》第二十六款、第八款和《信息网络传播权保护条例》第七条明确规定以下行为属于合理使用：图书馆、档案馆、纪念馆、博物馆、美术馆等可以不经著作权人许可，通过信息网络向本馆馆舍内服务对象提供本馆收藏的合法出版的数字作品和依法为陈列或者保存版本的需要以数字化形式复制的作品，不向其支付报酬，但不得直接或者间接获得经济利益，当事人另有约定的除外。为陈列或者保存版本的需要以数字化形式复制的作品，应当是已经损毁或者濒临损毁、丢失或者失窃，或者其存储格式已经过时，并且在市场上无法购买或者只能以明显高于标定的价格购买的作品。

这里不难发现“合理使用”对图书馆的网络传播行为仍有限定。首先是传播范围的限定，即局限于本馆馆舍范围内，也就是说，在线传播数字化作品的计算机终端应安装在图书馆实体建筑内，而未赋予图书馆的馆外传播权。这样，数字化作品未经著作权人许可，经校园网传播也属非法。其次是传播对象为本馆的服务对象，不包括社会大众。第三是作品的范围，为“本馆收藏的合法出版的数字作品和依法为陈列或者保存版本的需要以数字化形式复制的作品”，而且对数字化形式复制的作品也有限定，“应当是已经损毁或者濒临损毁、丢失或者失窃，或者其存储格式已经过时，并且在市场上无法购买或者只能以明显高于标定的价格购买的作品”。这样，图书馆将本馆收藏的合法出版的纸质作品和非损毁、非丢失的作品进行数字化处理并上网传播，仍有侵权之嫌。《著作权法》第四十八条第一款规定，“未经著作权人许可，复制、发行、表演、放映、广播、汇编、通过信息网络向公众传播其作品的”，属侵权行为。

可见，合理使用是在一定的范围和目的前提下进行的，而图书馆将馆藏文献数字化，建设特色数据库是为了更好地为用户服务，提高图书馆的竞争力，这就不能把数字化行为当作“合理使用”，必须得解决好作品的著作权问题，避免引起版权纠纷。因此，图书馆在建设特色数据库过程中将文献资源数字化必须与权利人（即作者、表演者和录音录像制作者）签订数字化复制许可合同，取得权利人的授权许可，数字化复制权内容、行使与限制应按照复制权的相关规定执行；若未经权利人授权许可，无论是对馆外作品还是本馆馆藏作品以数字化形式复制，均构成对权利人数字化复制权的侵犯。

#### 5.1.2.2　数据库资源采集中的版权问题

图书馆在特色数据库的建设过程中，出于省时、省力、便捷的目的，必然会在购买的数据库中搜寻所需的信息资料，尤其是电子全文数据库，以补充特色数据库的内容，因此这一过程必然会涉及数据库的版权问题。

数据库资源采集过程中的版权问题，自然要从数据库法律保护的角度出发，对所采集的数据库进行分类。依照数据库开发时是否具有独创性，可将数据库分为具有独创性的数据库与不具有独创性的数据库。所谓具有独创性的数据库，是指对信息进行选择、编排、分类、筛选等智力工作，构成智力创作的数据库，而非独创性的数据库则是未进行智力创作的数据库，二者具有不同的法律地位与意义。

具有独创性的数据库，由于其具有独创性，符合智力创作的条件，因而受到版权法的保护。世界知识产权组织和世贸组织都将数据库看作汇编作品，如果符合独创性的标准，就可以受到版权法的保护。

目前，我国对数据库的法律保护尚无单独、具体的规定。图书馆在建设特色数据库过程中，在对受版权保护作品的汇编型数据库进行采集和二次加工转换时，涉及数据库中原作品的著作权和数据库创作者对数据库自身享有的著作权两个方面的问题。未经许可进行复制或实施其他行为，将可能构成双重侵权，既对数据库创作者构成侵权，又对数据库内原作品构成侵权。

商业数据库大多采用专有许可方式，图书馆仅获得有限使用权而非所有权。著作权专有许可使用是指著作权人授权他人在一定的地域和期限内以特定的方式独占使用作品。在双方签订的许可合同中，数据库商甚至将合法用户的大批量下载及永久保存也视为侵权，并追究法律责任。

为了防止数据库版权所有者的绝对控制，影响信息的传播和使用，法律在保护数据库制作者权利的同时，也对其做出了适当的限制。我国对数据库的版权限制主要是合理使用。合理使用数据库是合法行为。按照我国《著作权法》第二条规定，结合数据库的特性，其合理使用包括：为个人学习、研究或欣赏，使用他人已经发表的数据库；为学校课堂教学或科学研究，翻译或少量复制已经发表的数据库，供教学或者科研人员使用，但不得出版发行；将已经发表的汉族文字的数据库翻译成少数民族文字数据库在国内出版发行等八个方面。

图书馆建设特色数据库，利用已购买数据库中的信息资源通常会采取两种方式：一是将资料批量下载到本地服务器，然后再以这些资料为素材编辑到特色数据库中；二是在特色数据库中提供链接地址。对于第一种做法，由于图书馆仅拥有购买数据库的使用权，而无权大批量地下载、传播数据库的内容，因此会对数据库制作者构成侵权；同时，对数据库中文献数据的编辑传播也会侵犯原文作者的复制权、修改权、保护作品完整权、信息网络传播权等，从而构成双重侵权。对于第二种做法，实质上是通过链接地址将网页页面链接到所购买的数据库中。它存

在的法律风险是：如果图书馆对自建的特色数据库不进行IP限制，随意扩大使用范围，则会造成对原数据库商的侵权。

5.1.2.3 网络信息资源利用中的版权问题

随着互联网的发展，丰富的网络信息资源，便捷的存取操作，为图书馆获取信息开辟了一条康庄大道。图书馆建设特色数据库，不能局限于馆藏文献和已购买数据库，同时还要利用网络信息资源，对其进行下载、分析和加工。

图书馆在建设特色数据库时，对网络信息资源的利用通常采用以下三种方式：一是全文下载，将原文原封不动地录入特色数据库中；二是部分复制，重新进行编辑、加工、整合；三是将网页链接到数据库中。

第一种方式，全文下载，实际上是一种转载行为。《最高人民法院关于审理涉及计算机网络著作权纠纷案件适用法律若干问题的解释》第三条规定，“已在报刊上刊登或者网络上传播的作品，除著作权人声明或者报刊、期刊社、网络服务提供者受著作权人委托声明不得转载、摘编的以外，在网络进行转载、摘编并按有关规定支付报酬、注明出处的，不构成侵权，但转载、摘编作品超过有关报刊转载作品范围的，应当认定为侵权”。一般法律是允许转载网络上的内容的，但必须付费。图书馆建设特色数据库转载网络上的作品时，首先，要判断该内容是否能够被合理使用，如时事新闻。已经发表的关于政治、经济、宗教问题的时事性文章，转载这些内容是无须付费的。其次，要关注所转载的网页上是否注明有“非经作者许可，不得进行转载”的告示，如果有此类警示，图书馆应尽量避免转载这些内容。如果非常需要这些网页内容，则可以和该网站的负责人联系，征求原文作者的意见后再做处理。

第二种方式，实际上是对网页内容的重新加工。这种行为存在着较大的法律风险。首先，先对原文的复制会侵害到作者的复制权；其次，对复制的内容进行剪拼，会严重侵害到作者作品的完整权；再次，将加工好的信息资料内容上载到特色数据库中，提供给其他读者阅览和下载，则又侵害了作者的网络传播权。

第三种方式是在特色数据库中设置超链接。超链接是一种非常实用的网络信息链接技术，指的是使用超文本标记语言（HTM）指示电脑或者采用专门软件，在两个不同文档或同一文档的不同部分建立联系，使访问者可以通过一个网址（URL）访问不同网址的文件，或通过一个特定栏目访问同一站点上的其他栏目。从空间联系上看，超链接可以分为三种：第一种是页内链接，将一个文件的各个部分联系起来，便于用户从一个长文件的某个部分迅速跳跃到文件的开头或者其他部分；第二种是网站内部链接，又称系统内链，是指将同一服务器上的不同文件链接起来，便于用户在同一网站的不同主页间快速建立链接；第三种是网站之间的链接，又称系统互链，是指将不同服务器上的不同文件链接起来，方便用户在不同的网站之间来回穿梭。前两种链接所链接的版权材料一般属于同一主体，不会涉及侵权问题。系统互链所链接的材料不在同一服务器上，分属于不同的主体，这便存在侵权的隐患。超链接的侵权主要指的是系统互链。图书馆建设特色数据库设置链接主要是系统互链，其所链接的是版权不属于同一主体的材料。

根据不同链接技术方式产生的不同结果，超链接可分为正常链接和恶意链接。正常链接是指在点击网页上超文本链接标记后，用户在链接的导引下去访问被链接的对象，这时浏览器的地址栏会清楚地发生改变，读者也会感受到这种链接所导引的文件的转换，由于网页上不存在设链者的任何信息，被链接的网站也没有任何损失，因此这种链接不存在知识产权上的侵权问题。恶意链接是一种隐性链接，这种做法直接略过被链接的网站的主页而将用户导引到该网站的某个分页，浏览器地址栏显示的仍然是设链者的地址，原网站的地址根本不会被点击者所知，这实际上已经触犯到了原网站制作者的权益。因此，如果未经网站制作人的允许而进行恶意链接，就侵犯到了原网站制作人的网络传播权。所以图书馆在建设特色数据库利用网络资源设置超链接的过程中，要使链接过程能为用户所见，不仅能看到链接标志，还可以见到链接所导引文件的转换。

## 5.1.3 特色资源建设中的版权保护措施

对于大多数数字图书馆而言，如果服务范围仅限在图书馆馆区范围内，版权问题是不难解决的，而且现实条件下大多数情况也正是如此。但是，要在互联网环境下提供数字资源服务，则要复杂得多，即使对于一个纯公益组织也是如此。现阶段，数字图书馆主要是通过以下三个方面

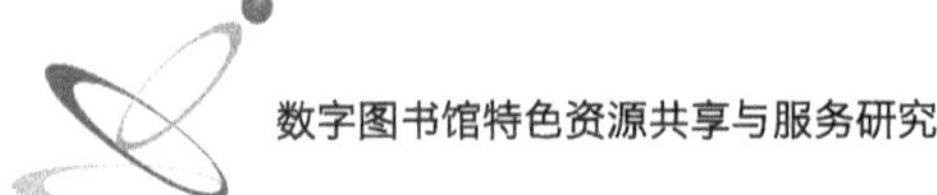


来应对：法律途径、技术手段、协商合作。

法律途径主要是指通过立法的方式，在进一步明确数字版权责权利的同时，使得图书馆等社会公益机构获得更多的权利和自由度，比如2006年由国务院通过的《信息网络传播权保护条例》中的第七条指出，“图书馆、档案馆、纪念馆、博物馆、美术馆等可以不经著作权人许可，通过信息网络向本馆馆舍内服务对象提供本馆收藏的合法出版的数字作品和依法为陈列或者保存版本的需要以数字化形式复制的作品”，这就是一种法律针对公益服务的保护。同样，该条例中的若干“避风港原则”则为相关信息服务提供了更为可靠的支持。

版权保护的技术手段主要包括了DRM（Digital Rights Management，数字版权管理）、并发控制、限制下载等手段。其中DRM的基本原理就是通过数字加密和数字证书等技术，限制用户传播范围，使得非授权用户在有限的成本下难以有效使用该资源。

协商合作，则是力图通过各种活动或措施使作者或出版商授予数字图书馆更多的使用权和传播权。

但是，这些措施的实施效果与人们对于更方便地获取数字信息服务的期望还有较大的差距。《信息网络传播权保护条例》解决不了互联网上大规模服务的版权问题，DRM的散乱现实使得其实用性受到极大制约，协商合作通常也只是很小的范围。追根溯源，这些问题的原因就在于信息化技术发展水平与信息传播体制和商业机制尚未达到相互融合的阶段。

随着信息化的发展Apple公司的应用商店模式则为互

联网上的知识服务提供了一条全新的思路。其基本思想就是，通过将硬件、软件、服务和内容整合在一起，形成一条封闭的产业链，硬件依靠软件和服务提升服务能力；软件和服务依靠硬件平台来获得广泛的用户和资金保障；应用商店可以对软件的版权、费用和质量进行很好的控制，同时也能与用户的信用和支付体系相连接。通过一个确定的终端设备，用户与整个社会服务形成了良好的互动。这种新的产业和生态链是比 Apple 炫酷的外观更为重要的推动力，是社会整体信息化的集中体现。

因此，我们相信制约数字图书馆数字资源服务与发展的版权问题，最终将在信息化的深入发展下得到有效的解决。这种解决既是信息技术应用能力的提高，也是相关法律规则的调整，更是整个社会信息化的深度融合。

## 5.2 数字版权管理

近年来的实践表明，仅凭法律手段不足以保护版权人的版权，实施相关的技术手段也是极其重要的。由于传统密码技术对数字作品保护有限，产业界开始探索新的保护方式，在这样的背景下，DRM 应运而生。

### 5.2.1 数字版权管理的涵义与发展

关于 DRM（Digital Right Management，数字版权管理）的定义，国内外存在多种说法。国外如美国电子前线组织、W3CDRM 工作组、MPEC-21、美国图书馆协会、美国出版家协会、美国电子私密信息中心，国内如微软公司中文技术网站、方正电子等均对 DRM 持有不同看法。

有的认为DRM是纯粹一种技术工具，而另一些人则认为DRM是一个社会、法律、技术的综合体制。

DRM的确切含义是“数字权限管理”，不是纯粹的版权管理或版权保护，是对用户使用有版权数字化作品的权限进行限制的技术，但通常人们将其理解为“数字版权管理”。DRM是指数字化作品在产生、传播、销售和使用过程中版权管理的技术工具，它以一定的计算方法，实现对数字内容的保护。DRM是“权利的数字化管理”，而不是“数字化权利的管理”。DRM并不是一种特殊的技术，而是由数字证书、加密、数字水印、公钥/私钥、验证、存取控制、权限描述等许多技术的组合体。

也有研究者从广义和狭义两个层面理解DRM的含义。狭义的DRM仅涉及技术层面，它是指在网络及数字化环境下，借助加密与安全封装技术、PKI认证、权限管理技术等，使数字内容的权利主体获得对其客体的控制权，从而防止非授权使用，保护权利所有人利益的一种综合性技术体制。广义的DRM在网络及数字化环境下，以权限管理技术为核心，旨在有效保护数字内容与支持数字版权贸易的新型商业模式。这种商业模式涉及技术、法律、社会等各方面的问题。

DRM起源于版权保护技术，迄今为止DRM的发展已经经历了两代，第一代DRM技术主要致力于对数字化作品的安全性与加密技术的开发，以达到用技术手段解决对数字化作品的未授权复制问题。目前已经发展到了第二代，相对前一代技术其在功能上有很大的提升，可以实现数字版权的保护、管理和跟踪等功能，即新一代DRM技

术已扩展到对数字版权的描述、认证、交易、保护、监控、跟踪以及版权持有者相互关系的管理上。

## 5.2.2 数字版权管理的基本原理

数字版权管理的一般工作原理是：首先由内容处理服务器对数字内容进行编码压缩，然后利用密钥对内容进行加密保护。加密后的内容将与版权信息等一起打包存放在发布服务器上，并将一些与授权有关的信息存放在授权服务器上。用户通过付费或履行相应义务获得使用授权，用户信息与被授予的权限信息也将存储在授权服务器上。用户使用文件可以有两种方式，一种是用户向发布服务器提出请求，发布服务器通过授权服务器的信息核对之后，直接向用户发送解密后的文件；另外一种是，用户可以自由地从发布服务器上下载加密后的文件，但是只有得到相应授权后，或是必须使用数字内容提供商指定的播放设备后，才可以使用。图 5-1 显示了 DRM 的工作原理。在第二种方式中，需要保护的数字内容是被加密的，即使被用户下载保存并散播给他人，没有得到数字节目授权中心的验证授权也无法播放，从而严密地保护了数字作品的版权。

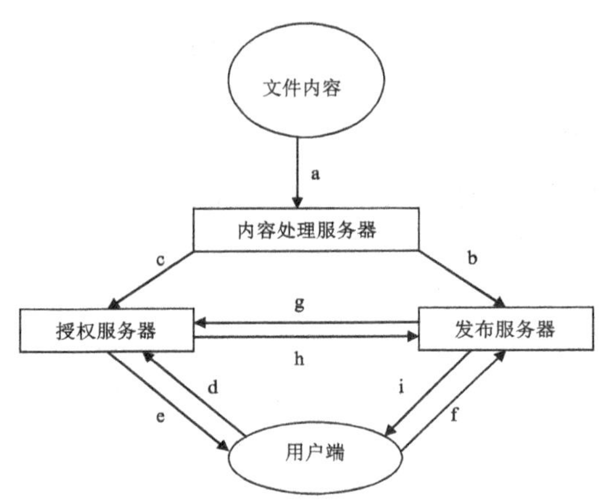


图 5-1　数字版权管理的基本原理

整个流程 a-i 介绍如下：

a：文件内容通过内容处理服务器编码加密。

b：内容处理服务器将加密后的内容与版权信息存放在发布服务器上。

c：内容处理服务器将与授权有关的信息存放在授权服务器上。

d：用户向授权服务器提出授权要求，并支付费用。

e：授权服务器对用户进行授权并存储相应信息。

f：用户向发布服务器提出文件使用要求。

g：发布服务器向授权服务器提出核对用户信息的请求。

h：授权服务器将结果返回给发布服务器。

i：发布服务器为用户提供解密后的文件或密钥。

### 5.2.3 数字版权管理的常用技术

DRM 之所以成为可能，在于已经有一批成熟的、可供利用的其他相关技术作为基础和支撑，包括对称加密、非对称加密、PKI 公钥体制、数字水印、数字摘要、数字指纹、XML 元数据及 DOI 技术等。下面对常见的数字加密技术进行简单的介绍。

5.2.3.1 数字水印技术

数字水印是在图像、声音等多媒体数据中埋入某种信息，并使其隐蔽起来。采用这种技术埋入的信息，人们不能直接感知，只能通过数据压缩、过滤等方法才能检测埋入的信息。水印信息可以是作者的序列号、公司标志、有特殊意义的文本等，可用来识别文件、图像或音乐制品的来源、版本、原作者、拥有者、发行人、合法使用人对数字作品的拥有权。水印技术的作用是如果他人擅自去除埋入的信息，就会严重影响数字化作品的质量。数字水印的特点包括：安全可靠性、鲁棒性、不可见性、水印容量性、继承性、算法的通用性等。

5.2.3.2 数据加密技术

加密技术的实现程序是：首先发送者必须产生一个“密钥对”。由一把公共密钥（public key）和一把私人密钥（private key）组成，公私密钥之间具有唯一的对应关系，但是由公共密钥无法推知私人密钥的内容。发送时，发送者用加密钥对信息加密，然后将加密后的密文发送给接收者，接收者利用发送人的公共密钥核查发送人的电子签名，并通过解密运算得到作品信息。采用加密方法创建和核查，依靠算法函数产生“公共密钥”和“私人密钥”这两套不同但在数学上相关的对应互补的“非对称密码系统”，他人很难在可靠的非对称密码系统的管制下通过公共密钥推知私人密钥，从而起到保护版权的作用。按作用的不同，数据加密技术主要分为数据传输、数据存储、数据完整性以及密钥管理技术四种。

#### 5.2.3.3 电子签名技术

电子签名是附加于数据电讯中的，或与之有逻辑联系的电子形式的数据，它可用来证明数据电讯签名者同意数据电讯中所包含的信息内容。数字版权之使用权交易的使用表现为个人身份密码或个人身份号码（PIC/PIN）的电子签名方式。通常认为，一个比较完善的电子签名应该满足三个条件：第一，签名者不能否认其执行了签名的事实；第二，任何其他人均不能伪造该签名；第三，如果双方当事人对签名发生了争执，能够由公正的第三方进行仲裁的，通过验证其签名来确认其真伪。电子签名可以从工作流程、技术环节和电子认证等方面来确保以上三个法律功能的实现。

#### 5.2.3.4 电子认证技术

电子签名的认证是指特定的机构对电子签名及签名者的真实身份进行验证的过程。之所以要对电子签名进行认证，是因为电子签名仅仅是一种技术上的工具性保障，目的是保证电子文件具有较高的安全系数，不使其被仿冒、篡改，或被否认。法律规范对它所作的调整是技术性的，具有较强的客观性，表现为对符合签名基本功能的电子签名技术予以认定，但这解决不了对公共密钥确定性的判断以及私人密钥持有者否认签发过特定电子文件的问题，从而使欺诈、否认等行为有机可乘，而电子签名认证是一种组织上的保证，不仅需要一定的标准，还要有一定的社会组织结构与之配套，目的是确认发文者的身份，使之与实际上的电子文件签发人一致。

5.2.3.5 数字指纹技术

数字指纹技术具有隐形性、鲁棒性、确定性、数据量大和抗合谋攻击能力等特点。以客体为标准，数字指纹技术可分为数字指纹和物理指纹；以检测灵敏度为标准，可分为完美指纹、统计指纹和门限指纹；以嵌入方法为标准主要有识别、删除、添加和修改等类型；以指纹值为标准可分成离散指纹和连续指纹。抗合谋攻击是数字指纹研究中需要解决的根本问题之一。所谓合谋攻击是由于数字指纹系统为每个用户分发各不相同的数据拷贝，几个用户有可能会联合起来查找标记的位置，以达到删除指纹或者陷害其他无辜的目的。目前抗合谋攻击的数字指纹方案有叛逆者跟踪、非对称指纹、匿名指纹、统计指数等。数字指纹技术多用于网络服务中的版权保护，它主要是为那些需要向多个用户提供数字产品、同时希望确保该产品不会被不诚实的用户、非法再分发的发行者所采用。

5.2.3.6 元数据技术

所谓元数据（Metadata），是对其他数据资源的内容、格式、定位等特征进行描述与限定的统一结构化数据。元数据语法通常由相应名称空间上一系列具有一定结构层次关系的元素集组成，且多用 XML 来表示。元数据的用户可以是程序，也可能是人。图书馆目录、MARC 编码、

Dublin Core 及搜索引擎自动抽取的网页特征都是元数据的应用例子。全文索引是信息组织的一种方式，这种组织是线性结构的。与全文索引不同，元数据往往具有结构化特征，表现力更强，上下文关系更明晰，能够提供更为复杂、更为准确的数据检索支持。元数据在信息组织方面的作用可以概括为描述、定位、搜寻、评估、选择这样几个方面。根据功能，元数据可以划分为 5 种类型：管理型元数据、描述型元数据、保存型元数据、技术型元数据、使用型元数据。

5.2.3.7　XML 技术

可扩展标记语言（eXtensible Markup Language，XML）是设计标记语言的规范。换句话说，XML 是用来描述 HTML 之类的标记语言的元语言。HTML 先于 XML 产生，但它们都基于标准通用标识语言（Standard General Markup Language，SGML）。XML 是 SGML 的一个精简子集，其最大特点在于高度的结构化与可扩展性。运用 XML 可以很容易地设计和表示其他的结构化标识语言。

XML 相关技术包括很多方面，如 XML 数据模型定义、名称空间、XSL 或 CSS 格式化显示、SAX 或 DOM 数据处理、Xpath、Xlink、Xpointer、XHTML Web 及相关应用、数据集成及 XQL、对象持续化与序列化传输（SOAP、RMI 协议）、XML 加密与签名技术等。与 DRM 有关的 XML 应用技术主要有 XML 数据模型定义，XML 名称空间，XML 词表应用，及 XML 加密、签名技术。

5.2.3.8　DOI 技术

DOI（Digital Object Identifier）即数字对象标识符技

术。在现实或虚拟环境有许多需要根据唯一标识对不同对象进行处理的情况，例如身份证号、社会保险号码、邮政编码、电话号码、ISBN 书号等。对于特定目的的应用来说，上述号码都是两两之间不能重复的，具有唯一地确定、识别、定位单一对象的功能。同样，在数字化及网络环境中也存在这种需求。在本地机环境中，需要标识的对象个数是有限的。然而在互联网这样一个巨大的分布式环境中，要生成一个具有唯一识别功能的数字对象标识符并不是一件容易的事。这就是 DOI 技术产生的缘由。

在这些相关技术的基础上，结合 DRM 在商业模式中的需求和应用，形成以数字内容的版权保护与交易为核心的一系列功能架构。内容保护、完整性保护、身份认证、安全传输、安全支付、权限管理等相互支撑，形成了 DRM 的完整技术体系。图 5-2 是张晓林博士指出的 DRM 技术体系基本构成。

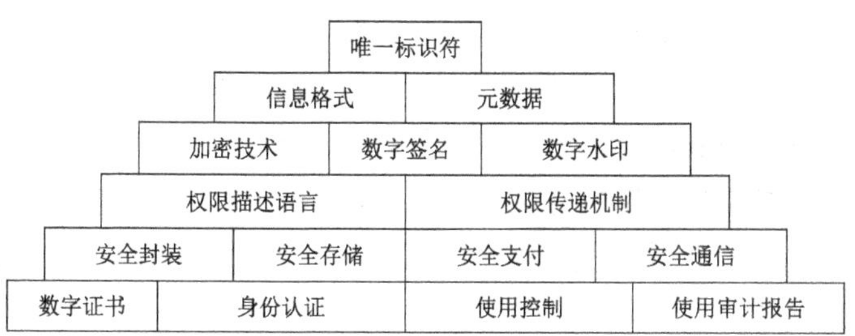


图 5-2 DRM 技术体系

为了保证在复杂的网络环境中有效推行和利用 DRM 机制，人们提出了以下技术要求：

（1）信息可利用性，DRM 技术不能影响而应保障信息内容的完整性、可利用性和利用的方便性。

（2）开放性。任何 DRM 技术都应基于开放标准，不专属于某个厂家或机构，不排斥任何一种信息内容形态或商业运营形式。

（3）平台独立性。DRM 技术机制应能支持各种软硬件系统和包括 WAP 在内的各种网络机制。

（4）底层技术独立性。DRM 技术机制应独立于具体数据格式、加密、数字水印、安全封装和传递技术，这往往要求它们能选择应用多种格式和技术。

（5）可伸缩可扩展性。DRM 技术机制应支持不同规模的信息系统，能吸纳新内容和技术形态。

（6）内部集成性。DRM 系统应可与内部的知识产品生产系统、资产管理系统、交易管理系统和信息组织检索系统等无缝链接。

（7）外部集成性。DRM 系统应支持第三方电子商务、身份验证、隐私保护、信息发现技术机制。

（8）灵活实施性。DRM 机制应以多种方式灵活应用于数字信息交易与利用中，例如基于出版商、基于中介系统、基于信息服务系统、基于用户系统的 DRM 机制等。

上述技术中许多属于通用技术，例如唯一标识符、数据格式、元数据、加密技术、身份认证、安全通信和安全支付等。

### 5.2.4 数字版权管理的功能

为了满足实现数字商业的需要，DRM 系统提供了一系列关键的技术和功能，这相当于在内容提供商和最终消费者之间建立起一个安全的环境，进行基于内容的各种商业活动。DRM 可以实现以下功能：

5.2.4.1 数字内容的保护和安全传输

DRM 包括保证作者和出版商在不安全的网络上进行安全的数字内容传输，以及使用带有密钥的加密算法加密数字内容，使得只有拥有密钥的人才能进行解密。

5.2.4.2 数字内容的安全发布

一旦数字内容经过 DRM 的加密，就必须需要使用解密密钥进行解密，才能获得原始的内容。任何人都可以访问密文，但如果没有解密密钥，这将是没用的。这能保证发布的安全性，同时控制内容的使用对象和使用方式。

5.2.4.3 内容真实性的鉴别

DRM 用单向散列函数（哈希算法）和脆弱数字水印技术来保证内容的真实性。在出版数字内容的时候产生原始内容的摘要并保存起来；或者将原始内容分成多个独立块，再将每个块加入不同的水印。当用户想要对内容的真实性和完整性进行鉴别时，可以把原来内容的摘要和现在的进行比较。或是通过检测每个数据块中的水印信号，来检测内容的真实性和完整性。

5.2.4.4 盗版和侵权的检测

无论保护工作做得多么周密，盗版和侵权的行为还是会时有发生。在 DRM 中可以使用数字水印技术，在原始内容中嵌入版权信息或发布序列号，当该作品被盗版或者出现版权纠纷时，版权所有者可以从盗版作品或水印版作品中获取水印信息作为依据，然后用法律的手段对其进行制裁，从而保护所有者的权益。

5.2.4.5　保证交易不可抵赖

无论是在真实的世界里还是在虚拟的电子市场内，交易发生的证明对交易的各参与方都是至关重要的。DRM使用交易参与方的数字签名来保证交易的不可抵赖性。

5.2.4.6　参与者的身份认证

DRM 使用数字证书技术，来保证参与者的身份真实性。

## 5.3 隐私保护

数字图书馆特色资源建设与利用的过程中的法律问题，除了版权管理问题之外，隐私保护问题就是当前面临的重要法律问题。从世界范围来看，近年来已经产生了大量隐私保护的纠纷与投诉，从谷歌、FACEBOOK 面临的隐私侵权投诉，到国内腾讯与 360 的大战，诸多案例无一不反映了在数字资源建设与利用实践中隐私问题所带来的危机。数字图书馆是特色资源长期保存与利用的主要公益机构，如果处理不好隐私保护问题，在网络无国界的环境下，就可能遭遇来自各国各地区隐私侵权的投诉，从而阻碍图书馆事业的发展。

目前，我国对图书馆及数字图书馆活动中隐私保护问题的研究，不论在理论方面，还是在实践方面，都还未引起足够的重视。因此，本节通过对美国图书馆协会、ARTstor 数字图书馆隐私保护政策和实施措施的介绍，对数字图书馆现行较有效的隐私保护政策和实施方案加以分析，探讨我国数字图书馆数字特色资源建设与管理中隐私保护的政策与实施问题。

## 5.3.1 隐私保护的政策

美国不仅在宪法中明确做出了保护隐私的法律规定，把对隐私权的保护视为对人权保护的一部分，还制定了专门的隐私权保护法规，并且专门建立了图书馆保护用户隐私的法规制度。除了传统隐私保护的立法以外，随着网络和数字技术的发展，针对网络数字资源隐私保护的特点，美国还很重视通过行业自律方式来解决隐私保护问题。美国各行业已颁布了不少建议性的行业指引，如美国在线联盟于 1998 年 6 月 22 日公布的《在线隐私指引》，适用于保护从网上搜集的消费者个人可识别信息。

美国图书馆协会在这种法律环境下，同样也制定了图书馆隐私保护的行业准则，而且其对图书馆隐私保护的行业要求与美国对隐私保护的行业自律要求原则上是一致的。美国图书馆协会针对《图书馆权利宣言》中对隐私权的尊重与保护问题发表了立场与观点，接着根据网络环境下数字资源长期保存与利用中隐私保护的特点，美国图书馆协会进一步于 2003 年 4 月 3 日制订，又于 2008 年 9 月 18 日修订了《美国图书馆协会隐私政策》，并公布于美国图书馆协会网站，供广大用户对协会的隐私政策进行检验。以下是对美国图书馆协会这两份有关隐私政策文件的介绍：

### 5.3.1.1 《隐私：图书馆权利宣言的一个解释》

美国图书馆协会在 1948 年就发布了《图书馆权利宣言》，至 1996 年已经进行了 4 次修改。在数字环境下图书馆面临的隐私保护问题日益频繁和突出，美国图书馆协会于 2002 年又专门针对图书馆权利中的隐私权问题发表了《隐私：图书馆权利宣言的一个解释》文件。该文件的核心观点为："对隐私权的尊重与保护是维护知识自由的必要保障和图书馆实践和道德规范的基本法则"。文件同时规定了图书馆用户享有的隐私权利应包括用户有权利被告知图书馆的隐私政策及其相关管理程序、图书馆应向用户具体告知什么个人身份资料被图书馆保存及其数量、为什么这些个人信息图书馆有必要保存、以及用户可以做什么来维护他们自己的隐私等内容，同时该文件还确认了图书馆有责任维护一个尊重和保护所有用户隐私的环境，用户也有责任互相之间尊重彼此的隐私。无论技术如何使用，都要求对于收集或访问无论何种形式的个人信息的每一个人，必须承担法律和道德的义务，保护隐私的机密性。

5.3.1.2 《美国图书馆协会隐私政策》

在《美国图书馆协会隐私政策》中，美国图书馆协会承诺致力于保护协会成员、捐助者、客户和其他联系人的隐私。美国图书馆协会基本的隐私政策是非常明确的，即当用户访问美国图书馆协会的网站时，协会将不会收集用户的个人信息，除非用户选择向协会提供这些信息。但即使是用户选择提供给网站的任何信息，网站也仅用于或改善服务之用。图书馆用户可在任何时间，通过登录访问协会网站的"交流喜好"页面，通知网站其用户个人的"交流喜好"设定。美国图书馆协会表示保证维护用户的隐私权，并感谢用户对协会的信任。美国图书馆协会还通过其《隐私政策》向公众告知了其在数字特色资源建设与管理中如下具体的隐私政策。

（1）关于对用户电子信箱和其他数字个人信息的保护

美国图书馆协会承诺，用户通过电子邮件或网络形式提供的个人识别信息，将只用于提供或改善服务之目的，如发送信息或产品给用户，更新用户的会员资格记录，或回复用户的问题和意见。因为只有用户提供了联系信息，美国图书馆协会职员或其服务承办者才可能与用户取得联系，以便澄清用户的意见或问题，了解用户对服务的客户满意程度。美国图书馆协会保证任何用户为了商品或服务而提供的信用卡信息都是安全的，这些信息只为了用户的预期目的才专门使用。

（2）关于计算机系统自动收集和储存的信息

美国图书馆协会告知用户：在用户访问网站期间，当用户浏览网站、阅读网页或下载信息时，计算机系统会自动收集和储存有关用户访问的某些信息，但不是用户本人的个人信息。此类信息并不能识别用户本人，计算机系统会自动收集和储存的只针对用户访问网站时的下列信息：①用户进入网站的互联网域名和 IP 地址；②用户用来访问网站的浏览器和操作系统的类型；③用户进入网站的时间；④被用户访问的网页和被访问的时间长度；⑤首次访问协会网站的用户网站地址。通过利用和分析，计算机系统自动收集和储存的访问者数量以及用户使用的技术等信息，可以用来帮助图书馆协会，使其网站更有助于访问者。从以上计算机系统所搜集的数据资料可见，这些信息并未涉及用户的个人识别信息或身份。

（3）关于网站与信息安全

美国图书馆协会还告知用户，为了网站安全的目的，并确保网站服务对所有用户维持可利用性，美国图书馆协会使用软件程序来监视网络交通，以识别未经授权擅自上载或更改信息，或以其他方式造成网站和信息损坏的企图。由于其网站链接着其他的网站，美国图书馆协会同时也声明不负责其他网站隐私保护政策的实施，而其他网站保护隐私的措施可能是不同于美国图书馆协会隐私政策中所阐述的措施。

美国图书馆协会网站的服务是严格禁止未经授权上载或更改信息的行为与企图的，而且图书馆可以根据美国1986年的《计算机欺诈和滥用法令》予以惩处这类行为。美国图书馆协会同时还告知用户，网站保存的个人信息还可能被用于经授权的执法调查，除了合法执法调查的目的之外，用户个人识别信息或用户使用信息的习惯不会用于任何其他目的。

（4）关于隐私政策的修订

由于隐私政策可能被修改，为了使用户随时了解新的隐私政策，美国图书馆协会还告之用户，如果协会修改隐私政策，协会会将这些变化发布在网页上和链接到其他地方，以至于用户随时可以知道图书馆协会收集哪些信息，图书馆协会如何使用它，以及在什么情况下，图书馆协会可能披露这些信息。

### 5.3.2 隐私保护的措施

数字图书馆是实施数字特色资源建设、管理与服务的主体公益性机构。由于在数字环境下特色资源的保存与利用过程中所涉及的隐私更容易受到侵害，更需要重视隐私的保护，因而美国数字图书馆都很重视数字隐私保护问题，许多数字图书馆在各自网站上都公布有自己的隐私政策。然而，在隐私保护法律规定和图书馆行业隐私政策的指引下，各个数字图书馆还需要根据自身的具体情况，制订各自的隐私保护具体实施措施。ARTstor 数字图书馆有着较完善和具体的隐私政策和实施措施，本节以其为典型研究对象，总结和分析数字图书馆在数字特色资源建设、管理与服务中应采取的隐私保护政策及实施措施。

ARTstor 数字图书馆（以下简称 ARTstor）是由美国美伦基金会（The Andrew W. Mellon Foundation）于 2004 年创立的非营利性的数字影像典藏数据库发展起来，其使命是建立一个长期有组织且可信赖的核心数字资源中心，运用数字技术来提升人文艺术和相关领域的学术教学与学习质量。其服务宗旨是希望为艺术及教育社群在研究及教学的数字影像长期利用需求方面有所贡献。ARTstor 认识到为了实现自己的服务宗旨，在其数字资料保存与利用的过程中，必须重视隐私权的保护，因此制定了隐私政策及较详细的实施指导方针，并通过网站向用户通告。ARTstor 向用户告知的隐私保护的内容主要包括以下几方面：

5.3.2.1 基本的隐私保护指导方针

ARTstor 告知用户其基本的隐私政策是致力于保护 ARTstor 数字图书馆及其网站的用户的隐私。用户可以利用 ARTstor 数字图书馆的所有功能，而不需要向 ARTstor 提供任何用户的个人信息，也就是说，用户可以在不提供任何个人身份信息的条件下，匿名享受 ARTstor 数字图书馆的所有功能和观看其收藏的数字影像资源。

在特定条件下，ARTstor 还可能收集一些数字个人信息。ARTstor 告知用户，其使用用户提供的信息只可能是出于以下几种目的：为了方便用户使用其数字图书馆，为了回答用户对 ARTstor 的查询，为了改善其网站设计，为了系统管理和故障排除，为了跟踪和分析网站的使用，为了与用户的交流（在可能的地方），为了使 ARTstor 能应对违反 ARTstor 数字图书馆《使用条款和条件》的用户及使用行为。ARTstor 同时要求用户应同意其数字图书馆的《使用条款及条件》。

为了更好地执行用户隐私政策，ARTstor 专门制定了较详细的具体实施指导方针，并在公告中较好地执行了向用户具体地告知什么个人身份资料被本数字图书馆保存，为什么这些个人信息本图书馆有必要保存等行业隐私保护的政策规定，以及其数字图书馆的信息保密与披露政策、信息安全政策和个人信息服务政策及相关管理程序。ARTstor 还专门制定针对 13 岁以下儿童用户的隐私政策。

为了更好地告知用户，ARTstor 把隐私政策和实施指导方针公布在网站上，并且请用户注意，其保护隐私实施指导方针以后可能有修改，如果有任何变化，将会公告在其网站上。

5.3.2.2　在何种情况下收集何种用户个人信息及其原因与作用

ARTstor 告知用户可能收集到的用户个人信息主要是注册用户的电子邮箱地址。如果用户选择保存特定数字影像组和设置用户个人喜好，以便随后可以方便检索到自己需要的资源，就必须通过 ARTstor 网站的注册过程。在这个注册过程中，ARTstor 将询问用户的电子邮件地址（可以是任意电子邮件地址），并要求用户创建一个密码。ARTstor 收集有某些用户的电子邮箱地址的原因是，通过用户提供的电邮地址，ARTstor 将可能把特定用户数字影像组和用户喜好与用户的电子邮件地址连接起来。当用户忘记密码时，ARTstor 将可能为用户找回用户特定数字影像组和用户喜好。可见 ARTstor 收集的个人信息，只是那些选择保存特定数字影像组和设置用户个人喜好的用户的电子邮件地址。

ARTstor 保存特定用户电邮地址的作用还为了特定用户数字影像组的维护，例如帮助保存课程所需资料，或者清除不再需要的资料。为了提供这样的服务支持，一个或多个机构代表，例如图书馆员，可能需要将这些特定的数字资料与设置这组资料的用户个人联系起来，以便机构代表可能联系并确定此用户个人是否还继续需要保存这些资料。

ARTstor 告知用户，如果用户选择注册成为 ARTstor 数字图书馆的用户，或想要使用来自 ARTstor 数字图书馆的工具来保存用户特定电子图像组，就意味着用户允许 ARTstor 把用户注册 ARTstor 的电子邮件地址提供给所在机构的管理者。同时意味着用户也允许所在机构管理者或 ARTstor 访问该用户创建的特定电子图像组，以便对其中的内容进行修改。而且可以通过用户创建特定电子图像组时提供的电子邮件地址与用户进行联系，以便管理和支持所在机构订阅 ARTstor 数字图书馆。虽然用户准许机构管理者或 ARTstor 执行上述服务功能，但这并不一定表示会在用户所在机构执行上述那些活动。ARTstor 进一步强调，上述有关对电邮地址个人信息的接触是不会损害用户个人隐私的。因为 ARTstor 不要求用户使用显示有用户姓名或其他个人身份信息的 EMAIL 地址。

ARTstor 告知用户，EMAIL 地址还可能用于自愿参与的调查。为了较好地理解用户的需求和兴趣，改善 ARTstor 数字图书馆及其网站的服务，ARTstor 希望在其网站上实施调查，或发送调查问卷给经过选择的，允许 ARTstor 发送电子邮件的注册用户。在这种情况下，ARTstor 会把自愿参与调查的结果发送到注册用户的电子邮件地址。而参加这样的调查是自愿的。

5.3.2.3　通过技术收集到何种技术信息及其原因与作用

ARTstor 告知用户，通过对技术的使用，网站收集了一些与个人身份无关的信息。例如，当用户登陆 ARTstor 网站时，用户的 IP 地址会被收集，以便网站知道向何处发送用户请求的信息，而 IP 地址往往与用户进入互联网的地点相关。而通过技术收集信息时，用户可能是不容易感受到的。ARTstor 也可能收集其他一些与个人身份无关的信息，例如用户使用的浏览器类型、使用的操作系统、以及用户互联网服务商的域名等。

5.3.2.4　网站如何使用 Cookies 及其原因与作用

ARTstor 明确告知用户其网站是采用 Cookies 技术。ARTstor 告知用户 Cookies 是作为工具存储在计算机中，其目的是为了控制某些系统变量和存储在 WWW 环境中的系统配置信息。ARTstor 使用 Cookies 来储存用户查看和打印的喜好选项，并存储认证信息。但 ARTstor 的 Cookie 数据不与用户身份信息相链接，也就是说，ARTstor 在 Cookie 设置的过程中不提取任何个人资料，也不使用 Cookies 来确定用户访问过其他哪些网站或网页。ARTstor 在网站运作中不会有广告商参与，因此用户不必担心会有广告商的 Cookie 置于用户的浏览器中。

5.3.2.5　保密和分享的信息类型及其披露个人信息的特殊情况

ARTstor 告知用户除合法特殊情况外，ARTstor 不会把用户提供的个人信息共享给他人，ARTstor 只分享数据聚合形式的总使用状况的数据，任何个人信息都不会被 ARTstor 数字图书馆的授权机构、内容提供商和一般公众识别。

ARTstor 可能会透露个人信息只发生在特殊情况下，即如果依法被要求；或者如果 ARTstor 相信这种做法是以遵守法律为前提，能防止违反 ARTstor《条款与使用条件》或《13 岁以下条款与使用条件》的行为；或能保护和捍卫 ARTstor 或者捐赠人、资料贡献者的权利和财产。

5.3.2.6　采取的信息安全政策与措施

ARTstor 告知用户，ARTstor 在适当的位置安置有物理的、电子的、管理的安全措施，以阻止他人通过联网非授权地接触和收集信息。同时，ARTstor 还声明对用户通过 ARTstor 与其他网站相互链接而收集的信息不承担责任。

5.3.2.7 用户可以享受个人信息服务的政策及其后果

ARTstor 告知用户，根据用户个人的要求，用户可以获得其提供给 ARTstor 的所有个人信息。同时 ARTstor 也告知用户，ARTstor 可以按照用户的要求，从数据库中删除用户的个人信息。但这样做可能会不得不取消用户访问 ARTstor 数字图书馆的权限。

通过对美国图书馆的隐私政策和实施指导方针的分析，可以得出以下启示：为了较好地保护用户的隐私，避免不必要的隐私纠纷，在数字特色资源建设、管理与服务的过程中，应尽量避免收集用户的个人隐私数据，并维护一个尊重和保护所有用户隐私的环境；对为了数字资源服务的需要，不得不收集和保存的用户隐私数据资料和通过技术自动收集的用户利用数字资源的活动资料，不可随意分享和披露，更不能买卖这些数字隐私；要制定好较完善的隐私保护政策和实施指导方针，并在网站上发布公告，告知用户什么个人身份资料被图书馆保存，为什么这些个人信息图书馆有必要保存，以及数字图书馆的个人隐私保密与信息披露政策、信息安全政策和个人信息服务政策及相关管理程序等。

从美国图书馆协会的隐私政策来看，数字图书馆当前不得不收集和保存的用户个人的隐私数据主要是用户个人的电子邮箱地址，以及技术系统可能自动收集的用户利用数字特色资源的活动数据，不涉及收集和保存用户的其他隐私数据与资料。在 ARTstor 的七项隐私保护具体措施中，其实收集的用户个人信息主要也就是特定需求注册用户的、不要求显示用户个人信息的电子邮箱地址，以及通过技术收集到的检索活动信息，其收集的原因与作用也都是为了更好地为用户服务，提高服务质量。

我国对隐私权的保护虽然还未专门立法，但近来在我国官方文件中已开始强调对隐私的保护。然而，我国公民对隐私保护的意识还不强。在我国图书馆的运作和数字特色资源建设与服务的过程中，对于隐私权的保护也还未引起足够的重视，大多数图书馆还未制定隐私政策和隐私保护实施措施，缺乏应避免收集不必要个人信息的意识，更没有向用户详细公布图书馆收集什么类型的个人数据及其原因与作用。要顺利进行数字特色资源的建设与服务，数字图书馆可能面对的各种隐私问题以及对隐私权的保护问题不容忽视。尊重和保护隐私是用户选择信赖和使用数字图书馆资源与服务的基础之一，是除了版权管理以外，数字特色资源建设与服务得以顺利开展的重要法律保障。

# 第 6 章 数字图书馆特色服务

我国各类型图书馆应针对其自身的性质和任务，根据馆藏基础及地区或系统文献资源布局的统筹安排，通过多种途经，有计划、有重点地收藏某学科特色、专业特色、地方特色等方面的相关文献资料，从而形成各具特色的信息资源。特色资源的建成有利于图书馆文献资源布局逐步趋于合理，有利于建设全国、全地区、全系统的图书馆文献资源保障体系。同时，各类型图书馆还可以利用这些特色资源开展一系列的特色服务，满足用户对特色文献的需求。特色服务与特色馆藏是相互联系，互为条件的。特色服务以特色资源为重要的基础条件之一，特色资源的目的是开展特色服务，特色资源对特色服务起着促进与限制的双重效应。数字图书馆所开展的各种特色资源与特色服务，可以从根本上解决图书馆藏与用的矛盾，满足用户的各种不同需求，从而实现全国，地区、区域联盟图书馆之间真正意义上的资源共享。

## 6.1 数字图书馆特色服务概述

图书馆理念的转变和服务工作的创新是顺应时代发展的需要，而特色服务则是各类型数字图书馆的亮点。

关于数字图书馆的特色服务目前暂无完全统一的概念。冯琼综合了各家观点，分析对数字图书馆特色服务含义的三种不同理解：其一，特色服务是本馆“独家经营”

的服务，即“人无我有”；其二，特色服务是图书馆界“众家经营”中的优质服务，即“人有我优”；其三，特色服务是数字图书馆系统化建设的综合表现，是建立在“人无我有，人有我全，人全我优”的竞争基础上，在传统服务基础上开创的新的服务项日、服务方式和服务理念，是数字图书馆服务形式、服务内容、服务效果完美统一的产物，具有独特性、针对性、创新性和多样性的特点。因此，可以这样来理解特色服务：凡以某种特色藏书、某种特色服务形式和某一特定读者群为专门服务对象的服务就是特色服务。从根本上讲，数字图书馆特色服务的目的就是以“服务读者”这一宗旨为前提，以本馆的一切资源为基础，为读者提供系统的、有针对性的、富有成效的服务。

数字图书馆特色服务的主要宗旨是突出自身的资源、服务优势，在为读者服务中收到特殊的效果。要求数字馆藏资源、服务方式及手段上有别于以往的图书馆，以针对性强、专业化程度高、优势突出等特点，为用户服务中发挥特殊的作用。

图书馆之所以能够得以长效地、可持续性地发展，就是在服务中保持特色的结果。如果没有特色服务理念特色服务方式和特色服务内容，就不可能开展各种新颖的特色服务项目。特色服务本身同时又具有区别于图书馆其他的服务方式。数字图书馆特色服务是图书馆顺应改革需要，从内部运行机制入手，实现读者服务的完善和深化的必然结果。数字图书馆特色服务是不同于传统的服务方式，是图书馆主动开展社会需求调查，根据调查结果建立特色服

务方式，按照读者需求搜集信息，主动开展的服务项目。

深化我国数字图书馆的特色服务，是一项涉及面广泛、内容丰富的工作，需要从理论上进行深入研究，在实践中大胆探索。

## 6.2 依托特色资源开展特色服务的途径

数字图书馆依托特色资源开展特色服务的途径重在服务的特色资源，贵在服务内容的特色，其途径主要体现在馆藏资源的特色化建设、特色数据库的开发、服务方式的特色化和服务对象的特色化 4 个方面。

### 6.2.1 数字馆藏资源的特色化建设

在文献数字化、网络化的今天，建设数字特色馆藏是图书馆界的共识。数字图书馆要想提供特色服务，必须先搞好特色馆藏，要注意优化馆藏结构，突出特色。这样，每个馆可以凭借自身特色数字馆藏优势，开展特色服务。各类型图书馆的特色馆藏建设要以在不同的学科和专业上有所侧重来开展，因为馆藏学科、专业是一个图书馆资源的生命力所在，是各类图书馆办馆特色的重要标志。

数字图书馆只有开发具有特色的馆藏信息资源，建立活化馆藏的各类文献数据库，并尽快使这些数据库标准化、规范化，逐步形成“你无我有，你有我全，你全我精”的特色，将有特色的信息产品推向网络，推向市场，实现协作收藏与资源共享的统一，才能在信息市场中占有一席之地，才能更好地为读者服务。

### 6.2.2 特色数据库的开发

为了吸引读者，确立不同类型的数字图书馆在网络上的地位，一方面应努力挖掘网上的特色资源，建立自己的特色馆藏，另一方面还需努力开发自己的特色数据库。网络化建设的基础是建立健全具有本地区、本专业特色的数据库。特色馆藏建设模式应是实体特色馆藏建设和虚拟的数字特色馆藏建设的结合。数字特色馆藏建设比实体特色馆藏建设更重要，难度更大。

特色数据库的特点就是充分展示本地区、本部门、本专业有特色的资源。我国数据库建立之初，缺乏统一规划，各自为政，导致数据库结构不合理，重复建设严重，规模、容量、产值较低，服务能力差，数据库联网少，资源共享程度不高。随着 Internet 在全球范围内的迅速发展，信息存储和检索的地理界限被打破，人们自由查询各种信息成为可能。美国的许多地区都组成几十个、上百个数字图书馆的联合体，形成具有地区特色的图书馆计算机网络，实现了地区性资源共享。特色数据库要求图书馆走信息资源专业化、特色化的道路，放弃“大而全、小而全”的藏书建设观念。数字图书馆纳入全球信息网络是历史的必然。因而，应自觉地协调收藏范围，彼此不重复，办出自己的特色，实现各具特色信息资源构建的网络环境，达到资源共享的目的，满足广大用户对信息资源的多种不同需求。

### 6.2.3 服务方式的特色化

特色藏书体系、特色数据库的建立，为开展特色服务创造了良好的前提条件。现代图馆藏书的目的是“藏为所用”而不是将所藏的文献“束之高阁”。这就要求以特色的服务方式来开发特色馆藏从而提高特藏文献的利用率，扩大数字图书馆的服务范围，“激活”图书馆的特色资源。

各类型图书馆应该把传统的用户服务与现代的网络技术相结合，彻底摆脱传统的被动的服务模式，主动积极地利用网络环境下的信息资源，为用户提供更方便、更快捷、更现代化、更科学的特色信息服务工作。开展开放式和远程式的网上服务，借助内部局域网、校园网所提供的特色数据库为连接在网上的任何一台机器上的用户提供最新信息，为读者提供信息导航服务。根据用户需求，对网上信息进行优化、整理和深层次开发，开展为用户检索、筛选和加工专项信息的服务，开展读者咨询和培训服务，逐步尝试个性化服务，培养读者的信息意识、网络的基本知识，以及如何利用各种网络检索工具，从而增强读者获取网络信息的能力。

### 6.2.4 服务对象的特色化

特色化服务对象是指特定的用户群。特色化服务对象一般包括重点用户，多是指那些在某一专业或某一领域具有较高学术水平的专业工作者、决策者，或是对此感兴趣的用户，他们利用特色文献的目的是为了研究和学习。同时，还包括某些特殊对象，如盲人、聋哑人、病人、犯人、老人、小孩等，如美国的麻省理工学院、康奈尔大学等高校图书馆都开设了面向残疾人的特色服务，其所提供的特色服务主要有以下几方面内容。

6.2.4.1 学习技术支持

学习技术支持主要表现在计算机技术的支持上。残疾人员可以根据自身条件选择特殊的键盘和鼠标，图书馆提供帮助他们学习的众多软件，如帮助论文写作的软件InsPiration，帮助使用者用他们的声音输入文章和操纵计算机的语音识别软件，可以大声阅读屏幕上的文本，帮助视觉缺陷人员学习的屏幕阅读软件。

6.2.4.2 学习设备支持

学习设备支持为各类残疾人员提供各种需要的学习设备，如为视觉缺陷人员开设的特殊工作站，提供电视节目录像带放大器，让弱视人可以看清图像和文本；称为“磁带上的课本”的特殊录音带；帮助听力损伤或注意力集中困难人员的 FM 收听设备；还有盲文打字机、文本—声音转化器等。

6.2.4.3 学习协助

有些残疾人员需要特殊的自习室或研究室，图书馆提供独立自习室，残疾人员可以提出申请并可以长期使用。对于他们的学习问题，图书馆欢迎他们与专家的咨询，并提供面对面咨询。还可以提供打字或扫描服务、阅读服务、口译和速记服务，适合的考试房间及适合的教室等。为各种身体残疾的人员的学习提供尽可能适合的服务方式。

6.2.4.4　其他方面

在国外，如美国康奈尔大学图书馆除了提供各种学习资料外，还有运动、体育、住宿及其他有关的残疾人员利用的站点等；为他们服务的专门的教职工的材料会详细地列在网页上，可以随时与他们取得联系；使用过程中若有任何建议，可以反馈到服务人员，以便更好地理解和支持残疾人的学习。

国内的各类型图书馆应该针对不同的用户需求，形成多层次、多类型、全方位的服务体系，为特定用户开展特色服务工作，如秦皇岛市图书馆于 2003 年针对盲人（包括低视力）提供了盲人读者特色服务，用科技为盲人读者插上了飞翔的翅膀。

## 6.3 数字资源特色服务内容

数字资源服务是数字图书馆针对各类用户的具体服务窗口，也是其服务能力的直接体现。其核心是资源的发布与检索，并且是数字图书馆的核心指标之一，比如国家数字图书馆的建设指标中就确定了必须具备平均 100000 次 / 分钟检索请求能力，峰值 10000 次 / 秒检索请求能力的技术指标。

### 6.3.1 统一检索

统一检索有一个更为常见的名字叫跨库检索（Cross-Database Search），除此以外还有异构资源检索、多数据库检索、集成检索、一站式检索等称呼。不论何种名称，其基本思想就是在同多个异构的数据库实现信息检索。

这种需求源自于数字图书馆数字资源库复杂和异构的现实情况，结果就是用户为了检索一个内容需要反复登录到不同的系统当中去查询信息。如果这些数据只有几个，问题也许并不大。但现实是对于一个大型数字图书馆而言，这个数字通常是上百个，让用户重复几百次同样的检索操作几乎是个不可想象的行为，更不要说要在几百个结果列表中去比对并查找所需的结果。因此，统一检索系统的出现是数字图书馆数据库来源多样性和结构差异化的必然结果。

统一检索系统的基本处理方法是，首先向用户提供一个统一的检索接口和界面，在获取了用户的检索请求后，将上述请求转化为不同数据源的检索表达式，并发地检索本地的和广域网上的多个分布式异构数据源，并对检索结果加以整合，经过去重和排序等操作后，以统一的格式将结果呈现给用户。整个过程无需用户反复检索和登录，从而大大优化了用户使用效果。

对于有限的数据源而言，这一工作看起来并不复杂。但现实是，数据源的数量往往非常庞大，比如，CALIS的统一检索系统就整合了125个中文数据库，和129个西文数据库。而且更糟糕的是，这些数据库的结构差异可能很大，各个库的关键字字段都不完全一致，无法实现一一对应，这在不同类型的资源库间尤其显著。工程实际中还会有许多非常难以处理的实际问题，包括：有些库可能很老，采用的C/S模式，而不是现在普遍采用的B/S模式；B/S方式检索时，源数据库的网页规范程度不高导致的解析错误和困难；全文访问权限受限；为保证系统兼容而进行的耗时耗力的人工巡库维护工作等等。因此，在实践过程中如何减少数据库异构带来的困难，提高数据的查全率和查准率是统一检索的难点所在。

目前，较为有名的国外的统一检索系统有 MetaLib、MAP（Millennium AccessPlus）、Zportal、WebFeat 等。我国图书馆常用的统一检索平台主要有清华同方异构统一检索平台（USP）、CALIS 统一检索平台、TRS 资源整合门户、天宇异构资源统一检索平台 CGRS、学术资源门户 Metalib、江苏汇文一站式检索平台 URS、中国科学数据库服务系统 CSDL 等，但是从实践效果来看，在查全率和查准率等方面都还有很大的提升空间。

可以说，统一检索是数字图书馆资源服务的一个理想目标，将数字图书馆的网络门户变成所有知识库的一个统一入口，人们只需要一次检索就可以准确获得所有相关数据的理想结果，从而极大提高人们获取信息的能力和效率。

### 6.3.2 虚拟参考咨询

虚拟参考咨询服务（Virtual Reference Service，VRS），又称数字参考咨询（Digital Reference Service，DRS）、在线参考咨询务（Online Reference Service）、远程参考咨询服务（Reference Services at a Distance，or Remote Reference Services），是数字图书馆利用网络技术推出的一种参考咨询服务形式，是图书馆传统业务在网络环境下的延伸。在虚拟的网络环境下，图书馆馆员可以接收来自世界各地不同用户提出的各类问题，然后以实时或批量的方式给予回复。相比传统的参考咨询服务，虚拟参考咨询服务一是可以打破时空限制，在服务时效性、方便性上有了极大的提高；另一方面是利用互联网络可以实现虚拟的联合参考咨询，也就是多个机构可以在一个共同的平台上为读者和群众服务，极大地增强了服务能力和效果，弥补了图书馆专业人员的不足。

虚拟参考咨询作为一个以“服务台”为核心理念的知识服务系统，其基本思路就是通过建设一个较为完备的专家知识库，并配合以较为高效的专家团队，利用信息系统的自动排查和检索功能，来完成对于用户疑问的准确解答。因此，充分利用互联网实现馆际间的合作，通过知识和人员的共享实现服务共担就成为虚拟参考咨询服务的一个重要建设思路，在这方面国家图书馆、CALIS、中国国家科技图书馆等都做了深入的研究和实践。下图 6 -1 就是中国国家科技图书馆数字参考咨询系统的基本实现框架。

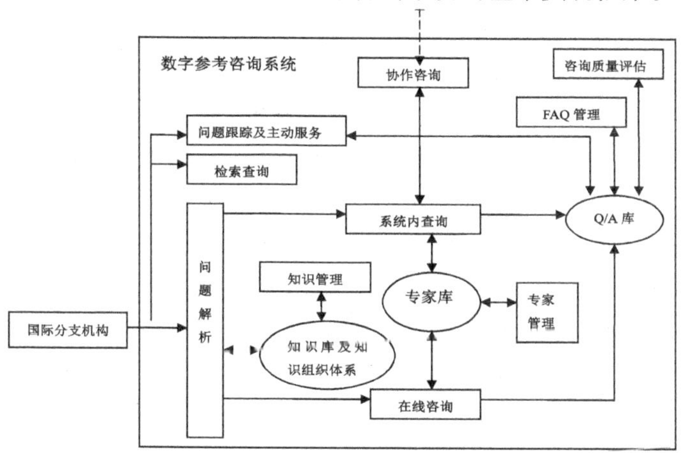

图 6-1 中国国家科技图书馆数字参考咨询系统的基本实现框架

而CALIS也在2004年就完成了分布式联合虚拟参考咨询系统（CVRS）的技术标准规范，确定了功能完善的总咨询台轮流值班、本地咨询台互补、知识库分布检索、咨询馆员 / 专家联合咨询等具体的联合服务方式，并在高校图书馆系统内进行了推广。

虚拟参考咨询在具体功能实现时采用的方法有：非实时参考咨询技术（FAQ、E-mail、表单、留言板、BBS）、实时参考咨询技术（Blog，Wiki，IM，RSS、视频会议），以及呼叫中心技术和协同浏览技术等。

无论是从技术层面，还是从业务层面来看，虚拟参考咨询系统对于数字图书馆服务能力和服务效果的提升都有着显著的帮助。以广东省立中山图书馆牵头的“联合参考咨询网”“联合参考咨询与文献传递网”（2011年9月，联合参考咨询与文献传递网升级为全国图书馆参考咨询联盟）等为例：2011年全年网上参考咨询与文献传递网总共免费解答咨询999240例，远程传递文献1086034篇，是一项非常有实效的服务。

但是，在互联网极度发达的今天，尽管虚拟参考咨询使用了很多最新的技术，服务效果也不错，却难以引起普通民众的关注，这里除了参考咨询所提供的文献一般都是学术资料，与普通民众生活较远的问题外，更为重要的是相比于互联网时代的其他开放信息服务，虚拟参考咨询对于网络的利用并不充分。在信息时代背景下，互联网最强大的力量来源于普通民众的参与，网络社会强调的是“人人共享，人人服务”，由大家一起出力来解决大家的问题，互联网上的知识平台应该是一个开放的服务平台，一个大众都可以有效参与的平台，一个依靠大多数人智慧的平台，平台的管理员仅仅是秩序的维护者和基本服务的提供者。而现有的虚拟参考咨询还只是传统图书馆服务理念的延伸，靠的是有限的专业人员来解答问题。

### 6.3.3 馆际互借

馆际互借（Interlibrary Loan，ILL）是图书馆领域的一个传统业务，其目的在于通过各个成员馆之间的协作，实现资源共享、服务共担、优势互补，是传统图书馆服务能力的扩展。数字技术的出现给了该业务以新的动力，网络的出现使得馆际互借的效率极大的提高，并能够实现 7x24 的服务方式。而资源普遍数字化后，特别是数字图书馆的出现，使得馆际互借在运作形式上发生了巨大的改变，不再需要有物流的过程，事实上也不需要“互借”，从而极大地提高了响应速度，降低了运行成本。

从服务类型上来说，馆际互借包括了返还式的馆际借阅和非返还式的文献传递，以及代查代索三种方式。但是对于数字图书馆而言，只有非返还式的文献传递与其业务形态完全一致，返还式的馆际借阅和代查代索实质上还是传统业务的延伸，属于图书馆业务自动化范畴。不过，这并不意味着数字图书馆在馆际互借方面能力不足，因为在网络发达的今天，人们对于时间和效率的要求很高，传统的文献索取方式，成本高、时间周期过长往往超过了现实所能容忍的时间，因此即使对于传统图书馆而言，服务内容也主要以非返还式的文献传递为主。

在馆际互借系统建设方面 CALIS 有着最为成功的经

验和成果，CALIS 通过采用馆际互借国际标准协议 ISO 10160 和 ISO 10161 成功开发了一套基于协议的标准化的馆际互借系统。并于 2004 年 6 月启动了“CALIS 馆际互借 / 文献传递服务网”（简称“CALIS 文献传递网”或“文献传递网”）。该文献传递网由服务馆与用户馆组成，其中，服务馆是指利用 CALIS 馆际互借与文献传递应用系统提供馆际互借服务的图书馆，用户馆是指从服务馆获取馆际互借服务的图书馆。截至 2007 年 1 月，“CALIS 文献传递网”共有服务馆 46 家，基本覆盖了全国服务水平、服务能力较高的高校图书馆，共同担负着推动全国高校馆际互借服务的重任。为全国高校图书馆馆际互借服务的发展，同时也为国内馆际互借服务的开展提供了参考和借鉴。

但是，我们也应看到馆际互借这一传统图书馆服务的延伸机制在网络时代下的不足。首先是响应速度太慢，即使是利用了 CALIS 馆际互借，平均首次响应时间也有 2.22 天，平均完成时间则为 2.63 天，如果考虑到是返还式借阅还需要有物流，时间则更要大大的延长。其次，收费过高。以吉林大学图书馆为例，其每页资料的复制费用达到 0.3 元，这里的复制费用包括了：复印、扫描和普通传递（普通传递包 E-mail 方式、CALIS 文献传递、Ariel 文献传递、平寄、挂号、传真和读者自取方式）。虽然相对国外大型文献中心而言，这样的标准是偏低的，但是相对于网络时代下数字信息传递的超低成本和公平共享的精神来说，这样的标准还是让普通民众无法企及。因此，这类业务主要局限在了学校和学术研究者的范围之内，难以成为一项真正意义的群众服务。

### 6.3.4 联合编目

联合编目，又叫联机联合编目，是指利用计算机和网络，由多个图书馆共同编目，合作建立具有统一标准的文献联合书目数据库，并在此基础上实现共享编目成果。即任一授权成员馆对入馆新文献编目上载以后，其他馆就可从网上查询并下载，从而大大减少书刊编目工作中的重复劳动，提高了信息加工的效率和书目数据质量。联合编目的意义，首先在于减少重复劳动，提高效率，降低用户编目成本；其次通过各成员馆采用统一标准，大大提高编目质量，实现数据的规范化与标准化，促进书目记录的交换；最终通过编制联合目录，有利于沟通馆藏信息，为实现文献资源合理配置，建立协调采访系统创造条件。

最著名的联合编目机构是美国的 OCLC（Online Computer Library Center，联机计算机图书馆中心）。我国范围内来说主要的联合编目机构有：国家图书馆牵头的全国图书馆联合编目中心（OLCC），我国高等教育文献保障中心（CALIS）的联机合作编目中心，中国科学院国家科学图书馆的联机联合编目系统（UNICAT），上海市文献联合编目中心（SIUCC），以及由深圳图书馆、湖南省图书馆、福建省图书馆、天津图书馆、辽宁省图书馆共同创建的地方版文献采编合作网（CRLNet）等。

联合编目的初始目标是通过馆际间的联合，降低重复劳动、提高编目质量，实现信息资源的共享。但是由于历史和管理体制等因素，现在已形成了多个规模较大的联机编目中心，这就必然导致在标准规范、质量控制、协作共享等方面产生很多具体的问题，最为典型的就是同一书目的数据在不同体系下所编制的数据并不一致，出现了“加入编目中心越多，工作量越大”的现象，同时也影响了相互间的合作。

面对这种现状，最理想的解决方案是能够形成一个统一的编目中心，或者几个大型编目中心在规则和标准方面达成一致。但是，由于管理以及经济等方面的因素，这一目标并不容易达成。

但是，信息化的浪潮可能会对这一局面产生意料之外的直接冲击。传统意义上来说编目尤其是联合编目是图书馆的专业领域，但是随着社会信息化的发展新的编目体制也介入了这一领域。以我国为例，新闻出版总署就推出了在版编目系统（Cataloging In Publication，CIP），根据新闻出版署《关于进一步加强图书在版编目作的通知》规定，“新闻出版总署信息中心作为 CIP 数据的唯一制作单位，负责 CIP 数据的制作，任何单位不得自行制作”（新出厅字［2005］98 号文件）。而 CIP 数据又是出版社申报“工作表”的唯一依据，使得该标准有了相当的权威性。虽然，现阶段 CIP 主要用于出版管理，但是随着数字出版和数字阅读的普及，很难说类似的体系不会直接进入图书流通和应用领域。虽然它不足以影响传统图书馆的印本介质编目活动，但对于数字资源，也就是数字图书馆的信息管理将可能会产生直接的影响。

更为重要的是，在信息社会条件下，电子出版物尤其是电子图书的出版、发行、销售和阅读平台将进一步融合，新环境下书目的管理和使用将具有更多的市场特性，同时与用户的关联更加紧密，传统的图书馆联合编目在机制上将受到更深刻的挑战。2007 年 11 月 30 日，美国国会图书馆的书目工作组发布了《书目控制未来发展报告》草案，指出“书目控制未来将是合作的、去中心化的、国际范围的、基于 Web 的。它的实现将出现在与私营机构的合作、与图书馆用户的积极协作中。数据将从不同来源获取，变化将迅速出现，书目控制将是动态的而非静态的”。表明国际图书馆界已经认识到，在信息化环境下编目体制将要发生的变革，不仅仅是编目技术手段的改变，而是与整个社会信息服务体系的信息化进程紧密联系的。

## 6.4 依托特色资源开展特色服务的典型案例

### 6.4.1 CNKI 个人数字图书馆

#### 6.4.1.1 CNKI 简介

数字图书馆是一个容多种信息资源于一体的综合性的信息资源库。作为我国数字图书馆建设的一面旗帜，中国国家知识基础设施（China National Knowledge Infrastructure，CNKI）经过多年的发展，无论在资源数量、信息组织水平、检索平台功能还是信息服务方面都取得了长足的进步，知识增值效应得到了充分的显现。

国家知识基础设施的概念，由世界银行于 1998 年提出。中国国家知识基础设施工程是以实现全社会知识资源传播共享与增值利用为目标的信息化建设项目，由清华大学、清华同方发起，始建于 1999 年 6 月。在党和国家领导以及教育部、中共中央宣传部、科学技术部、新闻出版总署、国家版权局、国家计划委员会大力支持下，在全国学术界、教育界、出版界、图书情报界等社会各界的密切配合和清华大学的直接领导下，CNKI 工程集团经过多年努力，采用自主开发并具有国际领先水平的数字图书馆技术，建成了世界上全文信息量规模最大的“CNKI 数字图书馆”。

CNKI 平台除了将 CNKI 系列数据库和部分其他单位的数据库集中在“中国知网”中心网站和镜像站点之外，还利用“分布式跨平台跨库统一检索平台（USP）”，将其他分布在全球各地的数据库站点视为一个网格化的资源体系，即“资源网格”，对其进行统一管理，建设以“数字化学习平台”和“知识管理平台”为特征应用模式的“中国知识资源总库”及其传播共享平台（也称 CNKI 网格资源共享平台）。用户可以将所有数据库视为一个数据库检索，也可以分别检索，再不需要一一登录。

CNKI 工程的具体目标是：①大规模集成整合知识信息资源，整体提高资源的综合和增值利用价值；②建设知识资源互联网传播扩散与增值服务平台，为全社会提供资源共享、数字化学习、知识创新的信息化条件；③建设知识资源的深度开发利用平台，为社会各方面提供知识管理与知识服务的信息化手段；④为知识资源生产出版部门创造互联网出版发行的市场环境与商业机制，大力促进文化出版事业、产业的现代化建设与跨越式发展。

CNKI 基于其相当完备和充足的资源数量，充分体现了数字图书馆信息组织的灵活性、深入性、适应性、有效性特征，为实现知识搜索提供了充分的信息组织和知识组织保证。

在CNKI的开发过程中，先后制定了“CNKI系列数据库产品标准”，涉及从数据入编、加工到最后形成数据库产品的全过程，从数据源头、数据质量等方面开展深入的知识挖掘提供了基础；建设了各种知识库资源，包括：CNKI知识词典、引文数据库、各种索引数据库、概念关系词典等，对实现知识搜索、提高搜索性能起到了基础性作用。

CNKI自主开发的网络资源检索和服务的共享平台，简称KNS。目前KNS已从3. 0版升级到5.0版。2008年CNKI推出中国学术文献网络出版总库检索平台，依托强大的知识网络服务平台KNS5. 2，与其他文献资源实现跨库检索，并通过知网节构建成知识型数据库。新平台深度整合了CNKI的系列数据库，信息揭示的维度和深度，平台检索和服务功能均得到显著提升，真正形成了知识资源的深度开发和利用平台。

6.4.1.2　CNKI个人数字图书馆

随着互联网的普及，网络化的学习方式使人们学习的自主性、个性化更为突出。学习者在进行网络化学习的过程中，个人所拥有和获取的数字化学习资源不断地增多。为了简便、轻松、高效、科学地管理和利用学习者所拥有的数字化学习资源，建立全新的学习环境，就需要构建个性化的e时代“私人藏书阁”——个人数字图书馆。

个人数字图书馆开创了个人使用数字资源的新局面，超越了一般的资源订阅方式，为用户提供了个性化、交互

式学习研究的空间。用户可按需订制资源、检索平台、功能、情报服务，按需配置显示模板和显示方式，实现了真正意义上的个性化服务。

2008 年，CNKI 向读者开放了它的个人数字图书馆服务平台，简称 CNKI-PDL。CNKI-PDL 可算是依附于网站数据库的定制型个人数字图书馆，尤其是与它桌面版个人数字图书馆的结合，是一个定制型和自建型个人数字图书馆相互结合、优劣互补的成功范例，“中国知识资源总库”为它提供了强大的文献信息资源保障。用户利用这个平台，可以根据自己的学科专业、兴趣爱好定制所需要的文献资源，也可定制各种个性化服务栏目，还可以添加自定义栏目，引进和发布其他免费的网络资源和个人计算机上的资源。它为个人的知识管理创造了条件，是一个适合个人进行科学研究和学习的平台。

（1）创建步骤

在“中国知网（http://www.cnki.net）”首页选择“个人 / 机构数字图书馆”，进入创建个人数字馆界面。选择创建个人馆的类型（研究型个人馆、中小学读者个人馆、生活型个人馆），填写个人基本信息，申请连通机构馆后即可登录个人馆。初次登陆个人馆，会自动进入智能建馆流程，进一步勾选感兴趣的学科领域、研究内容等栏目后，具有个性化推送信息的栏目内容即自动配置完成。流程如图 6-2：

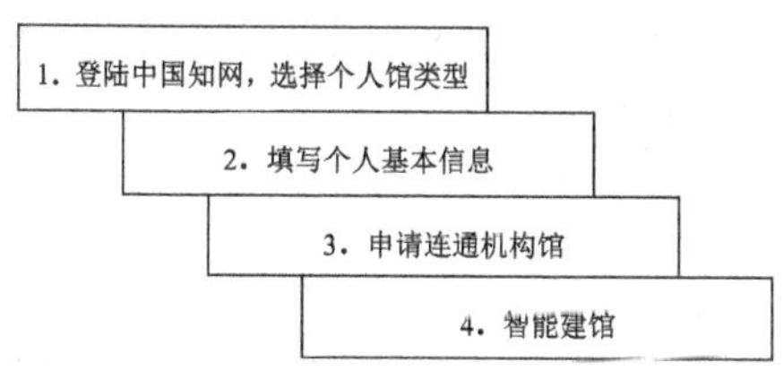


图 6-2 中国知网“个人馆”创建流程图

（2）建设和管理个人馆

CNKI 的个人数字图书馆被看作是数字化时代一个崭新的标志，定位成为每一个创新型人才量身定做的情报分析和学习研究平台。它有三个主要的服务功能：个性化知识资源服务、科研情报服务、学术圈动态推送服务。这三个功能主要通过选配若干个性化服务栏目来实现。

在前台页面右侧点击“管理”，可进入个人馆的后台配置页面（图 6-3）。

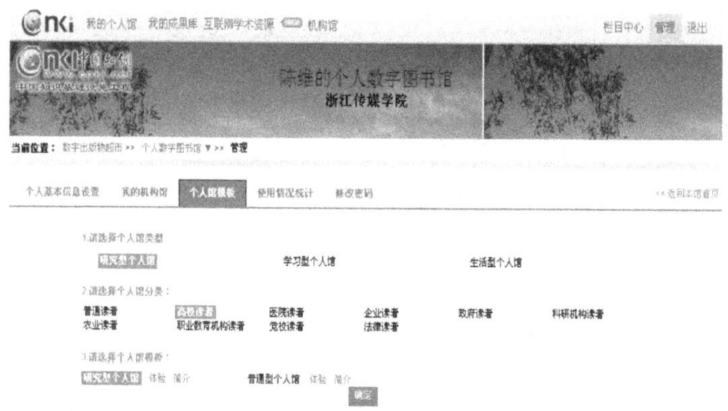


图 6-3 个人馆的后台配置页面

选择个人馆模板，将提示用户：哪些项目及其中的数据将丢失，哪些将保留，用户还可以在将丢失项目中选择保留哪些项目（图 6-4）。

选择配置个性化服务项目

一 本馆中已配置的项目

项目名称 全选 清除

| 1、知识资源服务 | |
|---|---|
| 图书馆工作实务 | 自建主题文献馆 |
| 会议论文集阅览室 | 图林档案 |
| 图林焦点 | 学术学科文献馆 |
| 单库文献馆 | 本单位单库检索数据库 |
| 精品文化 | 高级科普主题文献馆 |
| 精品文化主题文献馆 | 精品文艺主题文献馆 |
| 常备法规解读 | 法律知识资源总库主题文献馆 |
| 政府政报公报主题文献馆 | 党建研究与动态主题文献馆 |
| 行业经济动态主题文献馆 | |
| 2、科研情报服务 | |
| 科研助手 | 国家科研项目申报 |
| 国家级科研项目跟踪 | 科研项目跟踪 |
| 3、学术圈动态推送 | |
| 学术圈公开论坛 | 本人学术影响力测评 |
| 学者圈动态及影响力测评 | 学术组织圈动态 |
| 学术趋势搜索 | 学科学术热点 |
| 国内学术会议 | 国际学术会议 |
| 国内学术会议 | 会议信息网 |

二 您选择的新模板中预配置的项目

项目名称 全选 清除

| 1、知识资源服务 | |
|---|---|
| 期刊阅览室 | 期刊阅览室 |
| 教学辅导----自主定制检索式 | 主题文献馆----挑选主题自动推送 |
| 学科文献馆 | 工具书阅览室 |
| 工具书阅览室 | 年鉴阅览室 |
| 报纸阅览室 | 标准馆 |
| 自创资源馆---可支持自主上传文献、著作、手札 | 科普类新刊推荐 |
| 高级科普主题文献馆 | 文化类新刊推荐 |
| 科普期刊分类导航 | 文化期刊分类导航 |
| 精品文化主题文献馆 | 文艺期刊分类导航 |
| 文艺类新刊推荐 | 精品文艺主题文献馆 |
| 政报公报期刊分类导航 | 党建期刊分类导航 |
| 政报公报类新刊推荐 | 政府政报公报主题文献馆 |
| 党建类新刊推荐 | 党建研究与动态主题文献馆 |
| 2、科研情报服务 | |
| 国家科研项目申报 | 国家级科研项目跟踪 |
| 科研助手 | |
| 3、学术圈动态推送 | |

图 6–4 个性化服务项目配置页面

①个性化知识资源服务

CNKI 是全球最大的中文科技网站，丰富的信息资源是为其个人数字图书馆提供了强大的资源保障。它的知识资源服务功能主要通过“学科文献馆”“主题文献馆”这两个栏目来实现。

“学科文献馆”子栏目，用户可以根据自己主要研究的学科专业为轴心，选择定制其相关的学科内容，系统会为用户每周一次推送最新与学科内容相关的文献，其中包括了用户关注的各个学科的学科快报（用户所定制的学科的最新文献）以及学科文献影响力价值分析报表，同时在每个学科下可进入相应的学科专业馆（图 6-5）。

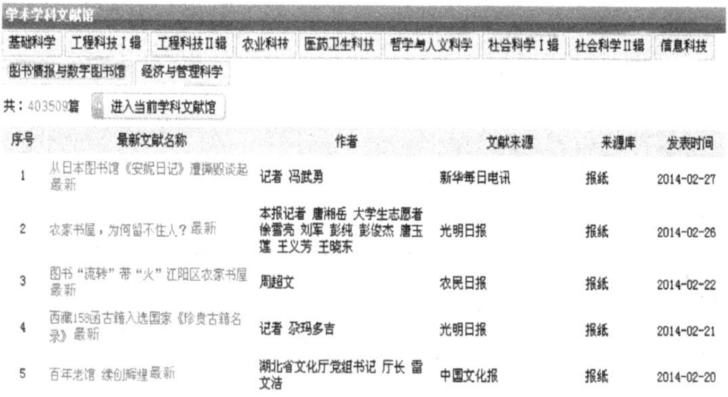

学术学科文献馆

基础科学 工程科技Ⅰ辑 工程科技Ⅱ辑 农业科技 医药卫生科技 哲学与人文科学 社会科学Ⅰ辑 社会科学Ⅱ辑 信息科技 图书情报与数字图书馆 经济与管理科学

共：403509篇 进入当前学科文献馆

| 序号 | 最新文献名称 | 作者 | 文献来源 | 来源库 | 发表时间 |
| --- | --- | --- | --- | --- | --- |
| 1 | 从日本图书馆《安妮日记》遭撕毁谈起 最新 | 记者 冯武勇 | 新华每日电讯 | 报纸 | 2014-02-27 |
| 2 | 农家书屋，为何留不住人？最新 | 本报记者 唐湘岳 大学生志愿者 徐雪亮 刘军 彭纯 彭俊杰 唐玉莲 王义芳 王晓东 | 光明日报 | 报纸 | 2014-02-26 |
| 3 | 图书“流转”带“火”江阳区农家书屋 最新 | 周超文 | 农民日报 | 报纸 | 2014-02-22 |
| 4 | 西藏158函古籍入选国家《珍贵古籍名录》最新 | 记者 尕玛多吉 | 光明日报 | 报纸 | 2014-02-21 |
| 5 | 百年老馆 续创辉煌最新 | 湖北省文化厅党组书记 厅长 雷文洁 | 中国文化报 | 报纸 | 2014-02-20 |

图 6–5 “学科文献馆”子栏目页面

“主题文献馆”子栏目，选配这个栏目后，针对所关注的研究主题，用户通过自己构造恰当的“检索式”，便可建个人专用的完整、系统的主题文献库，同时，系统每周一次自动推送各主题的最新文献和最近一周出版的最新文件（图 6-6）。

自建主题文献馆

共：131717篇 最新：55篇 主题分析统计

1.恶性血液病患者清髓异基因造血干细胞移植后9例生育报告并文献复习 最新

【作者】田园;许兰平;陈欢;王昱;赵婷;张晓辉;黄晓军;刘代红 【作者单位】北京大学人民医院;北京大学血液病研究所;卫生部北京医院血液内科 【文献来源】临床血液学杂志 【发表时间】2014-03-07 11:48

【摘要】-

2.遗传性出血性毛细血管扩张症伴重度贫血1例并文献复习 最新

【作者】周香香;甄长春;房孝生;刘新;王建虹;张凌岩;王欣 【作者单位】山东大学附属省立医院血液科 【文献来源】临床血液学杂志 【发表时间】2014-03-07 11:48

【摘要】-

3.儿童原发性血小板增多症1例并文献复习 最新

【作者】赵海军 【作者单位】安庆市立医院 【文献来源】临床血液学杂志 【发表时间】2014-03-07 11:48

【摘要】-

4.难治性Evans综合征1例并文献复习 最新

【作者】冶秀鹏;包慎 【作者单位】宁夏人民医院血液肿瘤科 【文献来源】临床血液学杂志 【发表时间】2014-03-07 11:48

【摘要】-

5.基于文献计量看类胡萝卜素的研究现状与发展趋势 最新

【作者】袁磊;刘晓庚 【作者单位】南京财经大学食品科学与工程学院;江苏省粮油品质控制及深加工技术重点实验室;粮食储运国家工程实验室 【文献来源】粮食科技与经济 【发表时间】2014-03-05 12:06

【摘要】-

图 6-6 “主题文献馆”子栏目页面

②科研情报服务

CNKI 全面搜集、系统整理国家科研规划、科研项目内容、经费、申报等有关信息，并与各科研项目的项目团队、研究进展和成果信息链接起来，建成了一个动态更新的《国家项目申报综合分析数据库》。研究者可选择定制到个人数字图书馆中，对所关注的项目进行跟踪分析。主要通过“科研项目跟踪”“科研栏目申报信息播报”“科研助手”“我承担的科研项目”这几个栏目实现。

“科研项目跟踪”子栏目从国家级栏目库中选择用户单位感兴趣或承担的国家栏目，同时也可上传用户个人承担的科研栏目，系统将自动跟踪报道栏目进展（图 6-7）。点击科研课题名称，可进一步查看该课题更详细的介绍。

**科研项目跟踪**

共：科研项目跟踪

| 序号 | 项目名称 | 项目来源 | 项目承担单位 | 项目负责人 | 资助发文数 | 核心期刊论文数 | 科技成果数 | 项目完成时间 |
|---|---|---|---|---|---|---|---|---|
| 1 | 民营资本进入传媒业的影响研究 | 国家社会科学基金项目 | 浙江传媒学院； | 詹成大； | 0 | 0 | 0 | 2009-05 |
| 2 | 传教士中文报刊研究 | 国家社会科学基金项目 | 浙江传媒学院； | 赵晓兰； | 0 | 0 | 0 | 2010-06 |
| 3 | SH波在ST-00° X石英基片重金属周期栅阵中传播特性的精确求解 | 国家自然科学基金项目 | 浙江传媒学院 | 徐方迁 | 0 | 0 | 0 | 2012-12 |
| 4 | 青少年网络生活的调查研究 | 教育部人文社会科学研究项目 | 浙江传媒学院 | 项仲平 | 0 | 0 | 0 | |
| 5 | 体育传媒与新农村体育互动理论与实证研究——以浙江省为例 | 国家体育总局体育哲学社会科学研究项目 | 浙江传媒学院 | 尚志强 | 0 | 0 | 0 | 2010-06 |

图 6-7 “科研项目跟踪”子栏目页面

“科研项目申报信息播报”子栏目，用户可以从 168 学科中定制个人感兴趣的学科，或者通过建立检索表达式，系统将自动推送该学科或检索条件下的最新发布的科研栏目，用户可在第一时间了解到最新的栏目，通过该栏目的知网节，可以了解更深入的信息，如申请条件，发布单位联系方式，申请帮助等（图 6-8）。

**科研项目申报信息播报**

新闻与传媒 | 互联网技术 | 计算机软件及计算机应用 | 图书情报与数字图书馆 | 出版

共：8个

| 序号 | 项目名称 | 项目来源 | 发布单位 | 发布时间 | 申请截止时间 | 科研经费 | 联系方式 |
|---|---|---|---|---|---|---|---|
| 1 | 2014年广西社会科学重点学术著作出版资助项目 | 广西社会科学重点学术著作出版资助项目 | 广西壮族自治区社会科学界联合会 | 2014-03-03 | 2014-05-31 | - | 查看 |
| 2 | 2013~2014年度江苏省金陵科技著作出版基金资助项目 | 江苏省金陵科技著作出版基金资助项目 | 江苏省科学技术厅 | 2014-01-06 | 2014-03-31 | - | 查看 |
| 3 | 2014年度“经典中国国际出版工程”资助项目 | “经典中国国际出版工程”资助项目 | 国家新闻出版广电总局 | 2014-02-21 | 2014-03-31 | - | 查看 |
| 4 | 2014年度青海省科学技术学术著作出版资助项目 | 青海省科学技术学术著作出版资助项目 | 青海省科学技术厅 | 2014-01-17 | 2014-03-30 | - | 查看 |
| 5 | 2014年度上海市学术著作出版资助 | 上海市学术著作出版资助 | 中共上海市委宣传部 | 2014-02-27 | 2014-03-28 | - | 查看 |

图 6–8 “科研项目申报信息播报”子栏目页面

“科研助手”子栏目为系统自动推送类栏目，在个人馆后台勾选本栏目后，系统将自动推送包括科研基础、怎样查资料、怎样选题、怎样申请课题、怎样做实验、怎样搞科研、怎样写论文、科学家等与科研相关的系列问题解答，为用户单位的科研工作提供科学参考（图 6-9）。

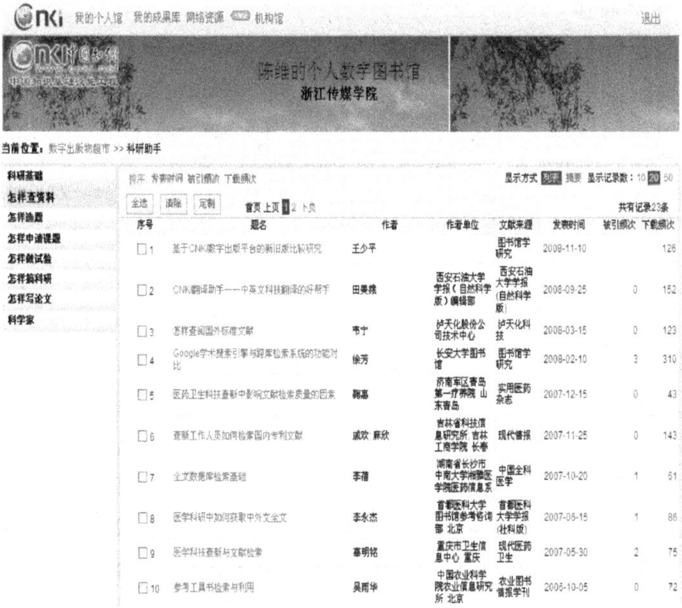

我的个人馆 我的成果库 网络资源 机构馆 退出

陈维的个人数字图书馆
浙江传媒学院

当前位置：数字出版物超市 >> 科研助手

科研基础
怎样查资料
怎样选题
怎样申请课题
怎样做试验
怎样搞科研
怎样写论文
科学家

排序 发表时间 被引频次 下载频次 显示方式 列表 摘要 显示记录数：10 20 50

全选 清除 定制 首页 上页 1 2 下页 共有记录23条

| 序号 | 题名 | 作者 | 作者单位 | 文献来源 | 发表时间 | 被引频次 | 下载频次 |
| --- | --- | --- | --- | --- | --- | --- | --- |
| 1 | 基于CNKI数字出版平台的新旧版比较研究 | 王少平 | | 图书馆学研究 | 2008-11-10 | | 126 |
| 2 | CNKI翻译助手——中英文科技翻译的好帮手 | 田美娥 | 西安石油大学学报（自然科学版）编辑部 | 西安石油大学学报(自然科学版) | 2008-09-25 | 0 | 152 |
| 3 | 怎样查阅国外标准文献 | 韦宁 | 泸天化股份公司技术中心 | 泸天化科技 | 2008-03-15 | 0 | 123 |
| 4 | Google学术搜索引擎与跨库检索系统的功能对比 | 徐芳 | 长安大学图书馆 | 图书馆学研究 | 2008-02-10 | 3 | 310 |
| 5 | 医药卫生科技查新中影响文献检索质量的因素 | 韩嘉 | 济南军区青岛第一疗养院 山东青岛 | 实用医药杂志 | 2007-12-15 | 0 | 43 |
| 6 | 查新工作人员如何检索国内专利文献 | 戚欢; 麻欣 | 吉林省科技信息研究所; 吉林工商学院 长春 | 现代情报 | 2007-11-25 | 0 | 143 |
| 7 | 全文数据库检索基础 | 李蓓 | 湖南省长沙市中南大学湘雅医学院医药信息系 | 中国全科医学 | 2007-10-20 | 1 | 61 |
| 8 | 医学科研中如何获取中外文全文 | 李永杰 | 首都医科大学图书馆参考咨询部 北京 | 首都医科大学学报(社科版) | 2007-06-15 | 1 | 86 |
| 9 | 医学科技查新与文献检索 | 幕明铭 | 重庆市卫生信息中心 重庆 | 现代医药卫生 | 2007-05-30 | 2 | 75 |
| 10 | 参考工具书检索与利用 | 吴雨华 | 中国农业科学院农业信息研究所 北京 | 农业图书情报学刊 | 2006-10-05 | 0 | 72 |

图 6-9 “科研助手”子栏目页面

“我承担的科研项目”子栏目用于对个人承担的科研项目进行分类管理，跟踪项目及同行研究进展，与同类项目产出情况的对比等。在此栏目下，用户可以将自己承担的科研栏目添加到个人馆中，系统将提供与科研栏目相关的同行情况和相关成果，以便及时跟踪国内同行的研究进展情况。在个人馆前台，可以及时了解与自己承担的科研课题相关的国内研究进展情况，点击可查看相关科研人员信息和科研成果信息（图 6-10）。

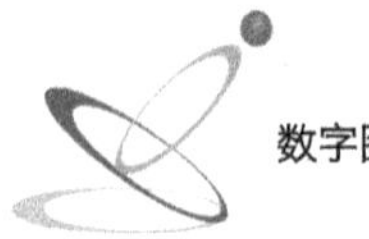



**我承担的科研项目**

图书情报类科研项目 | 计算机类科研项目

共：6个

| 序号 | 项目名称 | 项目来源 | 项目负责人 | 资助发文数 | 核心期刊论文数 | 科技成果数 | 科研经费 | 完成时间 |
|---|---|---|---|---|---|---|---|---|
| 1 | 杜威关于民主与教育关系的思想之演变研究 | 教育部人文社会科学研究项目 | 丁永为 | 0 | 0 | 0 | 7万元 | |
| 2 | 全日制教育硕士教学观念与教学行为一体化发展培养模式研究 | 教育部人文社会科学研究项目 | 黄燕宁 | 0 | 0 | 0 | 7万元 | |
| 3 | 基于关联数据的图书馆云服务研究 | 国家社会科学基金项目 | | 0 | 0 | 0 | 15-25万元 | |
| 4 | 图书馆移动服务模式及其质量规范研究 | 国家社会科学基金项目 | | 0 | 0 | 0 | 15-25万元 | |
| 5 | 社交网络工具在图书馆服务中的应用研究 | 国家社会科学基金项目 | | 0 | 0 | 0 | 15-25万元 | |

图 6-10 “我承担的科研项目”子栏目页面

③学术圈动态推送服务

CNKI 丰富的学术信息资源是 CNKI 个人数字图书馆学术情报分析功能得以实现的可靠保障，通过对丰富文献资源进行数据分析，生成一个数据报表提供给用户，这是 CNKI 个人数字图书馆智能化的体现，也是它的一个亮点。主要通过“学术组织圈动态”“学术趋势搜索”“学术热点”这三个子栏目来实现。

“学术组织圈动态”子栏目，用户可以在此栏目下选择需关注的研究机构，系统将自动推送该机构的研究动态与成果（图 6-11）。

学术组织圈动态

我关注的科研机构 图书馆

共11个

| 机构 -学科 | 发文作者 | 全部文献 | 核心刊论文 | 专利 | 基金论文 | 科技成果 |
|---|---|---|---|---|---|---|
| 中国国家图书馆 -电信技术 | 9 | 8 | 1 | 3 | 1 | 0 |
| 中国科学院国家科学图书馆 无线电电子学 | 5 | 2 | 0 | 0 | 1 | 0 |
| 辽宁省图书馆 -电信技术 | 2 | 2 | 0 | 0 | 0 | 0 |
| 甘肃省图书馆 -电信技术 | 1 | 2 | 1 | 0 | 0 | 0 |
| 浙江省庆元县图书馆 -无线电电子学 | 1 | 1 | 0 | 0 | 0 | 0 |

图 6-11 “学术组织圈动态”子栏目页面

“学术趋势搜索”子栏目，对用户进行相关科研课题的选择有很好的参考作用，是最能体现 CNKI 个人数字图书馆情报分析功能的栏目。系统将根据用户选择的学科领域，列出有关研究方向和课题，自动推送该学科下的热点学术概念，并链接至对该词的解释及其发展趋势图示；也可以直接输入关注的关键词，点击“趋势搜索”，得到该领域的学术趋势，还能给出该研究热点的发展趋势图和文献量曲线图，以及它的相关来源文献、高频被引文章和主要研究者（图 6-12）。

学术趋势搜索

数学 图书情报与数字图书馆

趋势搜索

| | | |
|---|---|---|
| 学科领域 | 数字版权管理 | 古籍数字化 |
| 价值评估 | 社会主义学院 | 资源配置机制 |
| 职业精神 | 分类法 | 信息不对称 |
| 人文关怀 | 远程教育 | 社区文化 |
| 平常心 | 信息检索 | 激励管理 |
| 质量保障 | 网络教学资源 | 集成管理 |
| 院校图书馆 | 安全策略 | |

图 6-12 “学术趋势搜索”子栏目页面

“学术热点”子栏目下，系统将根据用户选择的某些学科领域，推送该学科下的学科学术热点，并自动按“研究热度”排序，列出有关研究方向和课题（图 6-13）。

学术热点

共303个

| 热点主题 | 知识点 | 热度值 | 文献数 |
|---|---|---|---|
| web2;互联网;博客; | web2;互联网;博客;图书馆2;信息服务;blog;rss;... | ★★★★★ | 206 |
| 搜索引擎;信息检索;google; | 搜索引擎;信息检索;google;网页;元搜索引擎;int... | ★★★★★ | 1146 |
| 心理契约;知识型员工;人力资源管理; | 心理契约;知识型员工;人力资源管理;心理契约违... | ★★★★★ | 346 |
| 学科馆员制度;学科馆员;高校图书馆; | 学科馆员制度;高校图书馆;学科馆员;大学图书馆;... | ★★★★★ | 548 |
| 高校图书馆;信息服务;服务创新; | 高校图书馆;图书馆;信息服务;网络环境下;学科馆... | ★★★★★ | 341 |

图 6-13 “学术热点”子栏目页面

由此可见，CNKI 的个人数字图书馆功能非常强大，通过定制各种个性化的服务栏目可以实现其数字化文献资源整合和情报信息分析的功能，以达到帮助个人学习研究的目的。但是通过不少用户的使用反馈，发现在实际利用的过程中还是存在一些问题，如页面过于繁杂，专业词汇使用频繁，栏目过多过细，且有些栏目之间界定不明显，用户初次使用时要经过反复的摸索实践，甚至还需要进行一定的培训才能够真正利用好它的很多功能；智能化程度还有待加强，推送虽然全面，但内容过于宽泛、粗糙，给用户再次选择信息加大了难度等。

CNKI 若能切身站在广大用户的角度，设计更加简洁的界面、容易掌握的操作方式，将会吸引更多的用户，有利于个人数字图书馆的推广，实现个人知识管理。

## 6.4.2 信息共享空间

信息共享空间（Information Commons，IC）是为适应用户进行研究和学习而建立起来的一种基础设施和新的服务模式，起源于 1992 年在美国爱荷华大学图书馆建立的“信息拱廊”。此后 Donald Beagle 等人在理论上提出了 IC 的基本概念，IC 开始受到人们广泛关注，并成为研究热点。IC 的出现凸显了“空间共用、资源共用、用户交流互动、维护信息共有”等核心理念，为我们思考图书馆的生存价值与可持续发展提供了更为广阔的空间。

### 6.4.2.1　IC 理念

在图书情报学界与业界，IC 还是一个比较新的概念。关于 IC，有以下几种学说：（1）知识管理说，IC 理论与实践的倡导者、美国北卡罗莱纳州立大学 Donald Beagle 认为“以数字化信息资源为背景构建一个信息供需双方协同的工作空间，使用户与馆员、用户与用户之间可以进行显性和隐性知识的交流和建模，这种多维的动态交互模式不仅能够为师生提供更好的信息服务，而且通过用户们相互的信息交流可拓展知识背景和进行知识创新”；（2）层次说，将 Beagle 的 IC 模式进一步细分为巨型信息共享空间，微型信息共享空间，整合信息共享空间；（3）技术说，将信息共享空间描述为“共同的学习场所、多媒体工作站、高科技教室以及小组研究空间的组合”；（4）民主说，美国图书馆协会（ALA）前主席 Nancy Kranich 认为“IC 鼓励人们学习、思考并参与民主对话，是保障民主的一部分”；（5）整合说，美国国家标准和技术学院图书馆的参考馆员 Nancy Allmang 等人认为，IC 由物理空间和虚拟空间共同构成，既是一个提供技术、设备以及智力资源（包括专家和图书馆工作人员）的学习交流空间，又是一个提供各类信息资源的学术空间。

尽管许多专家和学者对 IC 的解释不尽相同，但基本观点是一致的。我们可以认为，IC 是围绕综合数字环境，利用方便的互联网络、功能完善的电脑软硬件以及附属外设设施和内容丰富的图书馆资源，在训练有素的参考咨询馆员、IT 专家、写作指导专家以及各专业教师的共同支持下，提供信息的获取和与之相关的各种参考咨询的“一站式”服务，并在这种无缝环境下培育用户的信息素养，促进用户的学习、交流、协作和研究。

6.4.2.2　IC 的资源建设与整合

资源是 IC 的基础，是 IC 服务的源泉，没有资源的 IC 就成了无源之水。图书馆资源的构成不外乎三个方面：信息资源、人力资源、设施资源。IC 的资源当然也包括这三个方面。我们也可将图书馆信息资源分为物理馆藏和虚拟馆藏。IC 的信息资源继承和依托于图书馆的信息资源，没有超出图书馆的整体范围。因此 IC 的信息资源主要指图书馆的各种印本资源、多媒体资源、各类数据库、网络资源等，是图书馆信息资源系统的一部分。不同于图书馆一般的信息资源建设的是，IC 在资源的空间位置、资源数量与种类方面有一定的选择性。在本书中，我们主要讨论 IC 数字资源的整合与服务。

（1）数字资源整合

IC 把信息资源建设的重点和主体放在数字化资源的建设上。IC 是一个计算机的集中区，网络设施齐全，如果没有数字资源服务，与一个普通的计算机学习室无异。图书馆数字资源服务经过多年的发展，已有相当的资源和服务积淀，一站式检索得到了用户的认同和图书馆的支持；同时，IC 服务以一站式为主要特点，其提供的数字资源服务也应是经过整合的。

数字资源的整合方式一般有四个层次：①汇合整合方式，主要是基于 OPAC 资源系统的一种整合方式，是多个馆藏的简单相加，用户需要自己查重，进行二次选择。②组合整合方式，是对相关数据库内的数据对象去除重复信息的整合方式，是多个数据库系统的有机优化整合。③重组整合方式，是基于数字图书馆应用系统的一种资源整合方式，通过对数字资源的分解重组，按数字资源的逻辑关系组织成立体网状的知识资源体系。④一体化综合整合方式，是要在 OPAC 资源整合系统和数字图书馆资源整合系统之间建立多维度关联，以形成更为优化的数字图书馆资源整合系统。

IC以服务为主要目的，数字资源整合不是IC人员的主要工作。数字资源整合仍然还是图书馆整体层面上的工作，IC的一站式资源服务应该建立在图书馆数字资源一站式服务的基础之上。IC并不打破图书馆固有的数字资源建设与发布的业务流程，也不把这项工作纳入工作范围之内，IC做的工作就是把这项服务整合到IC整体服务之中，把这些整合后的资源提供给用户，并为用户在资源检索与利用时提供应有的指导和帮助。

（2）IC网络交流与共享平台的建设

IC的数字资源建设还包括网络交流与平台建设。IC的信息共用不仅要体现在物理空间上，也要为用户网上交流与信息共享提供方便，即某一学科或专业的网上信息交流与共享的空间。在这空间内应该有着广泛的开放获取资源、信息交流与讨论的空间，这也是IC理念在网络空间的具体体现。IC网络交流与平台建设可以有如下几种形式：

学科博客：主要是汇集某一学科的研究热点，回答学生学科问题的博客，可以表现为教师博客、学科馆员博客和研究生博客。学科博客的内容主要有：汇集本学科的最新研究进展和学科信息；回答读者有关学科知识学习和研究中的相关问题；就相关学术问题进行讨论，逐渐形成某一研究方向的“圈子”，更好地汇集学科某一专业方向的信息资源；总结学科研究中的感悟和思想火花，形成博主的个人知识库，供他人共享。

上海师范大学信息共享空间的学科博客以学科馆员为核心，多角度、深层次揭示学科相关资源，构建了学科馆员和学科用户的沟通交流平台。目前设置八个栏目，即①学科介绍，介绍学科专业的设置、课程、培养目标、就业方向；②学术动态，报道最新学术成果、研究热点和发展趋势；③重要人物，介绍学科带头人和著名专家学者及其研究方向、成果、主要观点；④会议通知，通报学科重要会议，提供会议时间、地点、征文范围和要求；⑤核心期刊，参考“北大中文核心期刊”和 CSSCI，列举本学科核心期刊和联系方式，提供投稿指南；⑥精品课程，提供相关学科近年评定的国家和省级精品课程，提供课程网站以供读者下载课件、试题等资料；⑦相关网站，汇集相关专业的优秀学术站点，挖掘相关的免费网络学术资源；⑧本馆资源，介绍本馆拥有的相关学科文献、查找途径和检索方法等。他们的成功实践可供图书馆进行学科博客建设时参考。

虚拟讨论室：学习中的讨论非常有益，在讨论时，可以有许多人同时加入或间断加入。包括以下几种形式：①以集会为目的的会议、专题讨论或讨论会；②学生、教师、专家之间的探讨；③以研究项目或某一专题（论文）为主的探讨。虚拟讨论室也可看作是一个以探讨学科专题为目的的聊天室，可以在图书馆网页上提前发出通知，在约定的时间开放，欢迎就某一问题展开讨论。

讨论也可以采取现实与虚拟结合的方式，在实体讨论室里进行讨论，利用网络技术将讨论情况实时发布，场外参与者在了解场内讨论情况的同时也发表自己的看法。

网络导航及学科门户：网络导航就是汇集某一领域或主题的网络资源，定期进行维护和更新，方便用户快捷地获取学科资源库。学科门户网站是关于某一学科的网络导航资源，它是一种整合学科领域的文献信息资源和服务。学科门户对特定学科领域网络资源提供权威可靠的导航，提供信息查询和定制服务的系统。它将任何与某一特定学科领域有关的网络资源进行系统收集，构成以学科分类和资源类型为核心的、多功能交叉检索的规范专业的网络资源导航系统，面向科研、兼顾教育以及其他用户，提供免费的学科领域网络信息资源。借助于这些学科信息门户，用户可以很快了解学科领域或专题中的政府网站、组织和机构、同行论坛、工具网站、政策文件、软件平台、学术团体等信息。

清华大学重点学科导航库是“211 工程”高校图书馆的立项共建项目，目的是通过搜集 Internet 网上的信息资源，为重点学科的师生提供快捷方便的网络学术资源查询服务。目前已承建了 11 个重点学科导航库。IC 要充分利用图书馆已建成的学科导航数据资源，并尽可能收集其他图书馆或 IC 已有的学科资源建设成果，丰富学科化服务资源，更好地提供学科化服务。

虚拟社区：Rheingole 将虚拟社区（Virtutu conmunity）定义为“一群主要藉由计算机网络彼此沟通的人们，他们彼此有某种程度的认识、分享某种程度的知识和信息、在很大程度上如同对待朋友般彼此关怀，从而所形成的团体。”网络上的虚拟社区一般表现为 BBS、论坛、虚拟聊天室等形式。

IC 是网络普及和计算机等设施集中区，完全可以发起“信息资源”“数据库使用”“学术信息”等为主题的虚拟社区建设，让图书馆用户在网络上加强交流与互动，在网络建立起一个虚拟的信息共享空间。

6.4.2.3 IC 的服务与创新分析

（1）IC 的服务模式

IC 的服务形式主要有 5 种：信息服务、媒体服务、参考咨询服务、研究数据服务、读者服务。可见，IC 的出现并非对图书馆传统服务的否定，IC 不仅适应了数字化网络化环境下读者学习方式、信息获取方式的巨大转变，促成图书馆“以现有资源为主”的服务模式形式转换成“以读者需求为主”的服务模式，而且在 IC 中可以设计新型的服务项目，如协作学习、学科服务平台、虚拟社区等，是一种新型的集传统的服务与数字信息服务于一体的“一站式”服务模式。这些传统服务形式的集成和融合以及新型服务方式的推广应用都得到持续关注。

（2）IC 服务的创新发展

从 2008 年开始，学习共享空间成为 IC 服务创新的持续热点之一。学习共享空间源于 IC 的基本理念，是其概念内涵的重要组成部分。起初，学习共享空间与 IC 并没有本质上的区别，之后的发展使学习共享空间逐渐从 IC 中分离出来，形成一个比 IC 更加适合学习和交流的空间。与 IC 相比，学习共享空间更加注重对学生的指导与学生之间的协作，一切以学习为中心；不再简单以图书馆为中心，而是强调多部门间的协调与协作，扩展外部的功能和活动。因此，学习共享空间本质上是图书馆在学习型社会的体现，可以促进用户相互协作与学习，挖掘隐藏隐性知识，实现知识的创造与共享。

2011 年以后，学科信息共享空间、学术共享空间开始被重视并成为新的服务创新热点。学科信息共享空间融合了 IC 和学科化服务两种概念，依托丰富的学科分馆资源，以学科馆员为主要工作机制，并联合相关技术人员，在一个平台上为用户提供贯穿科研活动全过程的学科化服务。而学术共享空间，是近一两年来的新探索和新发展，在某种意义上来说，是学习共享空间、IC 在服务对象层次和范围上的一种高端延伸，其主要面向教师、研究人员和研究生，旨在推进学术研究和交流，更加注重资源数字化、科研数据和科学研究。学科信息共享空间、学术共享空间是我国研究型高校今后构建 IC 的目标和方向。

值得注意的是，学习共享空间、学科信息共享空间在国外发展较好，受欢迎度更高，这与国外高校更注重学生学习能力、分析问题及解决问题能力的培养有着密切的关系。由于学习方式的差异，国内学生对知识的获取方式往往是被动的，实施 IC 后的学习效果如何还存在疑问。因此，我国高校图书馆在构建 IC 的过程中如何找到适用于我国大学教育模式的方法与策略，是 IC 发展过程中非常值得探讨的主题之一。

由于读者对信息资源服务的需求呈现出多样性的特点，IC 的服务只有时刻关注读者需求才能保证 IC 的创新与活力。从现实看，信息共享空间的提出与发展，与日益变得复杂的图书馆信息环境密切相关。IC“空间共用”的理念体现了以用户为中心和人性化服务的新思维，重新定义了图书馆及图书馆员的角色和地位，增强了图书馆的核心竞争优势，有效地提高了图书馆信息服务深度与广度，是图书馆服务的发展方向。

# 第 7 章 国外及中国香港地区特色资源建设及服务

为了更好地了解数字图书馆特色资源建设的内容和特点，学习、借鉴国（境）外特色资源建设的先进管理理念和资源优势，本章将选取国外及中国香港地区数字图书馆特色资源建设的典型案例，重点介绍它们在特色资源建设上的成功经验。

## 7.1 数字特色资源建设与服务案例

### 7.1.1 美国国会图书馆

#### 7.1.1.1 概况

美国国会图书馆成立于 1800 年 4 月 24 日，是美国的 4 个官方国家图书馆之一，也是全球最重要的图书馆之一。美国国会图书馆是在美国国会的支持下，通过公众基金、美国国会的适当资助、私营企业的捐助及致力于图书馆工作的全体职员共同努力建成的，它是美国历史最悠久的联邦文化机构，已经成为世界上最大的知识宝库，是美国知识与民主的重要象征，在美国文化中占有重要地位。它保存各类收藏近 1 亿 2100 万项，超过 2/3 的书籍是以多媒体形式存放的，其中包括很多稀有图书、特色收藏、世界上最大的地图、电影胶片和电视片等。

美国国会图书馆下设 4 个主要服务机构，通过馆长办公室实施领导。各服务部门通过馆长办公室得到后勤机构提供的服务保障。图书馆服务部是馆内历史最悠久的部门，负责馆藏和公共服务，绝大多数读者把它当做国会图书馆。法律图书馆稍有不同，但有类似的历史沿革。版权办公室和国会研究服务部是根据国会的命令先后成立的。这 4 个主要服务机构相互依存相互联系，但是在工作上仍然是各自为政。

2010 年服务统计数据显示，美国国会图书馆为 80 余万盲人和残障人士提供了唱片、磁带和盲文点字书服务近 2500 万人次；办理版权登记 636527 种次；通过国会研究服务完成国会移交的研究任务 672481 项；通过法律图书馆为国会和其他联邦政府机构准备法律研究报告 1405 份；读者到馆记录 7700 万人次；图书馆网站访问 58110 万人次，在线用户超过 170 万人次；截至 2010 年年底，图书馆“美国记忆”项目提供的数字在线第一手资料文档来源已达 2460 万个；通过电话、书信和邮件等形式向个人用户提供参考咨询服务 527466 人次。

美国国会图书馆最初是为当时美国国会服务的学术图书馆，图书馆最初的馆藏书目都是美国前总统托马斯·杰弗逊提供的。其第一笔经费来源于亚当斯总统签署的《美国政府的搬迁及所需设备进一步做好准备法案》第五款的拨款（5000 美元）——“用于购置位于华盛顿市的国会所需添置的图书，并为收藏这批图书配备适当的库房”。当时国会馆只有 740 册图书和 3 张地图。普遍认为杰弗逊总统是国会图书馆真正的创始人。他认为民主来源于知识；而作为美国立法者的国会议员可能用到任何一门学科的知识。他的这两个信念成为国会图书馆建立和发展的指导原则。

7.1.1.2 数字图书馆建设

2006 年 10 月 16 日，国会图书馆启动了元搜索的试用版，向读者提供搜索或进入图书馆数据库的单一接口，以及可通过图书馆公共网络主页获得数字馆藏。通过使用由 Indexdata 开发的 Keystone Retriever open source 软件，可以供读者通过复合式接口搜索国会图书馆在线目录、国会图书馆网站、美国记忆、印刷品及照片在线目录、THOMAS 立法信息系统、地理信息系统等。

通过馆际交流，国会图书馆实现了将普通藏书数字化。2007 年 1 月 30 日，斯隆基金会（Alfred P.Sloan Foundation）为国会图书馆捐赠两百万美元用作将公共领域的普通藏书进行数字化工作，关键是那些纸张很脆易碎的图书。“国会图书馆馆藏美国记忆的数字化”项目将是对易碎图书进行数字化的最佳实践工程。它将利用“开放内容联盟”的 Scribe 技术系统进行扫描，这个联盟包括 50 多家大型美国研究图书馆。同年 4 月 10 日，国会图书馆与亚历山大图书馆签订了一份协议，将阿拉伯文本加入到“世界数字图书馆”项目中。这个项目的合作伙伴包括联合国教科文组织、国际图联、美国国会图书馆以及五大洲的主要图书馆。

7.1.1.3 数字特色资源

（1）THOMAS 立法信息系统

THOMAS 立法信息系统是根据 104 次国会的倡议，于 1995 年 1 月也就是在第 104 次（1995—1996 年）国会开始之际，由国会图书馆将联邦立法信息 THOMAS 系统放到互联网供广大公众免费使用。该系统的检索功能通过超级链接 In Query 实现，系统由设在美国麻省艾摩斯特市的马萨诸塞大学智能信息检索中心进行维护。2010 年，随着一些新特点和搜索工具的融入，这一系统功能得到进一步加强，使得联邦立法的信息更易于公众获取。

（2）地理信息系统

在国会制图资源系统中，地理和地图组为国会议员和他们的幕僚们提供了标准制式的数字地图。2010 年，他们开发出国会空间资料系统，被国会研究服务部用于分析有关国会选区的数据。在提供给国会的 200 多份地图中，还包括了 2010 年春夏之际墨西哥湾石油泄漏的日报数据。

（3）全球法律信息网

全球法律信息网络，允许访问司法判决和相关法律资料等近 188000 条法律，这些资料是由包括 34 个国家在内的区域性的国际组织网络所提供的超过 14000 个法律材料。在数据库中，法律图书馆的法律信息分析家为在网络之外的 16 个国家添加了 1700 多项法律。此外，他们还回顾了有助于全球法律信息网成员的近 1500 个法律资料，以保证他们符合全球法律信息网的质量标准。

（4)Flickr 照片试验资源

Flickr 照片试验资源是在一个名为 Flickr 的 Web 2.0 社区里与用户广泛分享其照片收藏，即通过 Flickr 提供给国会图书馆的历史照片收藏，在一个新的视觉社区里，分享大家最受人喜爱的形象。Flickr 提供全面的、一流的、高效的图片服务，邀请人们可以为照片加标签、发表评论，也可以标志信息，所有的这些都是对老照片小小的描述。总之，Flickr 是一个以图片服务为主的网站，它提供图片存放、交友、组群、邮件等功能，其重要特点就是基于社会网络（Social Network）的人际关系的拓展与内容的组织，这个网站具有强大的功能，其已超出了一般图片服务的范围。Flickr 提供数字化照片集，如全景照片；William P 所画的爵士音乐家和人物的肖像；国会图书馆艺术表演阅览室及国会图书馆收藏的其他照片。这些照片具有以下特点：长期以来受到图书馆访客的欢迎，高分辨率的扫描图像。在国会图书馆 Flickr 网站上，还提供国会图书馆报纸和期刊阅览室所收藏的历史上著名的报纸。联系人服务（Contacts）可以让你加入联系人（Contact），他可以是朋友（Friend）或家人（Family）。加入联系人的好处是，你可以结交到更多的朋友，并可将这些朋友的图片有规则地组织起来，方便浏览、交流、分享。组群服务（Groups）令用户可以加入一个组群或创建一个新的组群并自任管理员。在组群中，大家可以进行像在 BBS 上那样的交谈、分享图片、知识、互发邮件等活动。

（5）视听资料保存保护资源

视听资料保存保护是对世界视听文化遗产进行保存保护，并提供访问。其相关资源包括以下几个方面。

第一，美国记忆电影——工作中的美国，休闲中的美国：电影 1894—1915 年；美国的各种舞台：轻歌舞剧和大众娱乐，1870—1920 年；在天堂里的 Buckaroos，北内华达州的牧场文化，1945—1982 年；一个城市的生活：纽约的早期生活，1989—1906 年；大地震和火灾前后：洛杉矶的早期电影，1897—1916 年；美国动画的起源等。

第二，美国记忆录音——应用语言学研究中心；内战时期；爱迪生公司；西弗吉尼亚州的民俗文化与自然环境；佛罗里达州的民俗文化；南部阿巴拉契亚的民族二胡音乐；珍珠港，公众的反应；2001 年 9 月 1 1 日，公众的反应；奴隶叙事等。

第三，声音在线目录——除了包括 78 rmp 光盘，45 rmp 光盘和版权盒式磁带，此数据库还包括许多广播和档案记录。

（6）数字保存项目

数字保存项目又称为“国家数字信息基础设施与保存项目（the National Digital Information Infrastructure and Preservation Program，NDIIPP）”，为未来用户收集和保存数字形式的知识资源。该项目的创始人是 Helen Tibbo。NDIIPP 的存在和发展的基石在于建立了由对国家和国会数字内容价值承担持续保护责任的团体组成的成员网络。2007 年 8 月 3 日，美国国会图书馆宣布通过它牵头的 NDIIPP 资助由 8 个参与者共同参与的新保存项目——保存创新性美国初始计划（Preserving Creative Amenca Initiative），共同讨论数字形式中创新性内容的长期保存问题。这些合作者将着力商讨解决多种类型原创性作品的保存问题，这些原创性作品的类型包括数字照片、卡通、动画、录音记录，甚至视频游戏。参与的机构包括：各类行业协会、私营公司和非营利性组织，包括各类文化遗产机构。在 2010 年数字保存项目报告中，项目组详细介绍和讨论了如何理解国家的数字信息需求、建立国家数字保护网络以及未来面临的安全知识等方面的问题。

（7）MINERVA 项目

原生数字（Born-Digital）资源是指“仅仅以数字形式产生和存在的一种信息资源”，包括网络论坛资源、博客资源、维基百科、网络原创音乐或小说；原生电子期刊、电子报纸；政府网站服务信息；企业广告、产品展示；学校网站教学信息等。随着信息技术的发展，加之微博等即时发布平台的兴起，信息生产遍地开花，传播畅通无阻，原生数字资源以独立和透明的姿态呈现在我们面前。而原生数字资源建设就是指人类通过对处于无序状态的各种原生数字资源的规划、筛选、收集、组织和开发利用等活动，将其变为有序和可有效利用的原生数字资源体系的过程。

美国国会图书馆将收集最有用的原生数字资源并对其进行馆藏建设视为图书馆的使命之一，于 2000 年启动了网络保存试验项目——MINERVA（网络电子资源虚拟档案镜像，Mapping the Internet Electronic Resources Virtual Archive）。该项目的主要目标是为网络信息的选择和收集等实际问题提供试验，从而为美国国会图书馆运行一个大规模的网络信息保存项目提供经验和指导。该计划先整理并公开了关于“美国 2000 年大选”“911 事件”“2001 年中期选举”的馆藏资源；随后，一旦收集整理完成关于“2002 年冬季奥林匹克运动会”“911 纪念活动”“第 107 届国会”以及“伊拉克战争”等相关数字资源，也都将被公开利用。原生数字资源的馆藏建设划分为选择、收集、加工、编目、存储与用户获取等阶段，通过资源的筛选、版权处理、定义元数据、编目和用户界面设计等重要流程完成项目建设。

MINERVA 项目是美国国会图书馆关于原生数字资源最大规模的馆藏计划，自实施以来经过各方面的研究和努力，已逐步解决了原生数字资源长期保存以及建设中的许多问题并取得较好效果。

## 7.1.2 俄亥俄州图书馆与信息合作网

### 7.1.2.1 俄亥俄州图书馆与信息合作网概况

俄亥俄州图书馆与信息合作网（Ohio Library and Information Network，OhioLINK）是由该州大专院校图书馆和州图书馆构成的资源共享联盟。这一模式被美国高等教育理事会和州政府理事会评为创新和增效的先锋，也被世界同行视为图书馆合作、集中投资和提供有效服务的典范。

1987 年，俄亥俄州大学校务委员会（Ohio Board of Regents）针对州内 13 所大学图书馆增加空间及馆藏的要求，建议尽快建立一个全州性的电子图书目录系统，以便借资源共来应对经费短缺和信息剧增的挑战，满足师生员工及其他用户对图书和信息的需求。1992 年，OhioLINK 在俄亥俄州政府的全力支持下得以正式成立，以求在全州共同的图书馆自动化系统基础上，解决大学图书馆经费短缺和典藏空间不足的问题，实现图书馆合作和资源的共享。因此，联盟创建的主要目标为通过连接所有会员图书馆的自动化系统，联合编制目录提高馆际互借服务的效率。

OhioLINK 的会员为俄亥俄州全州学术研究图书馆，

现有 89 个成员，以私立大学和学院居多，约占 52%；次之为社区及技术学院，约占 27%；最后为公立和研究型大学，约占 20%，以及俄亥俄州立图书馆合作规模虽然越来越大，但是仍然以公私立大学、技术学院、二年制社区学院和州立图书馆等为联盟会员，并没有扩及盈利机构。因此，它是全州性的大学图书馆联盟。

OhioLINK 采用的是集中式资源管理模式，只有图书馆目录信息分置于各会员机构，但在联盟中心仍有一个中心数据库加以整合。OhioLINK 的共同愿望是为提供广博的信息资源、全力支援 21 世纪俄亥俄州高等教育的发展，因此，主要服务对象为俄亥俄州大专院校与社区学院的教师、职员、学生与图书馆人员。

7.1.2.2 数字特色资源及服务

OhioLINK 除提供传统的纸质文献资源为用户提供服务以外，还注重电子资源和数据库的共享服务，事业改革与发展包括电子图书、在线工具书、期刊的全文数据库和硕士、博士论文在线电子文本笺此外，OhioLINK 重视对数字媒体资源的收集，如数字媒体中心储存和提供各成员馆拥有的各种各样的多媒体资料，包括艺术和建筑图像、录音录像等，又如近年与其他机构合作成立的数字媒体院（Digital ResourceCommons），是一个可提供丰富的研究、历史、教育、创作材料制作的俄亥俄州的学术社区，供全州高校储存、使用和保存各种格式的数字资料，包括录音录像、文本、图形图像等。

OhioLINK 的主要产品服务有 6 个：中央数目库（library catalog），电子资料库（research databases），电

子杂志中心（electronic journal center），数字媒体中心（digital media center），电子图书（e-books）和电子硕士、博士论文中心（electronic theses and dissertations center）。尽管每个产品服务的对象不同，但是仍然以会员馆的合法用户为主，即主要是为会员馆的合法用户提供优质的服务。

OhioLINK 注重运用现代先进的技术来开展服务，所提供的服务方式有联机馆际互借、数字化全文传递、在线数据服务、网站综合服务等。

由于 OhioLINK 是全州性的大学图书馆联盟，只存在联盟中心和会员馆两级机构，因此他们所建立的服务体系仅是面向联盟中心成员馆的。OhioLINK 以全州所有会员图书馆的互惠合作、资源共享为目标，因此，其服务宗旨是信息资源的轻松获取和快速传递，能保证在 3 天之内将文献送到用户手中。

不论是对于读者还是对于会员馆，OhioLINK 所提供的服务项目很多。对于读者，他们都能提供联合目录检索、馆际互借服务、文献传递服务、电子资源导航服务、重点学科导航库服务、教学参考及远程学习服务、参考咨询服务、数字图书馆服务和异构数据库统一检索等服务；对于会员馆，他们提供的服务项目有信息资源软硬件合作开发及标准化发展、线上合作编目服务、合作采购与联合签约服务、合作典藏、人员培训服务、文献传递与馆际互借服务、技术支援服务和虚拟咨询服务等，但是他们之间又有所不同，OhioLINK 能提供个性化信息服务，更具人性化；对于会员馆，它还能提供数字媒体管理与发展服务、电子资源管理与发展服务。

## 7.1.3 英国国家图书馆

### 7.1.3.1 图书馆概况

英国国家图书馆具有 250 多年的藏书历史，其藏品可以上溯到 3000 年前，堪称世界上学术、研究和创新的主要源泉之一，是英国法定的藏书机构，隶属于文化、传媒与体育部，旨在为研究人员、商界、图书馆界、教育界和公众服务，它立足于英国，服务于全世界。英国国家图书馆每年购书经费为 1500 万英镑。其馆藏包括 500 万份报告、学位论文、会议论文、200 万件唱片和 1.25TB 自愿捐献的数字资料，其藏书架长逾 600 公里，每年增长 11 公里。英国国家图书馆是世界上最大的专利馆藏库，能够提供世界上最庞大的文献提供服务，提供安全的电子文献传递和及时数字化服务，能够在 2 小时之内将资料推送到用户桌面。

英国国家图书馆每年为英国经济创造的价值是其吸纳公共投资的 4. 4 倍，其资金的主要来源分别为：DCMS 援助基金（8900 万英镑）、年度贸易收入（2500 万英镑）、捐赠（400 万英镑）。英国国家图书馆在圣潘克拉斯新馆、波士顿斯帕的文献提供中心和报纸图馆三处的员工为 2339 人（含长期员工及临时性员工，其中管理及专业级人员 950 人）。

1972 年英国议会通过的《英国图书馆法》规定，大英博物院图书馆各部门、国立中央图书馆学技术外借图书馆、科学参考图书馆、科技情报局和英国国家书目局合并成立英国国家图书馆。1982年4月印度事务处图书馆与英国皇家文书局，1983年国立有声资料馆也并入了英国国家图书馆。英国图书馆鼓励更多的公众了解国家有记载的遗产；图书馆的计划、产品和服务对国家经济、科研、教育和创新均有重大贡献，并丰富了公众的文化生活。

7.1.3.2 特色资源

（1）国际敦煌项目（IDP）。此项目是1993年确定的，现为国际合作项目，其包括敦煌文献数据库，刊物及图片库等。促进对来自敦煌及中亚其他重要遗址的手稿和印刷文献进行研究与保存。秘书处设在英国图书馆的东方与印度收藏办公室。该项目有权使用英国国家图书馆收藏的来自中亚的26000多页手稿和印刷文献，其中包括高质量保存在手稿碎片中的彩色图片，类似图片每周都有所增力的很多图片是有版权的，没有版权所有者的特别许可，不允许再版或以印刷形式和电子格式等各类方法复制。任何人都可用网络数据库，但需要获得个人用户名和密码。在开发的下一阶段，将可使用户重复上一次的检索结果。手稿图像样品为中文，是在吐鲁番附近，卡拉霍亚两公里内丝绸之路北侧的阿斯塔纳遗址发现的。

（2）电子版贝奥伍弗（Beowulf）。贝奥伍弗是第一部伟大的英国文学手稿，是现存唯一的11世纪的手稿，在1731年的大火中受到严重损害。抄本在过后的18世纪出现，沿着被烧焦的边缘，可见到数百个单词和字母，随后便破碎了。为防止继续破碎，1845年将每页裱在纸框上。世界上一直对其起源和诗的创作进行学术讨论，研究人员经常要查阅手稿。从其自身状况来说，查阅不但使保存问题难以解决，而且也使其他来图书馆希望看到宝贵的文学珍藏展示的参观者无法得到满足。数字化全部手稿既解决了这一问题，也提供了新的可视途径。除了数字化贝奥伍弗手稿图像，电子版贝奥伍弗还包括棉织品版本，不可忽视的 18 世纪的誊写本，1815 年的第一版副本，经 19 世纪早期校勘整理的手稿，一个全面的词汇索引和一个新版及誊写本，现在这些都能很方便地检索到。

（3）戈登堡圣经 2000（第一个英译本圣经）项目。

第一，旋转专栏。旋转专栏是一个系统，用计算机动画、高质量的数字化图片和触摸屏技术模拟书页翻动的动作。旋转专栏允许访问者到位于圣潘克拉斯的展览陈列室查询图书馆的珍藏。过去，参观者到图书馆陈列室受到书所展示的状态的限制，只可能看到打开的页面，而现在看电子版这个问题就迎刃而解了。

第二，世界图书馆。世界图书馆是一个由 7 国集团信息团体倡议赞助的项目。其主要目标是使世界上的主要科学和文化遗产通过多媒体技术成为可利用的资源，鼓励知识交流和国际对话。目标是加快现有的数字化进程，以建立大规模、分布式虚拟知识收藏并使之经由全球通信网络变为可用的，以增强终端读者服务。这样，有望促进国际合作，建立全球电子图书馆系统。深入分析世界图书馆数字化进程的合作模式，可以发现在创建数字化馆藏时有几个原则：百科全书式、主题或历史性原则。对于世界图书馆选择他们的共同点，所有合作伙伴都便于建立和查询连贯的数字收藏，如 Biblioteca Universalis 收藏，能被分为现存的数字收藏部分或为特殊目的创建的 Biblioteca

Universalis 部分。合作选择的主题“民间交流”。作为对课题的一份贡献，图书馆数字化了 1797 年出版的乔治·斯汤顿爵士的《一位大使的权威性账单》。

第三，早期印刷收藏资料。英国国家图书馆有关这方面的资料丰富，既有个别、分散的出版物，也有不连续的特殊收藏，无论英联邦、大陆联盟、近东远东，抑或美洲大陆的资料可谓应有尽有。目前主要做了一些艺术性较高的封面和插页。

（4）微软与英国国家图书馆合作数字化 2500 万页资料

2006 年微软和英国国家图书馆合作，对该馆的 2500 万页馆藏资源进行数字化并将长期承担数字化的任务以完成更多资源的数字化工作。微软和英国国家图书馆合作数字化 10 万册图书，并通过 MSN 图书搜索服务帮助人们在网上方便地获得这些资源。

这项合作帮助英国国家图书馆加快实现将馆藏资源提供给每一个人的步伐。任何人、任何地点、任何时间都可以获得英国国家图书馆的数字化资源。同时，该合作通过英国国家图书馆与 MSN 网络设施的联合，给人们提供一种新的获取信息的途径。

## 7.1.4 中国香港地区高校图书馆

### 7.1.4.1 香港高校图书馆数字特色资源的内容

香港高校图书馆已经建成了一定规模的特色资源，且具有相当的影响力。部分的特色资源已经数字化，并建立了专门的数据库或网页进行专题介绍，大部分资源可通过网络免费访问。如香港大学的香港特藏、欧盟特藏库、WTO 资源中心资料库；香港中文大学的美国研究资料库、北岛特藏、就业资源特藏、海外华人特藏、高行健特藏、亚太区医学历史库、香港政府出版刊物、香港研究资料、香港文学特藏、教学资料特藏、中国现代戏剧资料库、卞赵如兰音乐特藏、善本书、显微资料、多媒体馆藏、指定参考书、毕业论文、甲骨藏品等、郭店楚简资料库、走马楼三国吴简、嘉禾吏民田家资料库等。

7.1.4.2　香港高校图书馆数字特色资源的类型

香港高校图书馆特色资源类型多样，除常见图书、期刊、学位论文等外，还涵盖了以下几种特殊类型。

甲骨，如香港中文大学的“甲骨藏品”是香港最丰富的甲骨收藏，数字化后以图片形式展示，字迹清晰可辨认。

古籍，如香港浸会大学的“基督教古籍数据库”、香港中文大学的“善本书”、岭南大学的“明代史料与明人文集”等，为相关研究保存了珍贵的史料，不少古籍是独一无二的。

幻灯片或底片，如香港浸会大学的“西方传教士眼中的中国”，收藏了美国韦顿学院赠送的 200 多张 1900 年至 1930 年间西方传教士在中国时留下的幻灯片或底片。

图片，如香港浸会大学的“药用植物图像数据库”、“中药标本资料库”，岭南大学的“屯门风物志图片库”。

地图，香港科技大学的“中国古代地图收藏”收藏了 16 世纪到 19 世纪欧洲地图绘制者制作的有关中国各地区的地图。

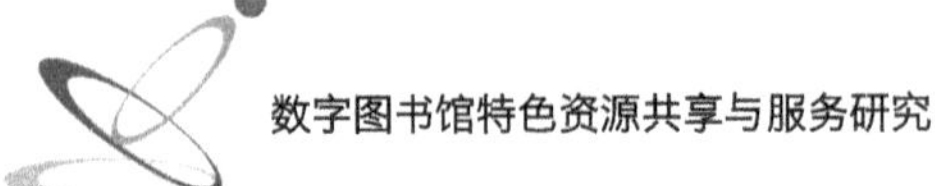


书法与绘画作品，香港科技大学的“中国书法与绘画库”，展示了300多幅收藏于台北故宫博物院的书法与绘画精品。

书评，如岭南大学的“香港文学书评资料库”，书评资料收集较为困难，在大陆地区几乎无书评资料的特色资源。

口述资料，如岭南大学的“中国当代作家口述历史计划”，口述历史作为一种记录历史的方法，采用文字笔录、有声录音、影像录影等方式真实地还原历史事件。

剪报，如香港浸会大学的“当代中国基督教发展剪报数据库”“当代中国剪报数据库”“海外华侨华人剪报数据库”等。

手稿或信札，如香港中文大学的“香港文学特藏”，包括手稿、信札、照片、档案及其他文物文献，香港大学的“香港特藏”，包括手稿、小册子等。香港浸会大学的“杜叶锡恩数字化数据库”收录了手稿、信札、照片等。

公文，如香港城市大学的“法律参考资料系统”收录的是由1946至1948年及自1966年起由香港各大法院所宣告的判案书。

电视节目，香港教育学院的教学资源库中包括与中国语文、英语、数学、常识、人文教育等相关的电视节目。

7.1.4.3　香港高校图书馆数字特色资源的主题

香港高校图书馆各具特色的资源表现形式多样，分析其主题，主要包括以下6个方面的特色。

（1）馆藏特色，展示本馆的藏书特色，具有其他图书馆不具有或只有少数馆具有的资源。如香港教育学院“中央教学资料”收藏了与各种教育相关的资源，特别是在学前教育、儿童教育方面。香港城市大学的“珠三角及长三角特藏数据库”收录了与珠三角及长三角地区相关的各种文献资源，包括图书、期刊、报纸、统计年报、报道、地图、指南、音像制品等，以上资源相对于其他图书馆是比较完整、系统的。

（2）地域特色，展示一定地域的自然特点与人文特点，或与地方的政治、经济和文化发展密切相关。如香港中文大学的“香港研究资料”，包括各种年报、统计分析、指南、法例、小册子等，收藏了香港在政治、经济、文化等诸多方面的文献资料，成为了解香港发展、及时捕捉香港变化的重要参考资料。

（3）文化特色，展示一个国家或民族的历史、地理、风土人情、传统习俗、生活方式、文学艺术、行为规范、思维方式、价值观念等。如岭南大学的“屯门风物志图片库”等反映了香港新界及屯门的民情风俗和历史景物在过去半个世纪的变迁。

（4）学校特色，展示学校的办学特点或学校历史、传统等。如香港浸会大学是 1956 年由基督教教会创建，拥有基督教系列的特色资源与数据库，体现了该校由基督教教会创办的历史与教育传统。

（5）学科特色，展示本学校的优势学科或重点学科，或是为特定学科或重点研究方向奠定文献基础。如香港城市大学以工商管理、法律、工程、创意媒体、能源及环境为五大发展重点，其“英文法律特藏库”“中国法律史特藏库”“法律参考资料系统”等法律系列特色资源充分体现了其重点发展方向。香港理工大学的工程学专业是全港最全面、最多选择的专业，其“各国标准特藏”为工程学专业的发展提供了文献方面的支持。

（6）高等教育特色，高校图书馆在文献保障的同时为教育服务，进行素质教育，辅助教学。特色资源主要包括各大学校自建的学位论文数据库、机构典藏、教学资料等。

## 7.2 对国（境）内数字特色资源建设与服务的启示

经过多年的发展与革新，国外及香港地区图书馆在特色资源的建设中不断创新服务理念与模式，在服务中体现人文关怀，为广大读者提供人性化、便利化的特色服务，致力于消除公众利用图书馆的困难，保障社会弱势群体获得图书馆服务的权利，同时，更为服务科技创新和科学研究事业默默地奉献着。他们的实践经验，带给国内图书馆建设数字特色资源与服务诸多启示：

### 7.2.1 特色资源建设前期重视规划，合理安排开发顺序，不搞重复建设

国外及香港地区图书馆都十分重视特色资源建设。但在建设之前，注重可行性调查，力争分工有序、优势互补。主要根据与课程或项目的关联度，对公众注意力的吸引程度、是否能吸引私人捐赠或资金投入等标准，确定本馆特色资源的开发顺序。

自建数据库多以本馆的藏书特色为基础，不搞重复

建设。如香港 1967 年成立的“香港高校图书馆咨询委员会”，是一个专门讨论与协调高校之间有关图书馆信息资源和服务协作的平台。这种高校图书馆协作式的馆藏建设，使得各高校图书馆的文献资源建设立足本地区整体文献资源建设与地区资源共享，避免了资源重复建设。香港高校图书馆多数设立馆藏发展部，负责制定本馆馆藏发展计划，既保证本校文献资源的需求，又避免重复建设。

### 7.2.2 特色资源建设选题时重视版权保护和信息可靠性

美国研究图书馆协会（ARL）要求在资源建设过程中要充分了解资源的出处及所有权，确保资源的来源明确可靠，并保证用户的知情权，确保特色馆藏的真实性与可靠性，防止引起所有权纠纷。

### 7.2.3 特色资源建设收录范围广

与国内图书馆特色资源建设相比较，国外及中国香港地区图书馆视野开阔，收藏内容及范围不拘泥于一校一地，而是着眼于全世界重视建设过程中的用户参与，务求尽善尽美。形成了一批在本地区及周边国家甚至国际上知名的数据库如：英国 BBC 信息中心及特色数据库在英国及全世界传媒领域保持领先地位；全俄专利技术图书馆是目前世界上最大最有成效的专利文献图书馆；法国的国际当代文献图书馆，以收藏“一战”、“二战”期间翔实的文献资料而闻名于世；美国的哈立德大学图书馆是全球最丰富、最完整的聋哑人资料库。香港地区高校图书馆的特色资源既包括了图书、期刊、学位论文等传统文献资源，还包括了像书评、口述资料、剪报、手稿、信札、公文、小册子等各种特殊类型的文献资源，只要是与主题相关的资源，类型不拘，均予收藏，不但丰富了收藏的范围，而且形成了独一无二的资源。

### 7.2.4 高校图书馆特色资源建设中特别注重与教学科研相匹配

国外及中国香港地区高校图书馆特色资源均以本馆特色馆藏、本校研究方向与课程设置为基础。如密苏里大学新闻学院的 Frank Lee Martin 新闻图书馆是全世界最大的新闻图书馆；香港科技大学的科学历史特藏与该校在机械工程专业的优势地位相关；香港中文大学现在以“中国研究”“生物医学科学”“讯息科学”“经济与金融”“地球信息与地球科学”为五大重点研究领域，其特色资源也充分体现了其重点研究领域。

### 7.2.5 特色资源建设着眼于利用

国外及中国香港地区图书馆重视用户在参与特色资源挖掘和描述过程中的作用，与主要用户合作，实现学术资源的有效利用，尤其注重读者参与的批判式利用，设立专门奖学金鼓励研究者利用其特色馆藏。

他们积极面对馆藏资源数字化的问题，努力研究和开发多种资源访问形式，为用户提供有效的访问机制。不但提供在线目录检索 而且部分实现了具有附加描述功能的检索帮助，即通过在网上描述资源的馆藏地、出处、背景资料、内容提要、收藏状态、索取号等，提示资源信息，为使用者提供取舍帮助。

如美国大学图书馆网站非常重视对所有馆藏数字资源、电子期刊的整合与揭示，建立了比较完善的学科导航系统，提高了资源的利用率与效率。有的图书馆网站已经实现了馆藏书目记录，电子文献资源与网络信息资源的链接，使网络信息资源与馆藏信息资源在馆藏书目信息中得到统一揭示。香港高校图书馆对特色资源大都有文献资源数字化的计划或项目，特色资源大部分目录已数字化或全文数字化，部分建立了相关的特色数据库，这些数据库既有检索功能，又有使用帮助，方便了特色资源的利用；大部分有数字化全文的特色数据库能远程免费访问，最大程度上增加了特色资源的使用人群，并且不受时间与地域限制。另外这些特色数据库的资源进入了各高校图书馆整合资源检索平台，通过一站式访问，能检索出特色资源，促进了特色资源的利用。

### 7.2.6 特色资源建设后期注重经费支持，保障可持续发展

美国研究图书馆协会（ARL）指出，在特色馆藏资源搜集过程中，必须着重考虑所有可能出现的费用问题，包括获取、加工、处理、保存、提供访问等，并结合自身的实际情况做出资源搜集决策。美国班克罗夫特图书馆在开发社会资本方面的经验丰富，如：成立俱乐部，设立磁带捐献中心，出版图书、出售访谈抄本等。

### 7.2.7 特色资源建设完成后重视宣传和推广

国外及中国香港地区高校图书馆对于本馆的特色馆藏非常重视，把它作为一个对外宣传的有效途径，因此在部门设置上往往单设一个部门来管理。

通过开展特色馆藏资源展览、专门的主题宣传活动、建立特色馆藏相关博客、建立虚拟档案、印制特色馆藏出版物等方式宣传推广特色资源；基于特色馆藏开展复印、扫描、拍照、在线检索、咨询等基本服务；开展特色馆藏教学服务；制定激励政策，鼓励研究者基于特色馆藏文献开展科研活动，如杜克大学图书馆设立 Middles worth 奖，用于奖励杜克大学本校基于手稿和其他特色馆藏文献完成优秀论文的本科生和研究生等。

不但重视对收藏作品的保护和文化氛围的营造，也积极向公众展示特色馆藏，这些“镇馆之宝”大都陈列在醒目的位置，供读者欣赏和浏览。如香港理工大学包玉刚图书馆的“香港专题期刊论文索引库”于 1996 年被 Knight Ridder Information，Inc 公司纳入 Dialog Information Service 的联机检索服务，可供世界各地读者检索。

# 第 8 章 数字图书馆特色资源与服务发展展望

在信息革命的推动下，全球数字图书馆的建设和研究工作如雨后春笋般不断涌现，本章将在新技术环境下介绍数字图书馆的最新发展模式，探究特色资源的整合与发展，特色服务的创新方式，并提供一个典型案例。

## 8.1 云计算下的特色资源整合与共享

### 8.1.1 云计算概述

云计算的理解和定义众多，较为共识的云计算是分布式处理（Distributed Computing）、并行处理（Parallel Computing）和网格计算（Grid Computing）的发展，或者说是这些计算机科学概念的商业实现，是虚拟化（Virtualization）、效用计算（Utility Computing）、IaaS（基础设施即服务）、PaaS（平台即服务）、SaaS（软件即服务）等概念混合演进并跃升的结果。其基本原理是通过使计算分布在大量的分布式计算机上，而非本地计算机或远程服务器中，按照互联网运作模式将资源能够切换到所需要的应用上，根据需求访问计算机和存储系统的网络资源共享利用模式。在这一共享利用模式中，“云”是指各种大量的计算机阵列组成的大型服务器集群，以共享基础架构为方法，将所有的计算机资源集中起来，构成一个互联网的资源池向全球用户提供公共的服务，用户只需要 1 台电脑或者1个手机，就可以通过网络服务来获得自己需要的信息、知识。像用电用水一样 按使用量来计费。云计算作为新一代互联网计算模型，具有强大的计算能力和低成本、高安全、按需所取等特性，在信息资源共享管理中具有明显的优势。

云计算具有一些新特征，其主要特点表现为以下几个方面。

（1）云计算提供了最可靠、最安全的数据存储中心。在桌面电脑上，硬盘崩溃或病毒入侵可能损坏所有有用的数据，但是云里面一台计算机的崩溃不会影响到存储的数据，这是因为“云”会自动备份存储的数据。同时，严格的权限管理策略可以使用户放心地与用户指定的人共享数据。

（2）云计算对用户端的设备要求最低，使用起来也最方便。用户不需要购买非常高端的电脑来运行云计算的Web应用程序，因为这些应用程序是在云上面，而不是在本地运行，所以桌面PC就不需要传统桌面软件所要求的处理能力和存储空间。同时云计算能够为各种规模的组织显著地降低硬件和软件的维护成本。硬件都由云计算提供者管理，所以组织基本上不用再进行硬件维护，系统软件等也是同样的情况。

（3）云计算可以轻松实现不同设备间的数据与应用共享。一方面，随着网络化进程的迅猛发展，如今的网络就像生活中的水、电一样，正在成为无所不在的生活必需品；另一方面，则是移动设备快速成长，难以计数的可联网装置从计算机、手机一直到汽车、家电甚至相机都有安装。在使用者计算机上的数据，也需要在手机、PDA 上使用，最好的方式就是把数据放到网络上，上网就能取得，不用把同一份资料在不同上网工具中转来转去。

（4）云计算为人们使用网络提供了几乎无限多的可能。云计算为存储和管理数据提供了几乎无限多的空间，也为人们完成各类应用提供了几乎无限强大的计算能力。个人和单个设备的能力是有限的，但云计算的潜力却几乎是无限的。当把最常用的数据和最重要的功能都放在“云”上时，只需要一台计算机或电子设备和网络连接就可以获取想要的信息。

### 8.1.2 云计算下特色资源整合与共享的新机遇

信息时代的到来，网络技术的不断更新，决定了特色信息资源的发展趋势是实行共建共享，关于这一点在我国图书馆同行中已经达成了普遍共识。实行特色资源的共建共享，是解决知识信息剧增与单个图书馆馆藏能力不足这一矛盾的有效途径。

但是，图书馆目前采用的现代信息技术应用的局限性，制约着图书馆特色信息资源共建共享的进一步发展。现代信息技术的应用是不断发展的过程，目前的图书馆采用的一些技术也存在一定的缺陷，如计算机及其配件市场比较混杂，升级换代频繁，给信息技术工作者的选择带来困难，增加了工作强度和难度；通信线路传输速率低，尤其是在传递多媒体信息时更显能力不足。要促进图书馆特色信息资源的共建共享更上一个台阶，就需要解决这些制约发展的瓶颈。

针对上面提到的图书馆现采用的信息技术，给图书馆信息资源共建共享带来的发展缺陷，正好是“云计算”解决的问题。一是“云计算”对用户终端要求不高，一般只需服务器集群升级换代即可，而服务器集群由专人负责，所以，对图书馆来说，云计算不但能解决升级换代频繁带来的困难，还能节约硬件升级及维护费用，有关的技术人员不必在升级图书馆的相关硬件上煞费苦心，工作强度大大降低了，就能有更多的时间开展其他工作。二是要实现“云计算”，就需要存在一片有着强大能量的云，即网络连接和强大的网络计算能力。而云计算的无限带宽网络，就能有效地解决信息传输过程中的带宽不足、速率低的问题。此外，在“云计算”环境下建构图书馆特色信息资源共建共享模式，还可以避免图书馆的资源重复建设，节约图书馆的成本，将庞大的异构资源有机地整合起来，提供统一平台，实现信息资源的全面共享。

颠覆了传统的特色资源利用方式。云计算的核心是海量数据的存储和计算。由几十万台甚至几百万台计算机构成的计算机群，对信息进行聚合和分布处理，然后通过网络对客户提供服务。这样，用户只需使用计算机、手机、PDA 等终端设备接入互联网，便可获取需要的信息服务。在未来只需要一台笔记本电脑或者一部手机，就可以通过网络服务来实现用户需要的一切，甚至包括一些个人计算机无法应对的超级计算任务。

云计算提供了最可靠最安全的数据存储中心，有利于降低数字图书馆信息资源共享的安全风险，提高了数字图书馆特色信息资源的安全性。目前，阻碍数字图书馆信息资源共享的主要问题仍是信息安全问题，馆藏数据库一旦发生感染病毒、设备损坏造成的数据丢失、破坏等情形，后果不堪设想，而云计算的冗余存储、容灾机制能有效解决这一问题。使用云计算服务的用户，他们的数据库将不在用户自己的数据中心里，而是位于云中心，由数据中心的管理者集中对数据进行统一管理、分配资源、均衡负载、部署软件、控制安全，并进行可靠的安全实时监测，从而可使馆藏数据得到最大限度的安全保证。云计算提供了最可靠、最安全的数据存储中心，用户不用再担心数据丢失、病毒入侵等麻烦。云服务端有专业的团队来管理信息，有先进的数据中心来保存数据，严格的权限管理策略还可以帮助用户指定的人共享数据。图书馆可以根据用户信息需求的不同，将用户从低级到高级划分为若干个层级，根据不同的层级设置不同的资源层访问权限，严格控制用户对共享资源的访问，确保数据安全。

云计算提供了云端设备和技术，有利于缩减图书馆信息资源共享实现成本，降低了特色信息资源的共享成本。目前，各图书馆为了使用最新的操作系统，不断对工作人员的 PC 机进行升级换代。在云计算模式下，PC 机的定义将发生很大的改变，计算的架构从过去集中于 PC 或服务器的某一“端”走向“云＋端”。软件企业的业务模式从软件走向“软件＋服务”。图书馆将不必购买本地安装的自动化系统及开发软件，由云计算提供商提供具体的硬件软件和更新，降低了用户端的设备要求，用户所需要做的只是通过各种上网设备享受云服务所提供的自己需求的资源。可以想象，这种模式若应用于图书馆信息资源共享系统，将节约大量设备、人力等方面的投入成本，从而达到缩减信息资源共享成本的目的。云计算服务提供的是按需服务，基于某个特定应用程序的成本不再是用户个人承担，而是由所有使用用户均摊，用户只需为自己所使用部分付费，降低了数据运行的建设成本。使用过程中用户只需要通过互联网连接云计算中心，不必购买服务器和存储装置，不需要自行升级软件，也不需要专门的技术团队来维护数据中心的正常运行，从而降低了运行和维护成本。

加强特色信息资源整合并兼顾个性定制。云计算的基础是“整合”的思想，采用统一的基础架构诸如硬件、软件、服务等，在对资源的利用方面不用考虑传输协议、数据结构等对信息资源的整合。简言之，在图书馆领域，各图书馆的各种编目信息、自建资源等可以借用一朵“云”统一结合起来，内容高度融合，用户通过网络获取他们想要的文献，但他们只需要关注获取过程本身，无须理会界面之后的繁复运作，各高校图书馆的信息资源将得到真正的整合和共享。几乎每个云计算服务提供商都提供了开放API，把开放环境、应用程序运行环境。数据库环境等作为一种服务来提供给使用者，让使用者能够自定义开发更加适合自己特色业务的应用程序。

云计算提供了不同数据库间的应用与共享环境，有利于扩大图书馆信息资源共享范围。目前，我国图书馆网络数据基本上处于“分布式存储”“分布式访问”的状况，各种数据资源都有自己的数据结构、组织形式、查询方式以及显示界面，用户为了查准、查全所需要的资料，需要进入不同的查询系统和熟悉每个数据库的检索方式和显示格式。而云计算可以在技术和管理上将分布式存储在不同设备上的数据库统一起来通过对数据库的多样性格式进行屏蔽，为用户提供统一的检索入口，使用户可以方便透明地访问多个数据库，极大地提高了信息检索的效率，扩大了共享范围。

## 8.1.3　云计算下特色资源整合与共享的可行性分析

### 8.1.3.1　技术体系分析

目前，对于云计算技术体系的研究已经相对成熟，国内外众多专家和 IT 企业都提出不同的解决方案，已形成了一些具有代表性的技术体系结构。例如，亚马逊研发的网络服务，其技术体系由 4 块核心服务组成：弹性云 EC2（Elastic Compute Cloud）、简单存储服务 S3（Simple Storage Service）、简单排列服务 SOS（Simple Queue Service）及目前尚处在测试阶段的 Simple DB。又如，IBM 的政府云计算解决方案由 4 层构成：硬件和操作系统的基础设施，软件系统和管理平台（包括一组部署管理软件、虚拟化组合和云计算管理系统），云计算提供的各种虚拟机，由虚拟机组合形成的各个具体的云计算使用中心。我国云计算专家刘鹏在《云计算技术原理》一文中提出了一个技术体系结构，它由物理资源层、资源池层、管理中间件层和面向服务架构的构件层组成。该体系结构全面系统地概括了不同厂商提出的云计算体系结构的主要特征和重要功能。可以说，这些技术体系和实现方案为构建云计算环境下图书馆特色信息资源共享系统提供了技术支

持和讲演积累，因此，构建基于云计算的图书馆特色信息资源共享系统在技术上是切实可行的。

8.1.3.2 应用环境分析

从应用环境来看，目前国际上知名的企业如Google、Amazon、IBM、Microsoft、Yahoo等在云计算领域均有较成功的实践。如Google公司提供的Google文档、Google地图等多种应用都是基于云计算环境的，目前有超过50万家企业签约使用Google应用软件引擎，用户群已经接近1000万人。Amazon公司提供的弹性云计算EC2，已在世界范围内得到了相当高的认可，许多公司采用这个平台来搭建自己的云计算服务。IBM公司在2007年发布“蓝云计划”产品，已经建立了多个云计算中心，提供丰富的产品帮助企业建立自己的私有云。微软公司推出了新操作系统Azure，企业用户既可以在公司计算机上运行，也可以经由微软通过互联网提供相同服务，将用“即用即付”模式对Azure定价。另外，雅虎、惠普和英特尔3家公司也共同组队创建了“云计算测试平台”，目前已有50多个研究项目与其接轨。在我国，云计算发展也非常迅猛。阿里巴巴、中搜、瑞星等IT企业均建立了自己的云计算中心，并取得了初步进展。可以说，现阶段这些云计算的应用，为构建云计算环境下图书馆特色信息资源共享系统积累了丰富的实践经验。

8.1.3.3 云计算可使图书馆与IT企业实现双赢

对于图书馆而言，通过传统模式构建特色信息资源共享系统会面临资金投入大、更新和维护成本高等一系列问题。而IT企业提供的云计算服务具有零设备投入、零运

维成本等优点。因此，在现阶段构建图书馆信息资源共享系统，无须斥巨资购买昂贵的计算机设备，只需花少量的租金租用 IT 企业所提供的计算、存储、服务即可，并通过向 IT 企业支付一定的服务费用就可达到预期的效果。在云计算环境下，服务器的日常维护由云计算服务商来提供，图书馆不必另外支付费用，节省了人力物力和时间成本。一般认为，构建图书馆基于云计算的特色信息资源共享系统，对图书馆来说以极低的成本投入获得高质量的资源服务，可以减少图书馆建立和维护特色信息资源共享系统的经费。对 IT 企业来说，可以通过提供资源服务而获利，同时也是 IT 企业深化和开拓市场服务领域的有效途径。可见，云计算可使图书馆与 IT 企业实现双赢。

### 8.1.4 云计算下特色资源整合与共享的发展对策

与传统图书馆相比，云共享服务模式改变了面向用户的计算服务方式，也带来了诸多云计算的安全问题，开放的接口为非法访问提供了可能。使得对数据的存储、传输、平台的可靠性及持续发展性产生了新的威胁，只有认真分析云共享面临的这些安全威胁，从云存储系统建设、云安全维护策略制定及安全防范、管理制度上入手，有针对性地采取有效安全措施，才能确保云共享的安全、可靠与长久运行，更好地为用户服务。

#### 8.1.4.1 协商制定科学有效的云特色信息资源共享相关准则

图书馆特色信息资源进行云共享的相关准则，除参考和依据有关国家、行业标准外，一些具体的准则如权益分

配、维护权限等，则要根据共享的服务内容、服务方式及服务范围等进行科学协商，制定出科学有效的云共享相关准则，以便对图书馆各方的权利、职责与权限进行划分，防止出现问题时的责任难分现象。同时，在选择云服务商时，依据云共享的规模和建设思路，要选择安全设备较高、信誉度较高、安全防护体系较高的提供商。

#### 8.1.4.2 提高云中共享资源的威胁监测能力

为了提高云中所存数据的安全性，目前部分云提供商已采取了一些监测手段，如数据审计等，以便高效、准确快速地监测到存储数据所存在的可能威胁，这种检测已成为云安全防护体系的重要部分。在云环境下，云共享为图书馆用户利用云平台提供了开放的接口，对客户端存在的威胁进行检测和防护，并利用病毒行为监控技术防范未知威胁。客户端可将本地不能识别的可疑流量及时送到云端检测中心，利用云端计算能力快速分析安全威胁，并将获取的威胁特征推送到全部客户端和安全网关，使云共享系统和客户端都具备云安全监测、防范的能力。此外，还可建立专门的云安全集中中心，以保障云图书馆核心业务安全，有效地节约云图书馆安全建设经费。

#### 8.1.4.3 在云共享的信息传输中采用数据隐藏技术

云的开放性与云共享信息资料传输过程中可能存在的信息截取、修改、替换等威胁，使得图书馆与云之间的信息交互过程成为最有可能遭到信息破坏的环节之一,一些云提供商要求用加密的手段以防数据在传输中遇到的种种威胁。其实，在云安全体系的监测保证下，采用加密存储能够保证所存数据的安全与运行，但在传输过程中，经过加密处理的密文由于是一组乱码，当攻击者发现信道存在密文时，就会利用已有的各种攻击方法对密文进行截获与破译，尽管加密不易被解密，但通信易被第三方察觉，一定程度上向攻击者明确提示了重要信息的存在，所以容易引起攻击者的注意，进而遭受到干扰和攻击，导致信息传输过程中存在的威胁性大增。对于图书馆的核心数据，如财务信息、读者信息等，可采用目前在军事界应用较为广泛的信息隐藏技术，信息隐藏是将机密信息秘密隐藏于另一公开信息（载体、宿主、掩体对象）中，即将秘密信息（嵌入对象）嵌入到另一表面看起来普通的信息载体中，然后通过该公开信息（隐藏对象）的传输来传递秘密信息，第三方（攻击方）很难从公开信息中判断机密信息是否存在，即无法直观地判断他所监视的信息中是否含有秘密信息，降低了机密信息的截获率，也从根本上降低了传输中数据遭到破坏的威胁性。

#### 8.1.4.4　建设两个云共享中心

利用云进行图书馆信息资源的共享有低成本、快速部署、管理简便、可靠性高及数据灾难备份等优势。但为了保证云共享的可靠性和持续性发展，图书馆云共享建设中需建设云共享主存储服务中心和备份云共享存储服务中心两个完全相同的跨地域云存储数据中心，形成一个跨地域的统一安全存储平台。图书馆云共享主存储服务中心和备份云共享存储服务中心以负载均衡方式工作，并定期由主中心向备份中心进行数据备份迁移。于是，当主中心遭受攻击或因不可抗拒因素停止工作时，备份中心就能保障图书馆云共享存储中心的数据安全及服务不间断，解决以往困惑人们的持续性和可靠性问题。

### 8.1.5 云计算下特色资源整合与共享的构建模型

构建图书馆特色信息资源共享系统应遵循信息系统的一般模型。鉴于图书馆基于云计算特色信息资源共享系统的特殊性，需要对元数据进行处理，对现有的资源进行封装，以便于系统的查询、用户需求的匹配。因此，在云计算体系结构的基础上，给出个性化的图书馆特色信息资源共享系统结构模型（见图 8-1）。

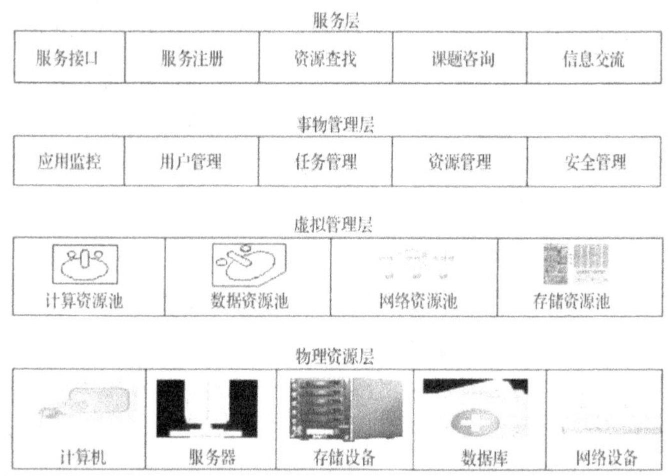


图 8-1 图书馆特色信息资源共享系统结构模型

其中各部分的任务、功能及可使用技术包括以下一些内容。

#### 8.1.5.1 物理资源层

物理资源层是图书馆特色信息资源共享云计算系统的最底层，提供最基本的硬件资源：计算机、服务器、存储设备、数据库、网络设备等。在这个模型中，对于计算机的硬件要求很低，可以使用价格低廉的 PC 机，通过分布式技术和虚拟化技术将分散的计算机组成一个提供超强功能集群用于计算和存储云计算操作。

#### 8.1.5.2 虚拟管理层

虚拟管理层是图书馆信息资源共享云计算系统的第二层，虚拟化是云计算的核心设计技术。通过虚拟化技术将物理资源层大量相同类型的资源构成同结构或结构相似的资源池，消除物理硬件的限制，降低了硬件管理复杂度，提高了硬件资源的利用率，有效控制其成本，保证了信息资源共享系统的可扩展性，目的是为上层提供共享的资源。

#### 8.1.5.3 事物管理层

事物管理层是整个图书馆信息资源共享云计算系统的核心部分，由应用监控、用户管理、任务管理、资源管理、安全管理等内容组成。主要功能是利用云计算技术将资源层提交的受控资源整合在一起。供虚拟组织的应用程序共享、调用。在管理层的有效调控下，资源层的各项资源通过一系列作用抵达服务层，最终实现用户的需要。

#### 8.1.5.4 服务层

服务层是图书馆特色信息资源共享云计算系统的实现平台，由服务接口、服务注册、资源查找、课题咨询、信息交流等内容组成。主要功能是向用户提供应用服务和解决方案，在云计算共享域内所有图书馆通过云计算网络，建立统一的接口，用户通过服务接口进入数据库资源，获得借阅、咨询及其他服务，这也说明图书馆云服务平台的具体实现层——特色信息资源共享系统中，各个子系统之间相辅相成、交互作用，形成一个可控的适应的云计算服务体系，通过对各种服务进行动态管理和分配，来满足不同层次和规模的数字图书馆需求，支持馆级透明的协作和服务获取，支持各馆用户的聚合和参与，支持多馆协作的社会化网络的构建，支持多馆资源的共建共享，具有自适应扩展的能力。如果图书馆云服务能真正地建立起来，就能彻底解决现阶段图书馆特色资源共建共享面临的问题。

“云计算”的价值不仅体现在先进的技术本身，更体现在技术应用理念方面。它给数字图书馆特色信息资源的共享带来了一种新的思路。云计算在图书馆的应用将是未来图书馆发展的一个趋势，它可以将庞大的异构资源有机地整合起来，提供统一平台，实现特色信息资源的全面共享。随着云计算的研究与应用升级，图书馆应用云进行信息资源的共享、计算与服务不再遥远。

当然，真正实现云计算环境下的信息资源共享要解决的不仅仅是技术问题，还涉及政策法规制度、数据版权、机构管理、信息安全、个人信息隐私等方方面面的问题。然而云计算确实能为图书馆带来价值。云计算的应用可以使图书馆人更加专注于自己的特色信息资源的共建共享，摆脱 IT 的束缚，并使得特色信息资源的建设可以进行更大范围的协作、共享，提供更优质的服务。

# 8.2 移动图书馆与移动服务

随着移动通信技术的飞速发展，移动通信已经和有线互联网相互融合，正在给社会生活的方方面面带来巨大的变革。基于 Internet 的图书馆服务如今已经日趋完善与成熟，利用新兴移动互联网技术拓展传统数字图书馆服务，随时随地为读者提供实时信息服务必将成未来的发展趋势。移动互联网技术将对图书馆事业的发展产生深远的影响。移动图书馆通常是指图书馆针对手机用户开设和提供相关信息服务的简称，有时也称掌上图书馆、手机图书馆。

## 8.2.1 移动互联网发展概况

互联网与移动通信的融合是 21 世纪的科技革命。美国著名的国际金融服务公司摩根士丹利的全球技术和电信分析师指出：我们已经进入移动互联网时代，未来 5 年内，通过移动通信装置（包含平板计算机、MP3、掌上电脑 PDA、汽车电子产品 GPS、音频、视频等）接入互联网的用户很有可能超过通过桌面个人电脑接入互联网的用户。

在我国，移动互联网也展现出巨大的发展潜力。根据中国互联网络信息中心（CNNIC）发布的《第 34 次中国互联网络发展状况统计报告》显示，截至 2014 年 6 月，我国手机网民规模达 5.27 亿，手机上网网民比例为 83.4%，手机网民规模首次超越传统 PC 网民规模。移动互联网带动整体互联网各类应用发展，移动金融、移动医疗、移动

社交媒体等新兴领域移动应用多方向满足用户上网要求，推动网民生活进一步“移动化”。在移动互联网时代，读者可以随时随地很方便地登录互联网获取信息。这是继互联网、搜索引擎之后图书馆面临的又一大挑战。图书馆如何吸引读者，如何提供更优质的服务，很明显，利用移动互联网技术开展移动数字图书馆服务，让读者利用随身携带的移动终端快捷方便地获得图书馆的各种个性化和人性化的服务，将是未来图书馆服务的一项重要内容。从这个角度看，移动服务体现的是数字图书馆的个性化服务，也是数字图书馆服务未来的发展方向。

### 8.2.2 移动数字图书馆产生背景

移动数字图书馆是数字图书馆的一个分支，它具备数字图书馆的一般特征，同时还具备“可移动”的特征。这种“可移动”的特征表现在，普通用户和读者可以不必依赖于 PC 来实现数字资源的浏览、下载和阅读，用户和读者可以通过手中的便携数字图书阅读设备（如手机、MP3/MP4、PDA 等手持阅读器以及笔记本电脑等）来浏览、下载、阅读和欣赏数字资源的一整套系统。

移动阅读作为数字阅读的深化应用阅读形式，克服了需要电脑、网络以及固定位置才能进行数字阅读的限制，极大地满足了人们数字阅读时的随意性，不受设备、场地的限制。图书馆将因为引入移动数字阅读会扩大读者的使用范围，发挥更加巨大的作用。

图书馆服务的理想目标，本质就是信息服务无处不在，无时不在。任何读者可以在任何地点，任何时间获取

图书馆的任何图书资源。而图书馆的服务从过去的印刷本的借阅到数字图书馆的建设属于上了一个台阶，而数字图书馆进入移动图书馆服务则会使图书馆的服务达到一个新的台阶，真正实现图书馆的理想目标。移动设备使用量在未来几年将会超过目前的电脑，成为主流信息获取设备，而顺应历史潮流也是图书馆发展的必然方向。

## 8.2.3 移动数字图书馆服务现状

目前，许多图书馆已开展移动数字图书馆服务，其服务内容也在不断拓展。主要有 SMS（Short Message Service，短信服务）、WAP 网站常规服务（包含图书馆新闻、馆藏目录检索、读者借阅信息查询、参考咨询、图书馆使用指南等服务）、WAP 网站数据库检索服务、电子书服务和视频指南服务、二维码如 QR 码服务等。

### 8.2.3.1 SMS 服务

SMS 是最常见的移动图书馆服务，拥有借阅证或读者卡的用户通过注册之后即能享受图书馆的 SMS 服务。提供的服务一方面是图书馆主动发给读者的新闻、讲座、预约到达、图书催还、过期罚款催缴等；另一方面是用户按照一定的指令查看馆藏、借阅情况、续借、图书馆工作时间、参考咨询等需求。国外开展该项服务的有美国加州大学图书馆、丹顿公共图书馆、澳大利亚莫纳什大学图书馆、瑞典马尔默大学图书馆、新加坡南洋理工学院图书馆等。国内开展该项服务的有国家图书馆、上海图书馆、苏州图书馆、成都图书馆、深圳图书馆、济南市图书馆、吉林省图书馆、清华大学图书馆、四川大学图书馆、成都理

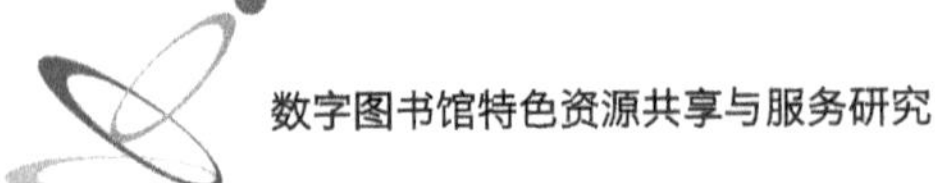


工大学图书馆、华东理工大学围工业大学图书馆、浙江大学图书馆、中国计量学院逸夫图书馆等。

8.2.3.2　WAP 服务

WAP 网站提供的常规服务有图书馆新闻、馆藏目录检索、读者借阅信息查询、参考咨询、图书馆使用指南等信息。各图书馆 WAP 服务也有其特色的内容，比如美国艾德菲大学图书馆 WAP 网站还提供班车时刻表、校园黄页、体育新闻、艺术学院表演时间、学校地图、校历等信息服务。加州大学富尔顿分校 Pollak 图书馆还有电子阅览室空闲计算机的实时数量、图书馆员的联系电话及服务内容等信息。此外还有纽约公共图书馆、哈佛大学图书馆、耶鲁大学图书馆、剑桥大学图书馆、加拿大阿尔伯塔大学图书馆、丹麦奥尔堡图书馆、阿姆斯特丹大学图书馆、新加坡国家图书馆等开通此项服务。国内典型的应用案例有：上海图书馆于 2009 年 10 月推出其 WAP 网站，目前提供“书目检索”“上图电子书”“上海与世博”“动态新闻”“上图讲座”“分馆导引”和“服务与简介”七个栏目。可检索全市书目和馆藏联合检索，查看新闻、讲座、分馆地址、地图、电话、开放时间、读者借阅信息以及续借服务等。其中“上图电子书”还提供了全新的电子书借阅服务，凭“上图读者卡”和身份证号即可通过手机移动阅读方式看电子书，在线阅读时可做书签、笔记、划词翻译、书内全文搜索等多个实用功能。

国家图书馆于 2008 年 12 月推出“掌上国图——国家图书馆移动服务”，目前为读者提供“资源检索”“在线服务”“读者指南”“读者服务”“文津图书奖”“掌上国

图”“留言板”版块。每个版块又细分多项服务，可以检索 OPAC 和特色资源（包含千余种古代典籍、500 余种的音频视频、3 万多张图片以及将近 10 万篇博士论文，检索结果可直接在线浏览），提供在线讲座、在线展览、在线阅读、书刊推介、讲座预告、图书续借、图书催还、在借信息、借阅历史、预约和预约到达通知、用户注册、一卡通信息查询，还提供个性化推送服务，提供国家图书馆阅览室定位帮助和指南信息等。此外，国内苏州图书馆、华东理工大学图书馆、成都理工大学图书馆、南京师范大学图书馆、北京师范大学图书馆、浙江工商大学图书馆、四川大学图书馆、南京大学图书馆、同济大学图书馆等都提供该项服务。

另外，一些图书馆利用 WAP 提供数据库检索服务，如耶鲁大学图书馆提供 EBSCO/EL、PubMed、MedlinePlus、Harrison’s online 等数据库的检索服务，可以获得检索结果题录文摘和全文链接，也可以选择将检索结果 E-mail 给用户邮箱。加州大学富尔顿分校 Pollak 图书馆可以检索 EBSCO，Wilson，IEEE Xplore，Factiva，WorldCat，PubMed，网络版大英百科全书等。提供数据库检索服务的还有纽约大学图书馆、奥本大学图书馆、波尔州立大学图书馆、波士顿大学图书馆等。

8.2.3.3　电子书服务

移动电子书服务产生的背景是电子阅读器的飞速发展和图书馆数字资源建设。自 2007 年亚马逊推出电子书阅读器 Kindle，掀起了全球电子书阅读热潮，目前电子书阅读器有 Amazon Kindle，Sony Reader，Banrnes &

NobleNook 等，除了专门的电子阅读器，智能手机、平板电脑也能进行电子书的阅读。图书馆的电子书服务主要是利用数字馆藏，与电子阅读器公司合作，比如德克萨斯 A&M 大学（德州农工大学）图书馆、北卡罗来纳州立大学图书馆、里弗福里斯特公共图书馆等与 Kindles 合作，读者通过 Kindles 阅读器及安装 Kindle 的移动终端都可以阅读这些图书馆的电子书；纽约公共图书馆、伦敦大学图书馆、加州 Rancho Mirage 公共图书馆、杜克大学等则与 iTouch/iPod 合作；OCLC 与 Sony Readers 合作，等等。一些图书馆还能提供有声读物，比如托马斯福特纪念图书馆、圣约瑟夫县公共图书馆、阿拉斯加大学费尔班克斯校区图书馆、纽约公共图书馆（现有 1905 种有声读物，iPod 能兼容的电子书有 100 种）等。

8.2.3.4　音频和视频指南服务

其服务方式主要有两种：一是将音频和视频指南放在网站上供读者下载至移动终端，比如西雅图公共图书馆、杜克大学图书馆、波士顿图书馆、波尔州立大学图书馆网站等提供 MP3 音频指南供读者下载至 MP3 播放器、iPod 及手机等移动终端；另一类是与视频网合作，比如 Woodboume 公共图书馆、爱丁堡中心图书馆、Suffolk 大学图书馆将视频指南放在 YouTube 上，用户可通过手机访问 YouTube 网站观看。纽约大学、德克萨斯 A&M 大学、亚利桑那州立大学图书馆加入了 iTunes，读者可通过 iPhone、iPod 等无线访问 iTune 进行观看。

移动服务体现的是图书馆的个性化服务，保障用户可以随时随地通过移动设备方便地浏览信息资源。移动服务是数字图书馆未来服务的主要方向。

## 8.2.4 移动数字图书馆实现技术

一般地，实现移动图书馆服务的具体技术包括：Silverlight，Manet，J2EE，J2ME.net，Struts-Spring-Hibernate 等。刘红等利用 Silverlight 技术实现图书馆手机服务，作者采用 B/S 模式，开发技术使用 .net，Java script 等，后台数据库采用 SQL Server 2005。李敬维基于分级异构 MANET 设计移动图书馆服务系统，MANET 是一种无线分布式网络技术。贺利娜提出一种基于 J2EE 和 J2ME 技术的移动图书馆实现方案，这是一种手机客户端与服务器的体系结构，需要手机支持 Java 虚拟机，同时它也是一种跨平台的通用系统。

丁夷提出了一种基于 Struts-Spring-Hibernate 框架的手机图书馆服务系统，它可以实现各种服务功能的定制，移动阅读服务（下载电子书），视频播放服务、可视参考咨询服务。王泽贤探讨了手机短信在图书馆中应用的关键技术，作者详细阐述了目前用计算机收发短信的 3 种主要方法：①通过短信应用服务商实现。②通过网站提供的短信服务，例如新浪、网易。③通过无线 MODEM 需要专用的硬件，包括无线 MODEM 以及支持 MODEM 功能的手机。沈向若探讨了利用 MMS（Multimedia Message Service）多媒体短信技术实现图书馆移动服务。

## 8.2.5 国外移动图书馆的发展与融合

国外图书馆移动服务的应用可以追溯到 2000 年左右，

日本和欧洲在移动通信技术方面是比较先进的，日本富山大学图书馆于2000年9月开发出i-Mode手机的书目查询（OPAC）系统，东京大学图书馆也于2001年5月开通i-Mode手机书目查询（OPAC）系统，芬兰赫尔辛基技术大学图书馆2001年秋季开始使用手机短信息服务，韩国西江大学2001年7月推出用手机可以查阅图书馆资料的移动图书馆。迄今为止，芬兰、日本、英国、美国、韩国、新加坡等国都有一些图书馆在试验提供手机信息服务，它们的实现方式主要是短信息和无线上网两种。芬兰赫尔辛基技术大学图书馆使用芬兰Portalify公司开发的Liblet TM系统，以短信服务为主，兼顾WAP及其他接入技术，提供的手机服务有续借、到期提醒预约到书通知、列出读者借阅清单等，读者免费使用，只需向运营商支付基本通信费。芬兰国会图书馆也开通了手机短信息服务，服务项目有续借、到期提醒、预约到书通知、检索失败的信息、咨询、读者反馈、每周阅读提示等，读者也是免费使用。日本东京大学图书馆为i-Mode手机用户提供在线书目查询、催还、预约、续借、即时通知等服务。美国南阿拉巴马大学图书馆的“无屋顶图书馆计划”使用PDA通过移动通信网检索图书馆资源，读者可以通过无线方式连接上图书馆的在线目录（OPAC）查询馆藏资料。在英国的Millenniun Drives Mountain View Puhlic Library，开通了wireless enabled mobile library，允许读者通过自己的电脑和手机来查询图书馆中的相关信息。日本、韩国等也相继开发图书馆手机服务的技术软件，并在这一领域取得了很大的成就。剑桥大学的调查发现：学生喜欢接收来自学校的短信，只要不是特别频繁。很多学校使用 JISC 开发 JANET Txt 短信系统。该系统可以很轻松地集成到图书馆管理系统中。文本短信提醒给图书馆忙碌的移动用户快速了解图书馆的信息。

8.2.5.1 国外移动图书馆的服务内容

国外移动图书馆的建设主要在移动图书馆参考咨询服务、移动图书馆流通服务、移动语音导览、移动馆藏等方面取得了较大进展，值得我国手机移动图书馆参考借鉴。

（1）短信参考咨询服务

短信参考咨询是指允许用户以短信的形式发送咨询问题并以同样的方式接收回复的服务，如比较成功的是 AQA。如果用户的问题可以用简洁的语言回答，那么可以考虑使用短信参考咨询，如一些关于服务信息的咨询等。如果大部分用户的咨询都可以用 160 字以内的文字回复。那么这一服务就会非常有价值。美国 Orange 郡公立图书馆允许用户用手机发送文本来咨询服务，也可以利用某一特殊关键词以达到立即获得结果的目的。比如通过邮编查找最近的公共分馆。American 大学图书馆、Kansas 州立图书馆、Wakeforest 大学 Z.Smith Reynolds 图书馆利用以工作的为中心的 AOL 即时消息系统给图书馆员发短信来参考咨询。东南 Louisiana 大学 Sims Memorial 图书馆利用 altarama 信息系统短信服务提供参考咨询。据该校图书馆员讲，该系统很容易应用，每年的成本仅在 1100 美元左右。

（2）移动图书馆流通服务

Sirsidynix 开发了一款手持流通工具 pocketcirc，让用户在 PDA 设备上就可以访问 unicorn 图书馆管理系统。这种无线解决方案可以让员工在社区或校园活动等非办公区域内帮助书库中的顾客查看资料。还可以在图书馆周围边走边升级书目信息。

（3）移动语音导览

移动语音导览服务通过让用户将导览下载到自己的 MP3 播放器或手机中帮助图书馆的参观者或者新用户尽快熟悉图书馆的布局、结构功能与服务。杜克大学图书馆导览包括 10 部分内容，用户可以下载到 MP3 播放器中。Sinmons 学院图书馆将其 beatlely 图书馆和信息共享空间的语音导览为学生、教职工预装到了 iPod 中。Southern California 提供的 Doheny Memorial Library 语音导览包括 8 部分内容，让远程移动用户通过 itunes 的大学校园生活频道了解其大致的结构。亚利桑那州图书馆也能在 iTunes U 的图书馆频道下载 Hayden 图书馆的相关导览内容。哥伦比亚大学的 C.V.Starr East Asian 图书馆提供了包括英语、汉语、韩语、日语及藏语等多种语言的语音播客。

（4）通过手机完成图书馆为用户提供其馆藏资源、服务和建筑的另一种导览方式

这一功能的实现方法是通过让用户用手机拨免费号码来获取图书馆的语音导览。用户可以自由选择自己想要了解的那部分内容，自行把握节奏，且可以对图书馆的服务进行评论与反馈意见。Dartmouth 学院的 Baker Berry 图书馆、Folger Shakespeare 图书馆和博物馆，以及国会图书馆都采用了这种互动式服务。Museum 411 也采用了类似的服务。

（5）移动馆藏

Thomas Forord Memorial 图书馆和 St. Joseph County Public 图书馆将语音图书给事先下载到可以借给用户的 iPod nano 当中。图书馆下载到用户自己的 iPod 设备当中的语音图书只有为期 3 周的借期。大学的 Crouch Fine Arts 图书馆将所有本学期音乐课程的听音作业都预装到 iPod 当中，并按照教授和课程号来组织排序。学生最多可以将这些 iPod 借出 12 个小时。Virginia 大学图书馆建了一个有 2100 本电子图书的电子文本中心，21 个月里下载量达 850 万次。

8.2.5.2　国外移动图书馆与图书馆传统信息服务的融合

夏南强通过电子邮件和 Internet 访问，调查了国内外图书馆开展移动图书馆信息服务情况，充分体现了移动图书馆与图书馆传播信息服务的有机融合：①指南服务；②通知提醒服务；③认证服务；④信息查询服务；⑤移动阅读服务；⑥信息咨询服务；⑦馆内工作应用服务。

（1）国外移动图书馆应用实例介绍和分析

以美国、加拿大为代表的西方发达国家，其图书馆非常重视借助智能手机为用户服务，创建移动图书馆。加拿大最大的远程教育机构 Athabasca 大学，约有学生 32000 人，全部接受远程教育，为这些学生选择合适而高效的技术来辅助学习显得尤为重要。移动友好图书馆及其相关应用恰好能继承与发扬 Athabasca 大学在最大化学生的方便性与获取性的教育设计时所一贯秉承的创新传统。移动通信工具在年轻人中的普及为年轻人利用学习资源提供了一种新的方式。Athabasca 大学的 M-liLrary 项目最早在 2005 年的 IADIS mlearn 大会中提出。M-liLrary 网站提供大量数字资源和图书馆服务，包括数字阅览室、电子课程预约、数字参考咨询、数字论文与项目阅览室、帮助中心、搜索引擎、期刊数据库、airpac（手机图书馆目录检索系统），以及通过万维网提供的图书馆服务。该项目对于保证移动图书馆网站的内容能够适合小屏幕阅读做了大量工作，也就是格式可以随着访问网站的设备而调整。M-library 系统能够自动识别用户的设备，并给其提供适合该用户阅读的网站版本（移动版或 PC 版）。此外，用户也可以通过手机访问由 Innovative Interfaces 开发的专为无线移动设备设计的自动图书馆系统图书馆目录 airpac。用户可以用移动设备检索馆藏目录、核实图书到期时间、请求文献，以及浏览自己的借阅历史。

在美国，很多图书馆为满足特定群体的需要，纷纷着手建设移动版门户网站。移动版图书馆网站提供了部分图书馆服务与馆藏信息，用户可以利用这一界面，通过掌上终端设备，搜索目录和主题指南、查询展览信息和开馆时间存取电子期刊论文等。美国波尔州立大学（BallState University）图书馆已创建了移动版网站，该网站能为图书馆用户提供目录搜索、期刊全文搜索、图书馆导引视频及其他馆藏与服务信息（如馆际互借），用户还能通过移动参考网站查询天气、新闻、体育、金融等综合信息。美国里士满大学（University of Richmond）图书馆的移动网站可以提供图书目录搜索，查询到图书馆的笔记本及个人电脑占用的实况信息，并能以电子邮件、即时通信工具或短信方式提交参考咨询问题。俄亥俄州图书馆的用户则可以通过 OPLINMobile 移动网络，从俄亥俄州 250 家分支书馆中搜索出距离该用户当前位置最近的公共图书馆。弗吉尼亚大学图书馆也建立了移动网站，读者一方面可以查询到读者阅览指南和开馆时间等图书馆的基础信息，另一方面图书馆的最新消息和展览通报也可从这一网站上获取。波士顿大学图书馆医学分馆所拥有的全部主题目录都能用移动通信设备查询，该馆还建立了具备搜索功能的电子图书、电子期刊和馆藏书目数据库。纽约大学的移动门户提供了通过资源题名、关键字和资源格式 3 种途径查找电子资源的搜索引擎，该图书馆的其他相关资料也能从其移动门户网站查找到。无论是普通计算机还是移动设备，Athabasca 大学的图书馆网站都能以最佳格式将其内容以最佳格式显示出来，该网站是用 php 语言编写，可以通过服务器端脚本识别不同的浏览器。通过分析 HTTP_ USER_ AGENT，服务器可以确定是 windows CE 还是 palm OS 等相应操作系统。然后系统会选择合适的 stylesheet 与显示模式。然后数字信息就会为适应不同的浏览器而重新编排格式。

（2）国外图书馆界的尝试

无线通信协议（简称 WAP）是在数字移动电话、因特网或计算机之间进行通信的开放式全球标准。此种方式需要读者的手机具备上网功能，具有浏览器软件，能够访问 WAP 网站。因此读者在使用这种模式的时候，需要付出一定的数据通信费用。在此基础上读者可以随时方便地浏览每种数字资源的信息，挑选自己需要的资源下载阅读。新加坡义安理工学院图书馆的手机 WAP 服务，只要用户具有一部支持 WAP 的手机，就可以享受手机 WAP 服务。英国汉普郡图书馆建起一个 WAP 网站，WAP 手机用户提供该郡 54 家图书馆的详细地址、联系方式、开放时间等信息。

日本移动公司通过移动电话使用 Internet 服务，其采用分组交换叠加技术，保证用户实时在线，使用简化的 HTML 编辑网站，让传统 Web 网站容易转变为 i-Mode 网站。日本富士山大学图书馆以及东京大学图书馆利用 i-Mode 技术分别开发了各自的书目查询系统。从技术层面而言，国内运营商完全可以开发类似的平台、网站，诸如起点、九一等中文小说网站也都研发出完全拥有自主知识产权的移动阅读平台，从服务模式和内容上看，和移动数字图书馆的原理是相通的。

此外，国际 W3C 组织（制定网络服务标准的非营利组织）还制定了一系列针对手机图书馆的建议标准，特别是在 2008 年底提出的“Mobile Web Best Practices”（移动 Web 最佳实践）草案。该草案在原有标准基础上倡导一套新的修订标准，依循该标准创建 Web 内容，能极大提高手机移动设备浏览 Web 站点的便利性。根据草案建议，在设计 3G 手机图书馆服务 Web 网站时，开发人员需要注意以下几个方面问题：①手机图书馆系统的 Web 服务应该具备简约的界面风格、明细的组织结构、合理的导航方式。Web 页面大小要与手机屏幕分辨率接近（如 QVGA 240x320），字体适中。②图书馆技术开发人员在开发网络通信和 Web 设计中应严格使用 W3C 标准的网络协议和语法，谨慎使用 Cookie, CSS, HTTPS, Ajax 等，以确保各种类型手机终端都能获取网页内容并正确显示。避免使用 PC 台上微软公司自有的非 W3C 标准的 HTML 语法或代码命令。③手机图书馆系统 Web 服务器端代码要能够检测出来访用户使用的是 PC，还是使用的手机终端。如果检测出是手机设备，则提供正常的 Web 内容；若是 PC 访问，则将用户的访问请求转定向至原来的数字图书馆 Web 系统。此功能通过 HTTP 协议中 Agent 字段的判断实现。

（3）国外学者对移动图书馆的应用研究

移动图书馆服务作为图书馆在外在环境下拓展自身服务范围、提升服务能力的重要途径之一，不断受到国外学者的重视，包括 Sally Wilson, Craham McCarthy, R. Bruce Jensen 等学者在内，均通过实验或案例调研的方式，开展移动图书馆服务的影响与应用研究。

①关注手机用户的移动服务需求

关注手机用户的移动服务需求是提升手机图书馆服务的必要前提。Sally Wilson，Craham McCarthy 等 2010 年通过对 Ryerson 大学图书馆的用户调查，结果发现，该校当前拥有智能手机的学生数占到全部学校生数的 20%，预计在未来的 3 年内，这一比例将增加 80%。针对这一发展情况，图书馆应该充分挖掘和提升基于智机的移动服务。Jensen 通过对不同用户使用若干种手机（包括功能相当简单的手机和智能手机）进行移动阅读的调研，指出由于手机具有高效和使用方便的特点。因此，虽然目前并没有太多的美国用户利用手机阅读资料，但是，这种情形将很快发生改变，图书馆应该抓住这样的机会，将自身收藏和整理的各类课件资料通过用户较为熟悉和使用方便的手机进行提供。

②不断探索手机服务与图书馆移动服务的融合

调研手机对图书馆信息服务的影响及探索手机在图书馆服务中的应用，Joel Cunmings 等在 2010 年设计了一份用于调查手机用户是否会通过手机访问图书馆 OPAC 的问卷。研究结果表明，58. 4% 的受调查者表示会通过手机访问图书馆的 OPAC。由此可见手机图书馆的发展潜力。资源建设是移动图书馆服务的基础。为了研究图书馆的馆藏资源建设是否受到移动用户的直接影响，Glenn Davidson 等在 2009 年对新西兰 6 家提供移动图书馆服务的图书馆馆藏采集标准与选择策略开展调研。研究结果表明，在移动图书馆馆藏建设方面，并没有放之四海而皆准的选择标准；移动图书馆的馆藏建设者在一定程度上需要考虑不同类型移动用户的需求以实现其相互之间的平衡。当然，馆藏资源采集与建设标准需要考虑多方面的因素而不仅仅只有用户需求。

③注重实际效果并有效总结经验

Laurie 等在 2010 年对当前世界范围内有关移动应用、移动技术、移动技术在图书馆的应用，特别是手机访问图书馆 OPAC 等研究进行系统的评述。深入剖析当前图书馆通过软件开发商提供和图书馆自行开发的移动信息服务，并从图书馆领导者和创新者的角度，指出将图书馆现有的资源与服务借助手机平台进行有效整合集成的重要性，同时就这一发展方向提供有操作的若干建议。Miquel Codina Vila 等指出，提供基于手机的信息服务有利于以各种不同的方式扩大用户对图书馆的应用，也有利于馆员与图书馆用户之间通过手机建立更为密切的交流。因此，图书馆要敢为人先，不断尝试借助各种有利于推动移动服务的软件和工具提升自身的服务水平和被用户认可的程度。Buhle Mbambo-Thata 以南非大学图书馆为例，分析该馆开始提供手机图书馆服务 6 个月的效果。他认为，手机图书馆服务不应该成为被生拉硬拽到图书馆业务中的一种服务方式，图书馆建设者应该有清晰冷静的思考和客观准确的判断，监测和评价这一服务方式对图书馆带来的影响。在此基础上，有的放矢地开展手机图书馆服务。Lissermann 提出诸如 iPhone 等智能机功能的加强使得远程学习者可以不受时空限制浏览和使用各种电子课件。但是，当前绝大多数具备移动视频浏览功能的手机并不能有效支持用户方便地浏览语义相关的海量电子课件资源。为此，Roman、Max Source 等学者开发一款专门用于浏览电子课件资料的软件。其使用试验结果表明，该软件有利于提升用户对电子课件资源的利用效率。

国外学者有关手机图书馆的研究成果表明，开展移动图书馆服务是图书馆在移动互联时代无可回避的一种信息服务方式。因此，图书馆需要考虑的问题不在于图书馆要不要开展移动图书馆服务，而在于图书馆应该如何利用手机图书馆开展更为随时随地的移动信息服务。

## 8.3 超星移动图书馆建设案例

超星公司作为最大的中文电子书提供商、国内最大的学术视频和学术搜索提供商，一直致力于服务数字图书馆

建设。而超星移动图书馆是超星公司专门为各图书馆制作的专业移动阅读平台，用户可在手机、Pad 等移动设备上自助完成个人借阅查询、馆藏查阅、图书馆最新咨询浏览，同时拥有超过百万册电子图书，海量报纸文章以及中外文献元数据供用户自由选择，为用户提供方便快捷的移动阅读服务。

读者可使用手机或移动设备访问 WAP 版，同时超星移动图书馆也支持各种移动终端，包括安卓手机、苹果手机、iPad、安卓 Pad 等。

## 8.3.1 超星移动图书馆建设思想

### 8.3.1.1 设计理念

超星移动图书馆是以移动无线通讯网络为支撑，以图书馆集成管理系统平台和基于元数据的信息资源整合为基础，以适应移动终端一站式信息搜索应用为核心，以云共享服务为保障，通过手机、iPad 等手持移动终端设备，为图书馆用户提供搜索和阅读数字信息资源，自助查询和完成借阅业务，帮助用户建立随时随地获得全面信息服务的现代图书馆移动服务平台，真正实现数字图书馆最初的梦想：任何人、在任何时间、任何地点获取所需要的任何知识。

### 8.3.1.2 设计原则

（1）以需求确立定位。读者使用移动图书馆时有两个行为特点：检索和碎片化阅读。检索是获取信息的基础。因此，在平台的检索功能上，超星公司将在互联网上广泛应用的基于元数据整合的一站式搜索引擎移植到移动图书馆平台。碎片化阅读是手持移动终端阅读的主要形态。因此，超星移动图书馆的设计紧紧围绕为读者查到并阅读到所有图书的章节和主题片段提供支持。同时，在资源方面，还加入了大量有价值、有意义，适合碎片时间阅读的纯文本 epub 图书，满足平台用户休闲阅读的需要。

（2）以技术支持选择。手持终端多种多样，系统设计时充分考虑到了应用终端的兼容性。让读者根据自己使用的普通手机、触摸屏手机、iphone、ipad、基于 android 的移动终端等各类手持设备都能自由选择适合自己的应用环境。

（3）以体验引领功能。由于受到屏幕大小、访问速度、功能操作、全文阅读格式和流量费用等方面的影响，手持终端具有与计算机不同的要求。超星移动图书馆精心优化操作流程和页面布局，去除一切不必要的内容，让用户每一次操作只用最少的步骤就能达到目的，还为图书、期刊等阅读都提供纯文本形式和图片形式两种阅读选择。

（4）以共享增强保障。找到并得到全部有用信息是移动图书馆与读者共同的出发点和目标。超星把在互联网上已经高效运行的云服务共享体系嵌入移动图书馆平台，读者不但可以查找到本馆馆藏纸书和电子资源，还可以一站式查找全国范围的资源分布情况，不但可以方便快捷地访问本馆拥有的资源，更可以利用图书馆强大云服务能力获取馆外数百家图书馆的资源传递服务。

（5）以空间满足个性。为了满足解决读者的个性化需要，每一位读者都可定制一个个人中心。在里面通过现有的 OPAC 系统，可以完成馆藏借阅查询、续借、预约、借阅证挂失等自助服务，可以选择借书到期提醒、图书馆新闻、通告、专题新书通报、热门书推荐等短信提醒和信息推送服务。还可以修改基本信息，建立收藏，了解自己的检索历史、浏览历史、收藏历史等。把读者的移动空间变成了一个随时随地可以使用的信息采集工具。

8.3.1.3　功能构架

超星移动图书馆需要实现五大功能：①与 OPAC 系统的集成：实现纸质馆藏文献的移动检索与自助服务；②与数字图书馆门户集成：实现电子资源的一站式检索与全文移动阅读；③与全国共享云服务体系集成：实现馆外资源联合检索与文献传递服务；④构建读者信息交流互动平台：实现公告信息发布与读者个性化服务定制；⑤与 RSS 订阅系统的集成：实现多来源信息的个性化阅读体验。

8.3.1.4　解决的两大关键技术

（1）解决移动终端直接获取图书馆 IP 限制的全文资源问题

目前大多数手机上网通过 3G 或 GPRS 网络。这些网络一般没有固定的 IP，或者整个县级、市级地区的所有手机用户都是一个 IP 段。因此，数据库商无法对某一特定 IP 范围的移动终端用户群开放数据库资源的权限。

超星移动阅读整合服务平台通过在用户图书馆 IP 范围内设置代理服务器，为图书馆注册用户解决移动终端访问图书馆购买和自建的受 IP 控制的数据库资源访问问题，使读者通过手机和其他移动终端访问到图书馆的所有数据库资源。

（2）将各种数据库的 PC 界面整合为适合手机等移动

终端应用的统一操作界面

手机的使用界面和计算机的使用界面有着完全不同的界面风格。目前，数据库厂商提供的界面都只适合在计算机上使用，而各个数据库商提供的界面风格各不相同，几乎都不适合在手机上使用。通过超星移动阅读整合服务平台，就将各个数据库不同的界面，在尊重它们的数据加密措施基础上，转换为适合手机和移动终端使用的统一界面呈现给用户。

## 8.3.2 超星移动图书馆主要建设内容

### 8.3.2.1 基于云服务技术的资源整合技术方案

（1）资源整合系统架构

资源整合系统的整体架构分三层（应用层、业务层、数据层）实现，从实际应用角度入手，针对读者和管理者，全面整合馆藏内外的各种学术文献的应用、管理（见图 8-2）。

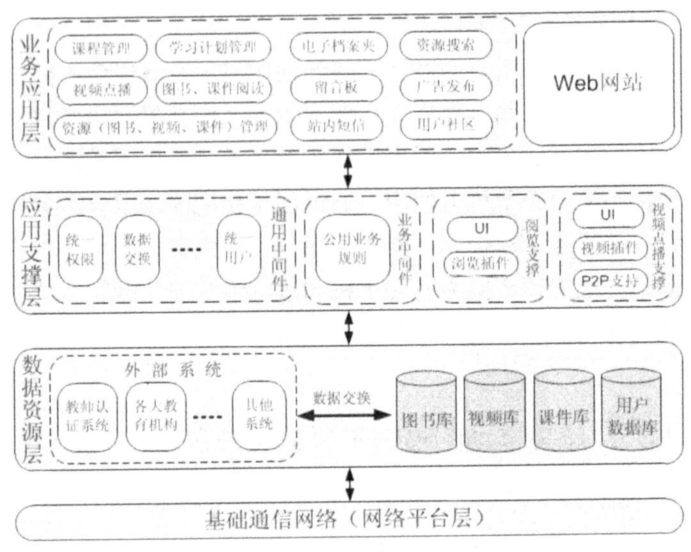


图 8-2 资源整合系统架构图

通过以上架构可以实现：

①为读者构建一个基于网络、远程利用资源的和谐学习环境。

②通过系统平台、技术手段和馆员的工作，对信息资源进行充分的挖掘、关联和升值，利用云服务技术快速形成全国范围的联合目录体系，对资源和服务的整体性揭示更全面和深入，使信息的查找和定位更细化和快捷。

③使用户感受到的文献信息资源是一个整体，不再是零散割裂的“信息孤岛”。免去读者为了查询所需要的资料需要分别登录不同系统、熟悉不同的检索命令、重复进行检索的烦恼；同时，用户可以自主完成直接下载或传递

等全文操作，无缝实现“检”与“索”的高度统一。

（2）元数据挖掘存储管理系统

近年来，跨库检索作为一种关键技术应用在图书馆的“资源门户”中，与开放链接、资源导航、个性化服务、用户认证和权限管理等功能一起构成一个实用的数字资源整合系统 / 资源门户。但是，在实践中，分布异构环境下的跨库检索情况比较复杂。一方面，追求对所有资源的跨库检索只是一种理想状态，实际中只能做到兼容尽可能多的资源。另一方面，对几十种以上的资源笼统地实现跨库检索并无实用价值，用户的需求是针对某个学科主题、文献类型以及个性化需求的资源导航和检索。

针对以上困难，近年得到广泛应用的元数据挖掘存储管理系统以基于对元数据检索方式改变了用户对整合平台的认识。通过对元数据进行存储和预处理去重排序，为读者提供互联网搜索引擎方式的检索体验。元数据管理主要任务有两个方面：一是负责存储和维护元数据库中的元数据；二是负责数据仓库建模工具、数据获取工具、前端工具等之间的消息传递，协调各模块和工具之间的工作。

（3）元数据处理流程

数据整合技术：把各文献系统中的数据收割、转换、集成到数据仓库中。技术分成 3 个部分：

第一部分是已经收集的海量图书元数据、中文期刊元数据和外文期刊元数据直接进入到元数据存储中。

第二部分为还未收集部分，利用基于 OAI-PMH 协议的收割中外文数据库元数据工具，收割支持 OAI-PMH 的开放资源的元数据并更新保存至元数据库中。但是采用

OAI技术收集元数据的实用案例，基本都是应用在开放存取（OA）的资源或以联盟模式建设的资源，商业性学术资源一般都不支持遵循OAI的数据收集。采用OAI技术收集元数据的前提是资源拥有者愿意作为数据提供者开放Data-Provider接口。

第三部分，对于不支持OAI-PMH的数据库，利用基于网页分析的元数据抓取工具spider，可抓取不支持OAI-PMH的元数据更新保存到元数据库中。

（4）元数据建设对象

元数据的建设范围为区域范围内馆藏与电子资源，包括远程服务系统，主要是图书（教材、教参）、期刊、会议论文、学位论文、报纸、专利、标准、视频（课程、学术）、互联网免费资源等多类别、多格式资源的数字资源和馆藏资源。

8.3.2.2　一站式统一检索平台建设

（1）全文搜索引擎与导航

资源统一检索服务系统旨在通过与图书、期刊、学位论文等中外文资源调度系统及馆际互借系统集成，针对各种异构数字资源进行应用检索整合。

全文搜索引擎要实现文章题名、主题、作者等进行分析型检索，特别实现对文章内容的全文检索，使用户能够快捷地获得深入、合适的检索结果，并且通过先进的知识组织体系和语义检索获取信息，该系统为用户提供统一的检索界面和统一的检索语言，使用户能对本地和异地各种资源系统、多种异构资源、各种资源元数据联合仓库的跨库检索；该系统既可独立使用，又可作为数字文献服务环境的核心组件之一，与其他应用系统（如资源调度、馆际互借等）无缝集成。

（2）功能描述

①元数据搜索：推荐的主要搜索方式，通过搜索元数据仓储中已经收割预处理好的元数据，搜索结果无重复，对于同一篇文章同时多个数据商都有的情况，可以列出文章出自多个数据商列表，检索结果清晰统一。

②全文检索：支持对文章内容的全文检索；超星移动阅读平台成功对6亿页全文资料实现了全文检索，并且历经多次改进，运行稳定高效。

③快速检索：快速检索功能帮助读者像利用搜索引擎一样检索学术资源。图书馆可自定义多个快速检索集并自由排序，供初级读者选择检索。

④多面搜索：检索任何一种资源时，同时显示其他相关资源信息；检索一个面时同时获得其他各方面对信息的揭示内容。

⑤检索结果整合：支持对检索结果的统一格式显示，支持排序、合并和去重。可分别查看中间及最终检索状态、各库检索结果或者合并检索结果。并且能够对合并检索结果进行聚类和分组。

⑥资源导航：可通过字顺列表、主题分类及其他查找方式，对各种电子资源进行导航。

⑦语义分析：通过对用户检索词的自然语义分析，调整分词体系达到精确检索和智能检索。

8.3.2.3 资源调度系统的建设

（1）建设任务

资源调度与共享系统主要解决所有被整合揭示资源的原文（数字化视频）链接服务。该系统是基于OpenURL标准的多级调度系统，能够自动更新调度知识库。资源调度系统以动态脚本技术制定调度规则，便于增加新的资源和新的服务，更有效地实现服务的调度。

（2）功能描述

①OpenURL全文链接：是一种附带有元数据信息和资源地址信息的“可运行”的URL。通过维护链接解析器依照规则动态生成开放链接的URL，实现资源之间一对一，一对多的“恰当”链接，对文献之间错综复杂的关系进行了有序的动态管理和链接。

②就近最快原则：对不同资源设立权重，根据客户端来源情况判断优先调度最快资源，权重依次为：本地本馆已有资源、成员馆远程资源、文献传递。

③去重多来源显示：通过对元数据查重合并，检索结果不显示重复记录，但可以同时查看到一篇文章所有资源提供商全文链接，用户可识别选择使用任意一个链接。

④自动传递优先于人工传递：对于常用资源实现自动传递，自动传递无法判断的需求自动转到人工传递队列。

⑤资源调度：通过统一认证后，系统自动判断该用户的授权使用资源，若用户需要获取非授权资源时，系统能自动提示授权范围成员馆（单位）名称，并提供资源调度申请表。

⑥资源调度配置：利用原文链接配置工具，可以配置资源调度知识库，并计算出原文敏感超链接。

⑦内置资源知识库：资源调度系统提供内置的中、外文数据库资源配置规则，图书馆馆员可根据图书馆资源情况进行直接调用。

⑧资源获取分发：收集区域内文献题录信息，对于权限内的用户直接提供全文访问链接，无法直接访问的用户提供共享和文献传递功能，将用户传递需求分发到馆藏该资源的成员馆进行传递调度。

8.3.2.4　文献传递系统建设

（1）文献传递系统概述

超星移动图书馆建设要应用先进的云服务建设实现文献传递系统与 OPAC 系统、电子书系统、中文期刊、外文期刊、外文数据库系统等的集成，读者直接通过网上提交馆际申请，可以实时查询申请处理情况，并通过平台无缝获取成员馆丰富的文献馆藏及电子资源。

（2）功能描述

①馆际互借：成员单位接到调度申请后，自动（或手动）传送需调度资源。系统遵循 ISO10160/10161 标准。以当地图书馆为单位，可以和其他成员馆实现馆际互借。

②文献服务统计集成：馆际互借与文献传递系统和元数据仓储的统一检索系统集成，用户检索出所需的结果后，可直接请求文献。系统和文献服务统计系统无缝集成，可实现单位和单位间的服务统计功能。

③文献传递：文献传递系统应可嵌入资源检索系统中，根据检索结果系统可自动发请求到所有系统成员馆，任一成员馆“抢答”请求时，传递均可实现。

④传递管理：具有用户管理、账户管理、事务管理、

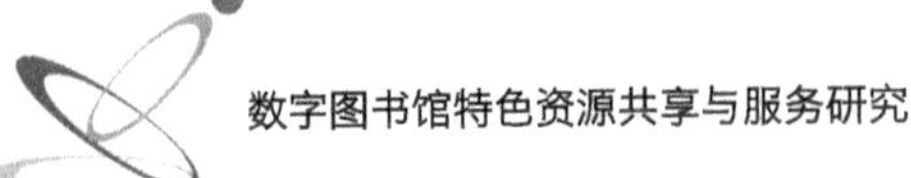


统计报表、系统管理等基本功能。

⑤高校资源共享系统中成员馆馆际互借员管理：在区域中能够为各个成员馆分配管理员和馆际互借员。

⑥事务管理：本馆借阅申请；外馆借阅申请；馆际互借事务处理。

⑦文献服务统计管理：馆与馆间文献服务统计。

⑧统计与报表：馆际互借员工作量统计；用户申请统计；与其他馆馆际互借统计。

8.3.2.5　超星移动阅读整合服务平台建设

（1）完成与 OPAC 系统集成，实现纸质馆藏文献的移动检索与自助服务。包括 OPAC 系统接口研发费用、定制移动 OPAC、馆藏在线借阅、查询、预约、续借、到期催还等功能模块。

（2）完成与数字图书馆门户和全国共享云服务体系集成，实现电子资源的一站式检索与全文移动阅读、馆外资源联合检索与文献传递服务。

（3）构建读者信息交流互动平台，实现公告信息发布与读者个性化服务定制。包括全部功能模块定制研发。

（4）购置适合手机等移动终端阅读的专用电子资源。包括购置 3 万册 epubg 格式电子全文图书阅读和 1000 万篇电子报纸资源。

（5）超星移动图书馆平台与门户网站建设。包括建立用户注册与身份认证系统、一站式搜索引擎、电子全文调度与界面转换平台以及适合普通手机、触摸屏手机、iphone、ipad、基于 android 的移动终端等各类手持终端设备的门户网站。

总之，超星移动图书馆依托资源、技术优势，深入分析移动阅读读者需求，帮助任何用户（Any user）、在任何时候（Anytime）、任何地点（Anywhere）获取任何图书馆（Any library）的任何信息资源（Any information resource），为最终实现数字图书馆的最终目标奠定坚实基础。

8.3.2.6 超星移动资源包建设

（1）我的订阅服务概述

超星移动图书馆集成 RSS 订阅功能，有效地为用户提供个性化信息服务。包括新闻、时评、图书、报纸、杂志、图片、有声读物和视频课程、资讯等近 30 种频道分类，使得用户在任何时间里都可以有针对性地阅读自己所需的信息，实现了为用户提供多来源信息的个性化阅读体验。

（2）功能版块描述

①热门推荐

A. 焦点新闻：精选的每日国家要闻，实事热点。

B. 热门推荐：每日提供 27 个频道的新闻。

C. 热门分类：包括财经、文史、科学探索、教育等十多个方面的新闻，每一个类别都有多个新闻频道，读者可以自由选择阅读。

②书籍导航

3 万多本的 epub 纯文本的图书，最适合在手机上面阅读。5000 多种图书包含了青春文学、经济管理、成功励志、人文社科、经典名著、文化艺术、生活时尚和网络小说。

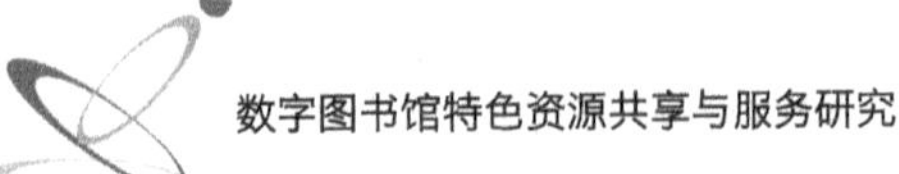


③报纸导航

从160种主流报纸、各个省份重要报纸中间甄选出重大要闻，不间断更新。

④视听导航

提供近1000集的有声读物，通过唯美的音乐和磁性的嗓音进行搭配，有效地改善了传统移动阅读的体验。同时提供包含着2万集课程的在线视频课堂，让用户随时随地可以听到看到名师、大师的课程。

## 8.3.3 超星移动图书馆工作原理

### 8.3.3.1 移动图书馆工作原理

移动图书馆工作原理及流程为：(1)发出请求，用户通过搜索框完成检索主题词录入，并将请求发送到平台。（2）搜索，平台将搜索请求发送到一站式搜索引擎（百链），获得所要的检索结果。（3）资源定位与调度，搜索引擎将结果原文地址发到平台，平台向资源库发出全文调度请求。（4）返回所要全文，资源所在数据库向平台返回所要全文（直接打开阅读或文献传递）。（5）全文界面转换，平台将数据库返回的原始页面转换为适合手机等终端阅读操作的页面并发送到用户的移动终端上。（6）全文浏览阅读，用户利用超星移动图书馆提供的平台浏览、阅读、管理获得的文献资源。

### 8.3.3.2 OPAC挂接原理

在超星移动图书馆中实现图书馆OPAC系统中读者常用功能，如：馆藏查询，浏览详细信息，查看馆藏状态，预约，借阅列表，续借等功能。

实现方式一，由图书馆提供其OPAC系统相关功能的接口。① OPAC登录接口，可以根据OPAC证号和密码，验证是否为该OPAC的用户，返回登录是否成功标识；② 馆藏查询接口，可以关键词和相关字段组合查询相关的纸本资源，支持翻页，可以定制每页显示条数，显示为纸本的基本信息，其中应包括：书名，作者，出版社，出版年，索取号，馆藏数量，可借数量，是否可以预约，以及纸本的流水号；③纸本的详细页面接口，可以根据纸本的流水号，查询到纸本的详细信息，其中包括相关的藏书情况，所在校区，复本的各个状态，是否在家，是否可借，是否可预约，是否可预借；④预约接口，可以根据图书的流水号，读者证号，密码去预约图书，接口可以自动去验证该书是否能过预约和自动验证用户的合法性，返回对应的状态；⑤借阅信息接口，可根据读者证号和密码去获得对应的读者借阅信息，其中应当显示图书的基本信息，是否达到续借条件，是否超期，超期时间；⑥续借接口，可根据纸本流水号，读者证号，密码去续借纸本，接口可自动去验证纸本或用户是否服务续借规则和用户的合法性，返回对应的续借操作是否成功状态标识。

实现方式二：页面分析，其原理是通过HTTP协议访问OPAC系统，通过对该协议返回的页面信息进行DOM解析，封装转化为所需的字段信息，展示到超星移动图书馆。由于开发需要，此实现方法要求OPAC系统可外网访问。此实现方法过程复杂，如有大量OPAC功能定制，需另外提供接口。

8.3.3.3　资源挂接原理

（1）代理挂接流程，如图 8-3：

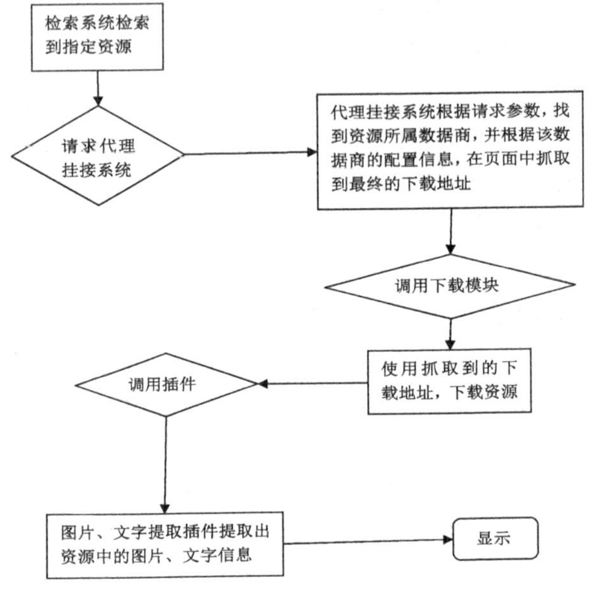


图 8-3 代理挂接流程图

（2）使用的技术

代理挂接系统采用 J2EE 架构，开源的 mysql 数据库。项目架构采用成熟的 spring+hibernate 框架，页面抓取采用 HttpClient，页面分析采用 HtmlParser。图片文字提取部分采用 C++ 语言开发，通过 Java 本地调用的方式进行两种语言的混合编程。

（3）项目中的数据商代理采用配置的方式，可以非常方便地对新加入的数据商进行配置、代理，增加项目的灵活性。

8.3.3.4 超星移动图书馆部署

通过移动终端访问图书馆 IP 内的资源，其实现的机理实际上就是通过类似代理服务器的方式完成的。其原理是，在学校的 IP 范围内设置一台代理服务器，在这台代理服务器上安装一套完整的超星移动图书馆平台软件，通过平台就可实现 4 大功能：用户身份的认证、Proxy 代理功能、页面转换功能以及资源探测分析功能。

### 8.3.4 超星移动图书馆特点与优势

超星移动图书馆依托集成的海量信息资源与云服务共享体系，为移动终端用户提供了资源搜索与获取、自助借阅管理和信息服务定制的一站式解决方案，具有十分突出的特点与技术优势：

8.3.4.1 基于元数据的一站式检索

系统应用元数据整合技术对馆内外的中外文图书、期刊、报纸、学位论文、标准、专利等各类文献进行了全面整合，在移动终端上实现了资源的一站式搜索、导航和全文获取服务。

8.3.4.2 适合手机的信息资源

充分考虑到手机阅读的特点，超星移动图书馆专门提供 3 万多本 ePub 电子图书 7800 多万篇报纸全文供手机用户阅读使用。

8.3.4.3 云服务共享

超星移动图书馆接入功能强大的云共享服务体系，平台提供 24 小时云传递服务，无论是电子图书还是期刊论

文，都可以通过邮箱接受到电子全文。系统接入文献共享云服务的区域与行业联盟已达 78 个，加入的图书馆已有 723 家；24 小时内，文献传递请求的满足率：中文文献 96% 以上，外文文献 85% 以上。

8.3.4.4　个性化服务体验

通过设置个人空间与图书馆 OPAC 系统的对接，实现了馆藏查询、续借、预约、挂失、到期提醒、热门书排行榜、咨询等自助式移动服务。并可以自由选择咨询问答、新闻发布、公告（通知）、新书推荐、借书到期提醒、热门书推荐、预约取书通知等信息交流功能。

8.3.4.5　RSS 订阅服务

移动图书馆集成订阅功能，有效的为用户提供个性化信息服务。包括电子书籍、报纸、杂志、视频、资讯等近 30 种频道分类，使得用户在任何时间里都可以有针对性地阅读自己所需的信息，实现了为用户提供多来源信息的个性化阅读体验。

## 8.3.5　超星移动图书馆客户端功能

超星移动图书馆提供基于 iOS，android 系统的手机客户端体验。超星移动图书馆客户端的布局清晰明了，操作方便，内容模块化，有更好的用户体验。客户端内同样嵌入了基于元数据整合的一站式搜索引擎，不仅提供海量图书的检索与全文阅读，还提供图书资源的下载，阅读资源更加方便快捷。馆藏书目模块与传统 OPAC 系统对接，实现馆藏查询、续借、预约等功能，另外客户端推出条码扫描功能，馆藏书目情况一拍即得。超星移动图书馆客户端首页面如图 8-4 所示。

图 8-4 超星移动图书馆客户端首页

8.3.5.1 馆藏查询

馆藏书目查询，主要是查询本馆纸本资源的基本情况，让读者方便快捷的对本馆资源进行查询、预约、续借等操作。

（1）点击首页“馆藏查询”模块，进入馆藏书目查询页面。

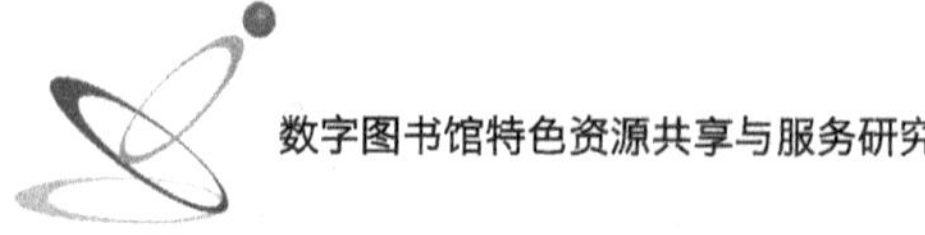



（2）输入关键词，进入检索结果页，如图 8-5。

首页　　馆藏查询　　借阅信息

共有 4185条搜索结果：

1、历史与国情

作者:石培华等著
出版者:上海人民出版社
出版地:上海
出版日期:1992.11
索书号:D6/S142
摘要：本书论述了中国的政治、经济、文化、军事、外交、教育科技、资源人口、民 族宗教等各个方面。

2、历史经验与改革开放

作者:中共中央党史 研究室学术处编
出版者:中共党史资料出版社
出版地:北京
出版日期:1988.10
索书号:D6/Z545
摘要：本书是专家学者就党史革命史上重大问题的研究成果。

3、我们正在写历史:方励之自选集

图 8-5　馆藏关键词查询页面

（3）点击一本图书，进入馆藏书目详细页，查看馆藏分布、书刊状态等信息，还可以进行图书的预约（图 8-6）。

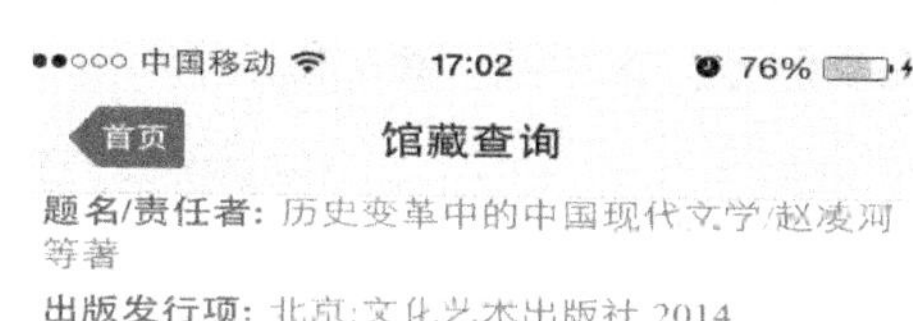


题名/责任者：历史变革中的中国现代文学/赵凌河等著

出版发行项：北京:文化艺术出版社,2014

ISBN及定价：978-7-5039-5438-2/CNY40.00

载体形态项：293页;24cm

丛编项：社会转型与文学研究丛书

个人责任者：赵凌河 著

学科主题：中国文学-现代文学-文学研究

中图法分类号：I206.6

一般附注：教育部"211工程"三期建设重点项目 中国社会转型期的文学与文论

提要文摘附注：本书对中国现代社会发展的历史进程与中国现代文学史的发展轨迹之间的关系作了深度研究与分析。

馆 藏 分 布 情 况：

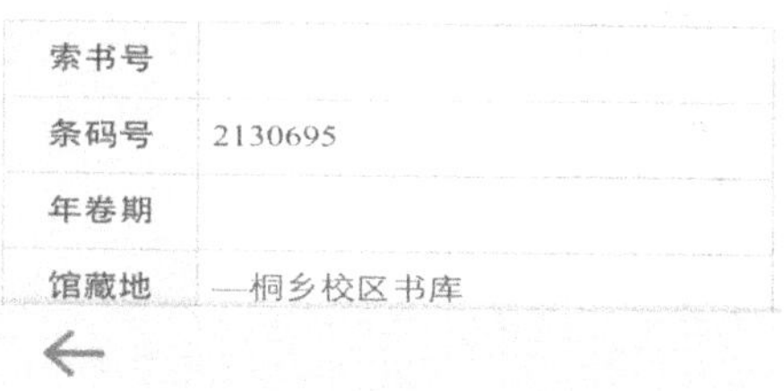

| 索书号 | |
|---|---|
| 条码号 | 2130695 |
| 年卷期 | |
| 馆藏地 | —桐乡校区书库 |

图 8-6　馆藏书目详细页面

（4）馆藏查询还可以通过条码扫描的方式，点击开始扫描，对准图书的条码，即可查看图书的馆藏状态。也可手动输入 ISBN 号进行查询。

8.3.5.2　学术资源

学术资源界面分为图书、章节、期刊、报纸、视频、论文 6 个模块。

图书频道功能介绍：

（1）在首页输入检索词进行检索，得到的检索结果页面，提供图书的全文阅读及下载（图 8-7）。

图 8-7 图书检索结果页面

（2）选择一本图书，进入图书卡片页，提供多种获取资源的方式：阅读全文、下载到书架、文献传递等（图 8-8）。

价值世界的哲学追问与沉思

作者:徐贵权著
出版日期:2012.01
ISBN号:978-7-5161-0250-3

内容提要：
价值世界，是人类特有的世界，是一个神奇的世界。价值世界，既是人与人类的心灵世界，又是人与人类的心灵世界

图 8-8 图书卡片页

（3）点击阅读，可以对某一页添加标签、批注，查看章节，调节亮度等（图 8-9）。

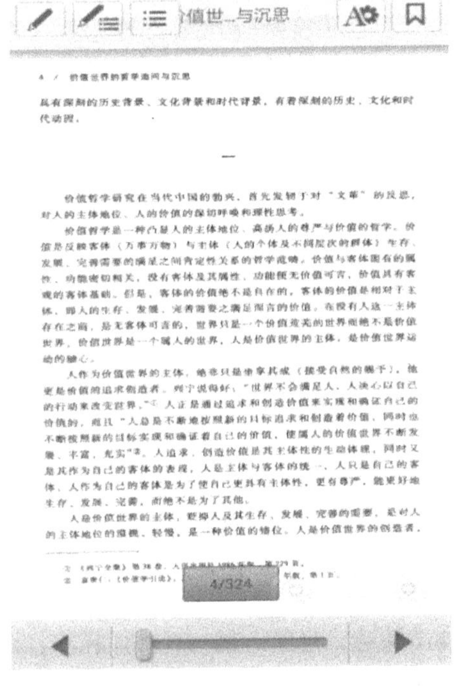


图 8–9 图书详细内容页面

（4）下载的图书直接储存到我的书架中，下载完成后，可直接从书架中阅读图书（图 8-10）。

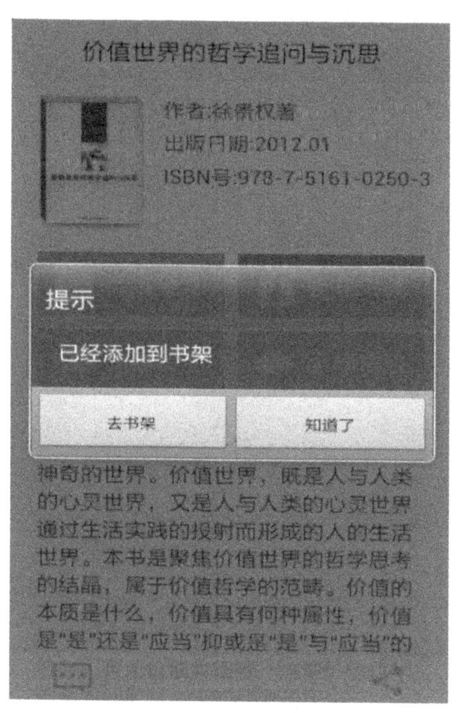


图 8-10 图书下载并添加到书架操作页面

（5）图书频道首页提供热门图书的推荐阅读（图8-11）。

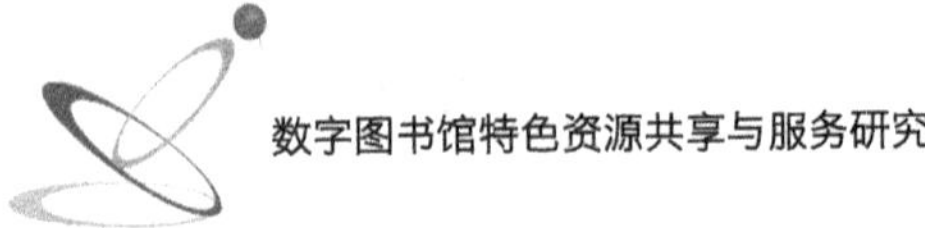

图 8-11 热门图书推荐页面

8.3.5.3　内容中心

内容中心分别有电子书库、报纸、视频和有声读物四个板块，读者可以选择感兴趣的内容添加到首页（图 8-12）。

内容中心

电子书库

提供热门、高质图书

报纸

最新，最热门报纸阅读

视频

超过十万集教育视频，您的在线课堂

有声读物

寓教于乐，学习乐趣尽在其中

图 8-12 “内容中心”模块添加页面

# 主要参考文献

[1] 安琳 . 学科信息共享空间：基于学科分馆的 IC 模式构建初探 [J]. 图书与情报，2008(5)：50-54.

[2] 百度百科 . 虚拟社区 .[EB/OL].[2014-12-04]. http://baike. baidu.com/view/1587. htm.

[3] 北京大学图书馆 . 特色收藏 .[2014-11-01]. http://www.lib.pku. edu.cn/portal/index. jsp.

[4] 陈晨 . 基于云计算的图书馆信息资源共享系统研究 [J]. 现代情报，2011(10):169-172.

[5] 丛立先 . 网络版权问题研究 [M]. 武汉: 武汉大学出版社，2007.

[6] 初景利等 . 图书馆发展趋势调研报告（二）：总体发展趋势 [J]. 国家图书馆学刊，2010(2):21-23.

[7] 陈源蒸 . 数字图书馆非图书馆 [J]. 大学图书馆学报，2005(4):2-8.

[8] 鄂丽君，邱晏 . CALIS 地区中心特色数据库建设现状、问题与对策研究 [J]. 图书馆建设，2010(12):33-36.

[9] 范亚芳，曹作华 . 江苏高校图书馆特色资源数据库建设问题研究 [J]. 图书情报工作，2009(9)：71-74，105.

[10] 范亚芳，郭太敏 . 特色数据库建设若干问题研究 [J]. 情报理论与实践，2008(4)：550-553.

[11] 国家科学图书馆. 查找网络资源 [EB/OL].[2015-01-13]. http://www.las.ame_detail.jsp? SubFrameID=1010.

[12] 第 34 次中国互联网络发展状况统计报告 [EB/OL]. [2015-01-05]. http://www.cnnic.net.cn/hlwfzyj/hlwxzbg/hlwtjbg/201407/t20140721_47437.htm.

[13] 高文 . 数字图书馆概念与挑战 [EB/OL]. http://www.ccnt.com/library/luntan/gao/gaol.htm.

[14] 高文，刘峰，黄铁军数字图书馆：原理与技术实现 [M]. 北京：清华大学出版社，2000.

[15] 郭春霞，谷爱国 CALIS 对专题特色数据库的整合 [J]. 图书馆学刊，2010(7): 49-51.

[16] 郭建华 . 高校图书馆间资源共建共享研究 [J]. 济南职业学院学报，2007(4)：91-92.

[17] 胡永强 . 高校图书馆文献资源评价体系的构建 [D]. 长春：东北师范大学，2009.

[18] 黄如花 . 数字图书馆原理与技术 [M]. 武汉：武汉大学出版社，2005.

[19] 黄旭 . 图书馆数字资源长期保存策略研究 [D]. 吉林：吉林大学，2009.

[20] 金胜勇 . 目标导向型图书馆信息资源共建共享理论体系研究 [D]. 天津：南开大学，2010.

[21] 江向东 . 版权制度下的数字信息公共传播 [M]. 北京：北京图书馆出版社，2005.

[22] 李晓明 . 从 CALIS 到 CADLIS—“中国高等教育数字化图书馆”建设项目正式启动 [J]. 大学图书馆学报 2004(5): 3-4.

[23] 李湜清 . 我国几大联合编目中心现状研究 [J]. 图书馆，2009(5)：111-113.

[24] 刘晓霞，杜慧平 .IC 的学科化服务探索：以上海师范大学信息共享空间为例 [J]. 图书馆杂志，2008(8)：38–40.
[25] 李三凤 . 高校图书馆特色数据库开发与利用中的版权问题 [J]. 科技情报开发与经济，2007(36)：5-7.
[26] 马文峰 . 数字资源整合研究 [J]. 中国图书馆学报，2002(4)：64- 67.
[27] 清华大学图书馆. 学术信息服务网站群 .[EB/OL]. [2009-04-03].http://infoweb.Lib.Tsinghua.edu.cn/.
[28] 清华大学图书馆. 特色资源. [2014-10-25]. http://lib.tsinghua.edu.cn/database/specialcollection.html.
[29] 钱红丽 . 数字图书馆本地特色资源管理和集成服务的设计与实现 [D]. 北京：北京邮电大学，2010.
[30] 任树怀，孙桂春 . 信息共享空间在美国大学图书馆的发展与启示 [J]. 大学图书馆学报，2006(3)：24-27，32.
[31] 史田华 . 美国 DLI-2 研究主题及进展考察 [J]. 情报科学，2003(5)：464-467.
[32] 石美清 . 云计算对图书馆数字信息资源建设的影响 [J]. 图书馆理论与实践，2010(5)：65-67.
[33] 首都图书馆 . 自建数据库. [2014-10-16]. http://www.clcn.net.cn/shuziziy/index.html.
[34] 尚建翠，房宝金，吉久明 . 台湾师范大学图书馆的“SMILE”共享空间解读 [J]. 图书与情报，2008(1)：43-46，62.
[35] 沈继武，萧希明 . 文献资源建设 [M]. 武汉：武汉大学

出版社，1991.
[36] 苏建华 . 数字图书馆联盟服务共享模式研究 [J]. 图书馆学研究，2009(5)：35-37.
[37] 田国良 . 中国数字图书馆宏观管理研究 [M]. 湘潭：湘潭大学出版社，2009.
[38] 覃凤兰 . 公共图书馆特色数据库建设调查分析及对策研究 [J]. 图书情报工作，2009(15)：83-87.
[39] 王世伟 . 我国公共图书馆“十二五”发展战略重点 [J]. 国家图书馆学刊，2010(3):10-12，22.
[40] 王庆波等 . 云计算实践之道 [M]. 北京：电子工业出版社，2011.
[41] 王渊，牛淑会 . 日本数字图书馆的项目与特点 [J]. 现代情报，2004(08):75-77.
[42] 王萃 . 图书数字化传播版权授权模式研究 [D]. 长春：东北师范大学，2006.
[43] 王倩等 . 浙江省高校数字图书馆特色文献数据库建设情况综述 [J]. 图书馆学研究，2011 (6)：21-23, 55.
[44] 吴慰慈 . 图书馆学基础 [M]. 北京：高等教育出版社，2004.
[45] 吴蜀红 . 数字图书馆的发展模式与知识产权问题 [J]. 图书馆学研究，2004 (3): 9-10.
[46] 吴敏琦 . 学术共享空间：美国研究型大学图书馆的新探索 [J]. 情报杂志，2011(10)：174-177
[47] 夏南强，殷克涛，赵富红 . 论手机图书馆的信息服务 [J]. 情报科学，2009(11)：43-46.
[48] 徐引篪，黄颖. 数字图书馆建设中的公私合作模式 [J].

中国图书馆学报，2003 (3)：5-8.
[49] 杨友清，陈雅 . 基于智库理念的图书馆咨询服务模式研究 [J]. 图书馆杂志，2012(10)：44-46.
[50] 杨明芳，袁曦临 . 云计算环境下的数字图书馆 [J]. 图书馆建设，2009(9)：7-10.
[51] 姚晓霞，朱强 .《数字图书馆服务政策指南》解读 [J]. 中国图书馆学报，2011，37(191)：32-37.
[52] 鄢小燕，李名洋 . 国内图书馆手机移动信息服务现状研究 [J]. 图书馆学研究，2010(1)：63-65.
[53] 张宏亮 . CALIS 数字图书馆资源统——检索系统评价研究 [J]. 图书馆学研究，2007(10)：10-42.
[54] 张智雄等．国家科学数字图书馆数字参考咨询系统的设计与实现 [J]. 大学图书馆学报，2003 (5)：14-17.
[55] 曾丽军 . CALIS 馆际互借服务环境的建设与思考．数字图书馆论坛，2007 (11)： http://lib.jlu.edu.cn/service/gjhj/gjhj6.html.
[56] 周佳贵 . 美国数字信息保存计划——NDIIPP 及其对我国的启示 [J]．图书馆工作与研究，2006 (1)：34-37.
[57] 周建华 . 省级公共图书馆特色数据库的现状调研分析 [J]. 河南图书馆学刊，2014(10)：13-16.
[58] 周兰军．Google 数字图书馆计划及其影响分析 [J]. 情报资料工作，2006(2):69-71，88.
[59] 中国国家图书馆．特色资源．[2014-10-06]. http://dportal.nlc.gov.cn: 8332/nlcdrss/ szzy/sjklb_cn.htm#.
[60] 张东 . 论元数据互操作的层次 . 情报理论与实践 [J]. 2005(6)：648-650.

[61] 张为民，唐剑锋，罗治国等 . 云计算深刻改变未来 [M]. 北京：科学出版社，2009.

[62] 张晓林，郑建程，李欣 . 数字文献资源长期保存协议框架 [J]. 现代图书情报技术，2008(11)：1-6.

[63] 宛玲，张晓林 . 数字资源长期保存过程中的知识产权问题分析 [J]. 中国图书馆学报 . 2005(03):65-69.

[64] 张晓林 . 数字信息的长期保护问题 [J]. 图书馆，2001(05):7-12.

[65] 朱近之，方兴 . 智慧的云计算 [M]. 北京：电子工业出版社，2010.

[66] 郑成铭，詹庆东 . 基于新媒体的移动图书馆服务研究 [J]. 图书馆工作与研究，2011(5)：47-50.

[67] 郑建明 . 数字文献资源的整合与服务——以江苏省高校文献资源保障体系建设为原型的个案研究 [J]. 大学图书馆学报，2007(5)：6-9.

[68] 浙江大学图书馆 . 特色资源 .[2014-11-05]. http://libweb.zju.edu.cn/libweb/ redir.php? catalog_id=10258.

[69]CALIS 三期特色数据库项目管理组．CALIS 三期专题特色数据库建设方案、进展及要求［R］,2011.

[70]CALIS 三期专题特色库项目管理组 . CALIS 三期专题特色库——建设标准规范 [R],2011.

[71]British Library. Press and Policy.[EB/OL].[2014-09-20]. http: //www. bl. uk/news/2005/pressrelease20051104.html.

[72]Donald Beagle.Conceptualizing an information commons[J].Journal of Academic Librarianship， 1999，25(2):82-89.

[73]Donald Beagle.Extending the Information Commons:From Instructional Testbed to Internet2[J]. The Journal of Academic Librarianship，2002，28(5):287-296.

[74]Gatten J.The OhioLINK LibQUAL 2002 Experience: A Consortium Looks at Service Quality[J]. Journal of library administration，2004(40):19-48.

[75]IFLA/UNESCO Manifesto for Digital Libraries. Manifesto endorsed by the 36th session of the General Conference of UNESCO[EB/OL]. [2014-09-11]. http://www.ifla.org/publications/iflaunesco-manifesto-for-digital-libraries.pdf.

[76]Laurie A. Mac Whinnie.The Information Commons:The Academic Library Of The Future[J].Libraries and the Academy，2003，2(3)241-257.

[77]National Science Foundation. National Science, Technology, Engineering, and Mathematics Educatioriorion Digital Library (NSDL). [EB/OL]. [2014-09-22].http://www.nsf. gov/pubs/2003/nsf03530/nsf03530.htm.

[78]Nancy Kranich. Libraries and the information commons:a discussion paper[EB/OL]. [2014-06-28]. http://www.ala.org/ala/washoff/oitp/icprins.pdf.

[79]Robert A. Seal. The information commons: new pathways to digital resources and knowledge management[EB/OL]. [2014-09-13].http://www.nlc.gov.cn/culc/paper/Robert Seal. The Information Commons-new pathways to digital resources and knowledge management.pdf.

[80]Rogers M. Ohio library and information network celebrates ten years[J]. Library Journal，2002,127(9): 27.

[81]Report to the President on Digital Libraries:Universal Access to Human Knowledge. [EB/OL].[2014-10-07]. http://www.nitrd.gov/Pubs/pitac/index. html.

[82]Titley G. Electronic signatures for copyright in the UK: a solution to the “holy grail” of document delivery[J]. Interlending & document supply，2007，35(1): 15-20.

[83]Vannevar Bush. As We May Think[J]. The Atlantic Monthly，1945(7).

[84]Wilson S，Mc Carthy G. The mobile university: from the library to the campus[J]. Referencnce Services Review，2010，38(2):214-232.

[85]Zhang W. Library Electronic Resource Sharing among Liberal Arts Colleges: ACS Palladian Alliance Project[J]. Journal of Educational Media & Library Sciences，1997，34 (3): 237-252.

# 后记

自20世纪90年代以来，计算机通信技术、网络技术、多媒体技术及信息存储技术的发展日新月异，Internet得到了广泛普及和应用，图书馆的发展随之出现了质的改变，自动化图书馆、网络化图书馆向“数字图书馆”转变和发展。在数字时代，特色资源建设是数字图书馆建设的重要组成部分之一，是数字图书馆的生命力之所在。

本人在图书馆的日常工作之中，经常参与馆藏数字资源的建设与管理，如在浙江省高校数字图书馆（ZADL）特色库项目“电视节目研究数据库”中负责资源数字化及导入工作、设计网站首页、作为汇报人参加项目结题答辩会；在浙江传媒学院图书馆“信息共享空间”建设中完成前期的调研论证报告、中期的研读小间和信息素养教室的建设，后期的相关软件及设备管理工作等等。实践的经历促使了我对数字图书馆特色资源建设的思考。作为当前发展中的一个新兴领域，我发现能够反映数字图书馆特色资源的建设、运作、社会需求、管理、技术及服务等理论和实践的系统性论著实在不多，恰巧我也有这方面的论文积累，这也是我写这本书的最初缘由。本书是在本人的浙江省社会科学界联合会社科普及课题（编号11ZC11）研究成果的基础之上，参考了一些业界学者和专家的学术论文和著作，进一步整理、深化和再研究而著成的。

感谢浙江传媒学院项仲平教授、王文科教授、詹成大教授等校领导对我职业生涯发展和学术研究的指导与帮助，感谢浙江传媒学院图书馆馆长王志华、副馆长阮海红、叶福军对我工作和研究中的指导与帮助，感谢我的同事和家人们的支持，正是你们的关心、帮助和鼓励，才让我有时间、精力及勇气来完成本书的写作。本书的编写过程实际上也是一个再学习、实践和思考的过程。最后，还要感谢朱苏飞研究员在本书写作中给予的关心，感谢浙江工商大学出版社罗丁瑞先生对本书出版的帮助。

需要说明的是，数字特色资源是不断增加、完善、发展的，在本书出版时一些图书馆的数字特色资源可能略有变化，但并不影响读者对数字图书馆特色资源的了解。

由于时间仓促及水平有限，本书难免存在不足之处，敬请读者批评指正。

陈 维

2015 年 3 月于杭州